U0721148

李克 编著

The Darkness
Before Dawn

黎明前的黑暗

A Global
History

全球通史

3

中国大百科全书出版社

图书在版编目（CIP）数据

全球通史. 3 / 李克编著. -- 北京 : 中国大百科全
书出版社, 2025. 5. -- ISBN 978-7-5202-1775-0

Ⅰ. K10

中国国家版本馆CIP数据核字第2025K49Z86号

出 版 人　刘祚臣
责任编辑　王红丽
责任校对　关少华
责任印制　邹景峰
封面设计　周　亮
版式设计　北京崇贤馆
出版发行　中国大百科全书出版社
地　　址　北京市西城区阜成门北大街17号
邮　　编　100037
电　　话　010-88390790
网　　址　http://www.ecph.com.cn
印　　刷　河北泓景印刷有限公司
开　　本　710毫米×1000毫米　1/16
本册印张　21
本册字数　320千字
版　　次　2025年5月第1版
印　　次　2025年5月第1次印刷
书　　号　ISBN 978-7-5202-1775-0
定　　价　498.00元（全8册）

本书如有印装质量问题，可与出版社联系调换。

目　录

中古篇（中）

03 绵延千年的东罗马帝国

04 俄罗斯民族国家的兴起

05 东欧其他封建国家的建立

06 阿拉伯帝国的崛起

07 阿拉伯帝国衰落以后的西亚北非

08 汉末到明末的中国

09 朝鲜：高丽王朝和李氏朝鲜

中古篇（中）

四分五裂的
德意志、意大利

　　与英国和法国两国相继形成统一的中央集权化国家不同，东法兰克王国（就是后来德国的雏形）和中法兰克地区，以及南意大利地区在中世纪时期则一直处于四分五裂、一盘散沙的状态。

东法兰克王国

> 843 年，查理大帝的 3 个孙子洛泰尔、"日耳曼人"路易和"秃头"查理签订《凡尔登条约》，将法兰克王国一分为三。"日耳曼人"路易在其分到的东边的领土上建立了东法兰克王国，这个莱茵河右岸、操日耳曼语的国家也成了后来德意志王国发展的基地。

加洛林王朝的终结

"日耳曼人"路易所继承的东部领土，因为刚被征服不久，所以在发达程度上较其他地方还稍显落后。870 年，路易又趁着继承中法兰克王国的几个侄子纷纷死去且没有后嗣的机会，联合西法兰克王国国王"秃头"查理签订了《墨尔森条约》，将中法兰克王国的一部分领土瓜分，使中法兰克王国只剩下了南边的一部分，即亚平宁半岛的北部。这个条约基本奠定了现代德国、法国、意大利三国的雏形，当然，意大利还要加上亚平宁半岛的南部以及西西里岛等岛屿。

《墨尔森条约》签订以后，东法兰克王国的领土大致有 50 万平方公里，包括今天的德国、荷兰、瑞士和奥地利。东法兰克王国保存了加洛林王朝的统治制度，但是却在相当长的一段时间内，王权持续衰落，地方封建势力逐步强大。到了 9 世纪末，东法兰克王国境内相继形成了四大公国——萨克森、法兰克尼亚、巴伐利亚和士瓦本（也有五大公国的说法，再加上图林根公国）。而在境外，东法兰克王国则面临着严重的异族入侵，比如东边的马扎尔人、北欧的诺曼人等等，这也是东法兰克王国王权衰落、割据势力强大的一个原因。

加洛林王朝时期的轻骑兵

接替"日耳曼人"路易王位的是其子查理（绰号"胖子"，876—887 年在位），他曾一度重新统一了法兰克王国——884 年，西法兰克王国国王卡罗曼去世，本应继位的查理（绰号"天真汉"）年纪太小，所以西法兰克王国的贵族们请来东法兰克王国的国王，也就是"胖子"查理继位；随后，他又在 879 年成为意大利国王，2 年后又由教皇约翰八世加冕成为罗马帝国皇帝（称查理三世）。从表面上看，"胖子"查理恢复了查理大帝时的王国版图，但实际上他的统治非常虚弱，只是虚有其表罢了。887 年，"胖子"查理被他的侄子阿努尔夫废黜，法兰克王国的短暂统一结束。之后，东法兰克王国和洛林归属阿努尔夫，西法兰克王国归属厄德。

阿尔努夫（887—899 年在位）在对抗外敌入侵上取得了一定的成果。891 年，他击败进犯的诺曼人，后来又和斯拉夫人中的摩拉维亚人缔和。896 年，他被加冕成为罗马帝国皇帝。899 年，阿尔努夫病逝，他年仅 6 岁的儿子路易继位（绰号"孩童"），大权掌握在美因茨大主教手中。911 年，18 岁的路易病逝，没有子嗣，贵族们遂推举法兰克尼亚公爵康拉德一世为王。至此，加洛林王朝在东法兰克王国的历史结束。

康拉德一世出身的康拉德家族也是一个历史非常悠久的家族，可以和加洛林家族相提并论。然而，由于当时东法兰克境内的封建贵族割据形势严峻，康拉德的国王权力非常微弱，据说其影响力甚至在萨克森、士瓦本和巴伐利亚公爵之下。另一边，东边的马扎尔人还经常入侵骚扰，康拉德抵抗入侵作战失利。918 年，康拉德一世去世，他在临死前劝说他的弟弟埃伯哈德不要继承王位，而是推举一直和他有矛盾的萨克森公爵亨利继承了王位。

萨克森王朝的建立

919 年，亨利的继位（称亨利一世，919—936 年在位）标志着萨克森王朝的开始，这一年也是德国历史上最重要的年份之一，因为这一年普遍被认为是德国作为独立封建国家的开始，同时也是严格意义上的德意志历史的开端（也有学者认为是 911 年）。

据说，亨利听说自己被选为公爵（一说是被选为国王）时正在捕鸟，因此他得到了一个绰号："捕鸟者"。亨利一世在位 17 年，一直都热衷于巩固王权和扩大王国的疆域范围。919 年和 921 年，亨利挫败了公开抗命的士瓦本公国和巴伐利亚公国；925 年，他又趁西法兰克王国内讧之际吞并了洛林地区；当时在东边的马扎尔人频繁入侵，924 年，为了争取时间的亨利一度被迫向其称臣纳贡。随后，亨利励精图治，进行军事改革，在边境上修建军事要塞，直到 934 年，他最终击败入侵的马尔扎人，使东边边境开始安定下来。

亨利一世在位期间开始向东方的易北河和萨勒河以东的斯拉夫人地区扩张。928 年，亨利一世第一次渡过易北河，攻占了斯拉夫人的要塞勃兰尼贝尔，这个地方也就是后来的勃兰登堡。

936 年，亨利一世去世，其子奥托继位，是为奥托一世（936—973 年在位）。奥托一世继承了亨利一世的政策，继续走巩固王权和对外扩张的道路。940 年左右，他征服了易北河和奥德河之间的大片土地，在那里建立了哈维里贝格和勃兰登堡两个主教区，使他的势力一直向北扩张到日德兰半岛。在东方，奥托一世对马尔扎人的战争也取得了胜利。955 年 8 月，奥格斯堡一战，奥托一世统率的联军大败入侵的马尔扎人，这一战的胜利不仅遏制住了马尔扎人的侵袭，也让奥托一世名声大振。

当时，德意志国内有四大公爵领地，割据一方。以巩固王权为目标的奥托一世灵活利用各种机会，让自己的亲信或子侄、女婿等人去充任公爵，他也是第一个完全控制了四大公爵的、强有力的德意志国王。不过，奥托一世的野心不仅限于德意志国内及东方、北方那些相对贫瘠的土地，他的目光还盯上了南边的、即意大利北部那些富庶发达的地区。与此同时，他和后来的很多国王一样，都认为自己是古罗马帝国的正统继承人，有着征服意大利、重现罗马帝国盛况的伟大"理想"。

10 世纪的意大利经济富庶，政治上却四分五裂，这也为强敌入侵创造了条件。951年，意大利北部诸侯的内讧给了奥托一世插手的借口，他应一位诸侯的寡妻阿德里根德（后来成为奥托一世的妻子）的请求出兵意大利。同年9月，奥托一世占领了帕维亚，接受了当地贵族对他的宣誓效忠，获得了"伦巴第国王"的尊号。10年以后，奥托一世应教皇约翰十二世的请求再次入侵意大利，正式吞并了伦巴第，随后又征服了意大利的大部分地区。

962年2月2日，奥托一世由教皇加冕称"罗马帝国皇帝"，正式成为了罗马的监护人和罗马天主教世界的最高统治者，取得了在中欧和西欧的霸权。德意志王国的历史也由此进入了神圣罗马帝国时期。

早期神圣罗马帝国

如果要论起神圣罗马帝国的历史，那么从奥托一世被教皇加冕的962年算起，它足足存在了844年，直到1806年才被拿破仑灭亡。粗一看，其历史实在悠久，800多年的时间跨度足以令欧洲其他国家望尘莫及。但是这个神圣罗马帝国又非常特殊，因为它作为一个统一的国家存在只有100年左右的历史，在剩下的时间里，它只是一个由承认皇帝最高权力的封建公国和自由市组成的松散联盟，帝国有其名而无其实。用伏尔泰的话说，那就是："既不神圣，也不罗马，更不帝国。"

奥托一世建立神圣罗马帝国

需要指出一点，神圣罗马帝国的名称在不同时期是有发展变化的。在962年奥托一世被教皇加冕时，名为"罗马帝国"，1157年开始称"神圣罗马帝国"，到了1512年时又改称"德意志民族的神圣罗马帝国"，不过一般还是用

"神圣罗马帝国"作为这个存在了 800 余年的国家的通称。奥托一世虽然被加冕为"罗马帝国皇帝",但是这一称号也不是其继任者一当上德意志国王就自动拥有的,必须要由教皇进行加冕,没有加冕的便不能拥有这个称号。

这样一来,根据地在德意志的国王们不仅要让德意志的封建主们臣服,还要分心去治理意大利的封建主们。因此,他们必须一次又一次地长途跋涉,翻越阿尔卑斯山,或者去找教皇加冕,或者去平定那里的叛乱,或者去干涉教廷内部的斗争,这也使国王们用在德意志本土的精力大大减少。比如,国王无暇顾及王国内部的王权巩固问题,因此那些封建主们就有机会增强个人势力、谋求割据,其最终结果必然是国家内部不再团结,无法形成统一的、集权的民族国家。

在奥托一世的前几位继任者统治时期,这种分离倾向还不明显,帝国中央的权威还比较强大,不过各大封建主的势力都有所增强,这也是客观事实。

奥托一世向王座上的耶稣进献教堂模型
这件象牙雕塑背景像棋盘,中间端坐的是耶稣,耶稣的左手正在向奥托一世进献的教堂模型赐福。

奥托一世在位的最后十几年里,他的主要精力一直都在意大利,甚至数度操纵教皇的废立。他还想对南意大利进行征服,因此与盘踞在那里的拜占庭人和阿拉伯人发生了冲突。970 年,奥托一世和拜占庭议和,放弃了征服亚平宁半岛南部的企图。不过,随后继位的奥托二世(973—983 年在位)则继承了他父亲最初的政策,继续侵略意大利南部。981 年,奥托二世发动战争,一度

金圣母

这件在一整根木头上雕刻的、并配以金箔和宝
石修饰的圣母像是现存最早的中世纪欧洲北部
的圣母雕像和最早的无支撑独立雕像。除了艺
术价值之外，该圣母像还有一定的政治意义。
因为它是奥托一世的孙女、埃森女修道院院长
玛蒂尔达要求雕刻的，其目的之一也是巩固萨
克森王朝的统治。

占领了那不勒斯和他林敦，不过在次年的卡拉布里亚战役中，他却败在了阿拉伯人和拜占庭人的联合攻击之下。之后继位的奥托三世在 995 年亲政以后，于次年进入意大利，并将他的堂兄送上了教皇宝座，这就是教皇格列高利五世，也是历史上第一位德国籍教皇，他随后为奥托三世加冕。奥托三世和他的父、祖一样都十分看重意大利，为此发动了数次远征，最后死在了意大利，但并未取得丰硕的政绩。

上帝斥责亚当和夏娃
该青铜雕刻位于德国希尔德斯海姆圣米迦勒教堂的青铜大门上，是当时奥托三世的老师伯恩瓦尔德主教委托修建的，展现了当时萨克森王朝的高超铜像浇铸技术。

　　总而言之，奥托一世以后的几位国王都醉心于征服意大利，但是天不遂人愿，基本都是徒劳无功。也是在这一阶段，东边的斯拉夫人趁机摆脱了德意志人的统治，边境上一些德意志人设立的边区马克又被斯拉夫人夺了回去，斯拉夫人和德意志人又恢复回了原来的疆界。可以说，这一时期的德意志国王们对意大利的侵略是得不偿失的：征服意大利的目的没有实现，却给了国内封建贵族势力重新坐大和斯拉夫人夺回领地的机会，同时又给无辜的意大利人民带来了苦难。用恩格斯的话说，那就是："德国内部虽然缺乏经济联系，但是，本来还是会实现而且甚至还可能更早实现（比如在奥托王朝时期）中央集权的"，但是"罗马皇帝的称号和由此而来的称霸世界的野心使得民族国家不可能组成，还让力量在历次侵略意大利的征战中消耗尽了。"

　　就在王权势力在数次对外征服而屡屡碰壁中衰落之时，神圣罗马帝国的教皇势力却在不断增长。以教皇为首的教权势力并不甘心为皇帝所控制，如此，教权和王权的斗争就成了 11 世纪和 12 世纪初期神圣罗马帝国历史发展的又一条主线。

皇权和教权的斗争

　　奥托一世在位时确立了教皇和皇帝之间的关系：皇帝宣誓保卫教皇，教皇宣誓忠于皇帝。这种关系也影响到了教皇的选任：想当教皇的一定要忠于德意志国王，教皇也要为德意志国王加冕，使其成为罗马帝国皇帝。简单地说，就是德意志国王要借着教皇的宗教光环来加强自己的王权和霸权。这种情况到了法兰克尼亚王朝也是一样。

　　1024 年，亨利一世最后一位直系子嗣国王亨利二世去世，没有子嗣，他的一位亲戚康拉德二世被推举为王，开始了法兰克尼亚王朝（1024—1125 年，又称萨利安王朝）。法兰克尼亚王朝延续了萨克森王朝的政策，继续控制教会，主要表现就是国王掌握着任免各种教职的权力，甚至可以任免教皇。比如亨利三世（1039—1056 年在位）就曾先后废黜过 3 位不听命的教皇，转而任命他的亲信，即利奥九世和维克托二世。这一时期，王权严格控制着教权，德意志皇帝甚至打算将教皇变成帝国的大主教。

　　如果帝国势力一直强大，那么这样的局面将会一直持续下去，但是，在德国皇权接连受挫的情况下，教会的权力却在逐渐增长。10 世纪兴起的克吕尼运动更是促进了教权势力的崛起。910 年，一位名叫伯尔诺的法国人在勃艮第兴建了纪律森严的克吕尼修道院，标榜清贫、独身，反对买卖圣职，反对世俗政权任命神职人员，主张制定严格的清规戒律，加强以教皇为首的中央集权。到了 11 世纪时，克吕尼运动传遍西欧，已经成为一股强大的政治势力。教皇开始每年在罗马召开宗教会议，传达会议决议和教皇谕示，原本协助祈祷的红衣主教的角色也发生了变化，他们开始成为由教会的大封建主组成的集团，对教廷的影响越来越大。由此，教廷开始摆脱罗马贵族和德意志王权的干预。1059 年，教皇尼古拉二世宣布，教皇只能由红衣主教选举产生，世俗政权的君主，包括德意志国王在内，都无权干涉。教权和皇权的矛盾开始正式激化。

1073 年，意大利人希尔德布兰德趁德意志内部出现动乱之际，没有经过德意志国王的同意便直接宣称自己为新任教皇，他就是教皇格列高利七世（1073—1085 年在位）。格列高利七世支持克吕尼运动，反对圣职买卖，并以此为由革除 5 名德国主教的教籍。1075 年，他颁布敕令，宣称教皇的地位在一切世俗政权之上，拥有罢免、册封一切教职的权力，甚至还可以罢黜皇帝。同年年底，他致信德皇亨利四世（1056—1105 年在位），警告他不要对米兰大主教的任命进行干预，否则国王会被逐出教会。教权和皇权的矛盾至此公开爆发，这场斗争又被称为"叙任权斗争"。叙任权，即授予主教封地和职权的权力，通常用两样物品作为象征：一是权戒，象征宗教权；一是权杖，象征世俗权。

德皇亨利四世的日子也不好过。6 岁即位的他初期由母后摄政，到了 15 岁才开始亲政。1073 年，国内的科隆大主教又勾结美因茨大主教和沃尔姆斯主教发动叛乱，亨利四世不得不联合当地市民才将叛乱平定。而教皇格列高利七世在 1075 年写给他的信也被他认定为公开的宣战。次年年初，亨利四世在沃尔姆斯召开主教会议，参加会议的有支持亨利四世的德意志主教，还有一部分世俗贵族，会议宣布废黜教皇格列高利七世。亨利四世还给格列高利七世写信，称他是"伪僧"希尔德布兰德，让他从使徒的座位上滚下来。教皇格列高利七世的回应也非常直接——开除亨利四世的教籍，解除他在德国和意大利的统治权。

按照破门律，被惩罚者如果在 1 年内没有得到宽恕，那么他的臣民都要对他解除效忠宣誓。于是，德意志国内那些对皇权不满的封建主们立刻闻风而动，士瓦本公爵鲁道夫、巴伐利亚公爵韦尔夫等人在乌尔姆召开集会，准备选出一位新国王。1076 年 10 月，对亨利四世不满的贵族们宣布亨利四世必须要在 1 年期限内获得教皇的宽恕，否则就不再承认他是国王。亨利四世陷入困境，他只能先满足国内贵族的要求以保住王位，所以他选择了暂时向教皇屈服。

1077 年 1 月，亨利四世前往意大利的卡诺莎（这里是托斯卡纳伯爵夫人的城堡，当时教皇在这里），赤足披毡的他在风雪中足足站了 3 天 3 夜，向教皇忏悔赎罪。一直到第 4 天，他才得到教皇格列高利七世的接见，获得了赦免。这就是著名的"卡诺莎之行"。从表面上看，这是皇权势力向教权势力屈服了，教权势力取得了胜利，但实际上这不过是亨利四世的权宜之计。他为教皇所赦免，国内反对他的那些贵族们就再也没有了另立新王的借口，同时他也为自己赢得了喘息的时间来重新积聚力量。

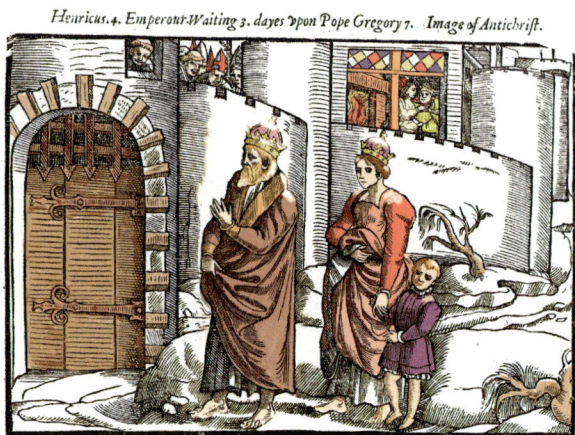

Henricus. 4. Emperour Waiting 3. dayes vpon Pope Gregory 7. Image of Antichrist.

卡诺莎之行
亨利四世赤足在风雪中请求
教皇格列高利七世原谅。

同年 3 月，反对派贵族们推举士瓦本公爵鲁道夫为王，随后，亨利四世在沃尔姆斯、维尔茨堡市民的支持下平定叛乱，鲁道夫亡命萨克森。1080 年，亨利四世出兵将其击毙，反对派瓦解。之后，亨利四世进军意大利，并于 1084 年占领罗马，立拉韦纳的维克托为教皇，即维克托三世。格列高利七世随即逃亡萨莱诺，并于第二年死在那里。在这次斗争中，亨利四世取得了初步的胜利。

不过教权和皇权的斗争并没有结束。1088 年上台的教皇乌尔班二世又勾结亨利四世之子和一些地方诸侯发动叛乱。不过，亨利四世在市民和骑士阶层的支持下再次平定了叛乱。等到亨利四世之后的亨利五世（1105—1125 年在位）即位时，皇权和教廷的斗争还未停止。直到 1122 年，双方才签订了《沃尔姆斯宗教和约》。和约规定，在德意志，德意志皇帝有权干预主教和修道院院长的选举，主教上任时要首先由皇帝授予象征世俗权力的权杖，再由罗马教皇授予象征宗教权力的牧杖与指环；但在意大利和勃艮第等地，皇帝则无权干预，授权仪式也要先进行教会授予的宗教权力，6 个月以后再由皇帝授予世俗权力。

《沃尔姆斯宗教和约》是一个双方妥协让步的产物，毕竟在和教廷的长期斗争及对意大利的长期征服当中，德国耗尽了国力，同时国内封建贵族的割据势头又不断增强，皇权逐渐衰落。亨利五世去世后，因为无嗣，苏普林堡伯爵、萨克森公爵洛泰尔被拥立为王，称洛泰尔二世（1125—1137 年在位）。至此，法兰克尼亚王朝终结，苏普林堡王朝开始。然而，苏普林堡王朝在仅传了洛泰尔二世一位君主之后便走向结束，德意志王国紧接着就迎来了霍亨斯陶芬王朝（1138—1254 年）。而教权和王权的争端在霍亨斯陶芬王朝的腓特烈一世

（1152—1190 年在位）在位时又起波澜。

腓特烈一世是一位野心勃勃的国王，他将统治意大利作为基本国策，一方面是想利用教皇的势力来为自己增加宗教上的光环，另一方面也是觊觎意大利的海量财富。腓特烈一世拒绝遵守《沃尔姆斯宗教和约》，肆无忌惮地任命主教和修道院长，截获教会收入。为了能集中精力侵略意大利，他放手让国内强大的贵族、萨克森公爵"狮子"亨利去侵略易北河以东的斯拉夫人，并给予他册封权，后来还将同样的权力赐予奥地利侯爵，并将他升为公爵。

1154 年，腓特烈一世以帮教皇平定市民起义为由，第一次率兵入侵意大利，之后他重申自己在意大利拥有占有财产、征收捐税和任命官员的权力。1155 年，教皇为他加冕，称"神圣罗马帝国皇帝"，从此帝国的名称前面正式冠以"神圣"二字。腓特烈一世在意大利掠夺了大量的财富，当地人民也由此掀起了持续不断的反抗斗争。此后的 20 年间，腓特烈又 5 次入侵意大利，可以说意大利人的鲜血染红了这位德皇的胡子，他的绰号"红胡子"也正是由此得来（另一说腓特烈确有一副红胡子，在意大利语中"红胡子"音译为"巴巴罗萨"，这也是腓特烈一世的另一个别称）。1176 年，腓特烈一世被意大利的伦巴第城市同盟击败，这使他征服意大利的梦想彻底破碎。

1177 年，腓特烈一世和教皇亚历山大三世签订了《威尼斯和约》。和约规定，腓特烈一世归还侵占的土地、教产，再也不反对教皇，并遵守《沃尔姆斯宗教和约》。不过腓特烈一世还是没有完全死心，他虽然在 1190 年参加第三次十字军东征时在小亚细亚的河中溺死，但还是通过联姻的手段为他的子孙重新与教

腓特烈一世画像

皇和意大利争权夺利埋下了伏笔。

1186 年，腓特烈一世的儿子亨利与西西里王国的女继承人康斯坦丝公主结婚。1190 年，腓特烈一世去世后，亨利继位，是为亨利六世（1190—1197 年在位）。1194 年，亨利六世兼领西西里国王。在他去世后，德意志国内又陷入了动乱。1220 年，其子腓特烈继位，是为腓特烈二世（1220—1250 年在位），兼任西西里国王。

腓特烈二世从小跟随其母在西西里长大，德语都不会说，也就去过德国几次，因此他顺理成章地将意大利作为他的统治中心，想要将西西里建成北上控制意大利和罗马教廷的基地。至于对待德国国内的贵族，他的政策是"宽"，他颁布了一系列法律，给予诸侯们司法、铸币和征税等众多权利。也是在他的统治期间，德意志的大封建主们正式成为"诸侯"，这个词最早见于 1232 年的文献，将各邦诸侯称为"邦君"。但腓特烈二世对待西西里则要"严"得多：他剥夺了意大利城市共和国在西西里进行贸易的特权，铲除了封建城堡，目的就是打压北部城市和教廷的势力。腓特烈二世的野心为教皇所察觉，这使得在此后的几十年间里，教权和皇权又展开了激烈的争夺。1227 年和 1239 年，腓特烈二世曾两度被开除教籍；1241 年，他也曾围困罗马，致使教皇英诺森四世流亡在外 9 年，由此可见双方斗争之激烈。这场斗争在 1250 年腓特烈二世猝死之后迎来了转折点，教皇势力趁势反扑，腓特烈二世的后代再也没能守住西西里。1268 年，霍亨斯陶芬家族的最后一个代表、腓特烈二世之孙康拉德在那不勒斯被斩首，这也标志着霍亨斯陶芬家族在意大利统治历史的终结。

霍亨斯陶芬王朝最后一位君主康拉德

耶西之树

这幅位于圣米迦勒大教堂的天顶绘画是现在欧洲中部仅存的两个蛋彩画教堂装饰之一，创作于 1215 年左右。"耶西之树"描绘的是耶稣的家谱。

神圣罗马帝国的皇权和教权斗争断断续续进行了几百年，最后的胜利者是教权势力，还有趁机坐大的地方分离势力。皇权付出的代价是国内各大诸侯彻底坐大，皇权一蹶不振，德意志的分裂已成定局。而获胜的教权势力其实也只是表面的胜利者，此时教皇的世界主义野心已昭然若揭，教廷的势力崩溃也只是比皇权稍晚一些而已。13 世纪后期的 50 年间，教皇换了 14 位之多，教廷的辉煌期一去不复返，可以说这对西欧各国王权势力的增长是一个好机会，当然，除了德国和意大利以外。

空位时期和金玺诏书

从 1254 年腓特烈二世之子康德拉四世去世开始，到 1273 年鲁道夫一世继任德意志国王，这 19 年被后世称为"空位时期"，因为德国的王位虚悬，没有一位获得各方一致支持的皇帝在位。

1254 年，荷兰伯爵威廉曾被部分贵族拥为皇帝，但是 2 年后就被杀了。1257 年，贵族们选出了 2 个皇帝：1 月，在科隆的帝位选举中，亲英的莱茵伯爵等人推选英王亨利三世之弟康沃尔的理查德为皇；4 月，特里尔大主教等人推选卡斯提尔的阿方索十世（他是腓特烈一世的曾孙）为皇，这背后有法国人的支持因素。至此，德意志出现了两个皇帝，都是外国人，背后分别由英国、法国支持。实际上，理查德虽然到过德意志，但是从未处理过德意志事务，而阿方索更是连德意志都没去过。也是在这一时期，德意志境内分裂成了大大小小的公国、侯国，数量多达 300 多个。

1272 年，理查德去世，而另一个"德皇"阿方索得不到众多诸侯们的支持。后来在教皇的斡旋下，来自哈布斯堡家族的伯爵鲁道夫一世当选国王，至此，虚悬 19 年的王位终于迎来了一位获得普遍支持的国王，"空位时期"结束。之后，继位不久的鲁道夫一世占领了奥地利地区，此后这里也便成了哈布斯堡家族的基地。

在空位时期的 19 年间，各大诸侯竞相将尽可能多的土地据为己有，扩充自己的势力，这也使德意志王国的分裂更深了。包括鲁道夫一世在内的之后历任国王多是一些来自小邦的诸侯，因为有推举权的大诸侯们都担心一个实力雄厚的大诸侯上台会危及自己的利益，反正皇位也不是一个多么有权势的位置，

鲁道夫一世画像窗画

索性大家就选一个小诸侯上去。1292年当选的阿道夫（拿骚伯爵）、1308年当选的亨利七世（卢森堡王朝）、1314年当选的路易四世（维特尔斯巴赫王朝）皆是如此，他们只能面对现实，承认诸侯们的特权，同时在诸侯们能忍受的范围内通过夺取、联姻等方式扩充自己的势力，提高自己在大诸侯们面前的地位。

1356年，查理四世（1347—1378年在位）颁布"金玺诏书"（诏书上盖有黄金印玺，故而得名，又称"黄金诏书"），这是神圣罗马帝国历史上，也是德意志历史上的重要事件之一。"金玺诏书"除序言以外共31章，首先它确定了皇帝选举法——由七大选帝侯共同推选，这七大选帝侯分别是圣职选帝侯三位——美因茨大主教、科隆大主教、特里尔大主教；世俗选帝侯四位——萨克森－维腾堡萨克森公爵、莱茵－普法尔茨伯爵、勃兰登堡藩侯和波希米亚国王。诏书中这样形容他们七位：他们是帝国的"柱石"和"七只烛台"，他们"**共同发出的光辉照耀这个神圣的帝国**"。此外，诏书还宣布德意志国王已是神圣罗马帝国皇帝，无须再走教皇加冕这一道程序。

"金玺诏书"确定了各选帝侯在自己封地内的绝对统治权力，他们拥有司法权、行政权、铸币权、军事权以及开矿、采盐等特权，基本成为了各自领地内的君主。

"金玺诏书"的主要意义是，在法律上确定了德意志的分裂割据，是诸侯们对以皇帝为代表的皇权和中央集权的胜利，也是德国统治者对外侵略扩张（主要是入侵意大利和斯拉夫人的土地）的必然结果。恩格斯就曾说："皇帝要

查理四世像

由选举决定，这就绝对不允许一个王朝的权力成为民族的体现，相反，只要各诸侯开始感到某皇室的权力强大起来，就经常引起——尤其是在有决定意义的15世纪——王朝的更替。"此后，神圣罗马帝国不过是一个各自独立的德意志各邦相当松散地结合在一起的政治实体，和中国历史上的东周时期相似。这一切当然拖后了德国民族国家的形成，尽管14、15世纪德意志地区的经济发展形势不错，但是却因为政治上的四分五裂而没有形成一个共同中心，这相对于已经形成中央集权国家的英国、法国来说，德国已经落后了。

1356年颁布的"金玺诏书"确立了七大选帝侯的选帝制度，其中的勃兰登堡和波希米亚（今捷克）较引人注目，因为这两大诸侯并不属于德意志的传统诸侯。事实上，将德意志拖致分裂的政治主因就是王国统治者对意大利的征服以及对东边斯拉夫人的征服，而这两大新兴诸侯便是后者的产物。

其实，1356年的"金玺诏书"只是将成型已久的事实以法律的形式确立下来，毕竟早在1257年，在推举新皇帝时就是这七位大诸侯当家作主，这也是勃兰登堡和波希米亚两大新兴诸侯在德意志政治舞台上最初崭露头角的时候。如果从头算起的话，早在萨克森王朝的亨利一世时期，德意志的封建主们，上至国王，下至贵族，就都开始有了向东边的邻居斯拉夫人侵略扩张的打算。

在漫长的岁月中，这些封建主们在易北河以东地区建立了大小不等的数个统治区，而其中比较重要的、对德意志的发展历史有过较大影响的，要数奥地利公国和勃兰登堡侯国。奥地利公国，这是一块巴伐利亚人在斯拉夫人的土地上的殖民地。996 年，这里开始得名奥地利；1156 年，腓特烈一世封这里的统治者为奥地利公爵，由此奠定了后来的奥地利国家基础。勃兰登堡，最早是亨利一世占领的斯拉夫城市勃兰布尼尔（意思是"保护森林"），不过在 982 年奥托二世在意大利遭遇失败时，勃兰登堡又趁机恢复了长达 150 年的独立。1134 年，安哈特伯爵、绰号"猛熊"的阿尔布雷希特再次向易北河以东扩张，12 世纪末推进到奥德河畔，建立勃兰登堡侯国，13 世纪末又推进到今波兰境内，至此，一个疆域广阔的德意志国家得以形成。事实上，后来统一德意志的普鲁士也和勃兰登堡侯国有着密切的关系。

就这样，在不断向东侵略斯拉夫人的过程中，在斯拉夫人的土地上形成了一批新的德意志诸侯，他们的势力几乎和本土诸侯一样强大，由此，德意志的政治中心东移，易北河以东的诸侯开始在德意志的政治舞台上扮演起了重要的角色。他们和本土的老牌诸侯一样，都不希望看到王权的强大，让德意志形成中央集权国家。因此，东边新兴诸侯的强大使得德意志的统一更加困难了。最后在 19 世纪中期，德意志终于开始想起统一的事情来，而当时德意志诸邦内最强大的便是当年的这两个新兴诸侯，对此，恩格斯有精辟的评论："德国的发展还有一点是非常特殊的，这就是：最终瓜分了整个德国的帝国两个组成部分，都不是纯粹德意志的，而是在被征服的斯拉夫人土地上建立的殖民地：奥地利是巴伐利亚的殖民地，勃兰登堡是萨克森的殖民地；它们所以在德国内部取得了政权，仅仅是因为他们依靠了国外的、非德意志的领地：奥地利依靠了匈牙利（更不用说波希米亚了），勃兰登堡依靠的是普鲁士。"

城市同盟的发展

德国的历史有一定的特殊性，其中一点就是其封建化的发展进程极度缓慢。德国的发源地东法兰克王国最早的土地是莱茵河和易北、多瑙河之间的土地，当时这块土地除了巴伐利亚南部以外，基本上都还处于较为原始的状态，没有受到罗马帝国的影响。因此，东法兰克王国境内还存在很多原始社会才有的部落联盟，血缘关系是其主要纽带。待到东法兰克王国立国以后，部落联盟顺势转为公爵领地，部落联盟首领自然成了公爵，这里最早的四大公爵——萨克森、法兰克尼亚、巴伐利亚和士瓦本就是这样发展而来的。他们用血缘关系统治自己的封地，独立性非常强，这也是德国地方割据势力长期强大而不易统一的一个原因。

血缘关系顽固的另一个消极影响是束缚生产力的发展，因此这里的封建化进程极其缓慢，比西边的邻国西法兰克要晚几个世纪。直到 12 世纪这里才基本完成封建化，而在偏远的萨克森地区此时甚至还存在一些自由的农村公社。封建化的缓慢进程对城市的形成也有影响，德国的城市兴起较晚，大多在 11 世纪以后，比法国和意大利要晚两个世纪。其实如果追溯德意志城市的历史，最早的甚至可以追溯到罗马帝国后期，比如奥格斯堡、科隆、美因茨等，但是，当时的它们不过是一些军事要塞、城堡，商业色彩较少。由于德国特殊的政治环境，其城市发展的先天条件不足，政治四分五裂，各个城市的贸易没有强大的王权进行保障，因此大家只好相互结成联盟，保卫自己的利益。当时德意志境内出现过的比较著名的联盟有"汉萨同盟""莱茵同盟"和"士瓦本同盟"等。

"汉萨"这个词在日耳曼语中的意思是"集团"。最早在 12 世纪，德国北部的城市商人为了和英国、佛兰德斯等地进行贸易，曾经组织过"科隆汉萨"和"汉堡汉萨"。在 15 世纪新航路开辟之前，欧洲有两大国际贸易区，分别是地中海贸易区和波罗的海贸易区，德意志正好在这两大贸易区的中间，成为国际贸易的必经之路，这为其城市兴起、商业繁盛提供了便利条件。从 13 世纪中叶开始，德意志城市开始走联盟之路，到 13 世纪 80 年代，莱茵地区的商人开始相互合作，以维护共同利益，他们还和吕贝克等一些控制波罗的海贸易的北德意志城市结成同盟，最初合作的项目包括防御海盗、保障贸易安全，以及兴建灯塔、培训相关人员等。

"汉萨同盟"一词最早出现在 1344 年，是共同分享特权的商业联盟。1356 年，商人汉萨发展为城市汉萨，城市取代商人个体成为同盟内的主体。当时联盟内的城市数量很多，范围很广，包括绝大多数北德沿海城市，以及虽然不在海边，却和沿海贸易有直接关系的莱茵河流域城市。当时的吕贝克、汉堡、不来梅是其联盟的核心，后来科隆、普鲁士的但泽、柯尼斯堡等城市也先后加入。1358 年，地处波罗的海东岸的里加等城市也加入了汉萨同盟。当时的汉萨同盟基本垄断了西欧和北欧、东欧的贸易，东欧、北欧出产的农矿业原料、毛皮、木材、牲畜等，西欧生产的呢绒、金属器、日用手工业品等都是通过汉萨同盟的中介贸易而得以销售。此外，汉萨同盟的商人们还通过意大利商人来销售来自东方的商品，如香料、丝织品等。1367 年，汉萨同盟的 77 个成员城市在科隆召开第一次会议，会议确定了同盟要设立最高法院和最高议会，还要设有公共的财政、行政和海军，并且同盟还具有对外外交、宣战、媾和、缔约等权利。1368 年，汉萨同盟的联合舰队和丹麦开战，2 年后，丹麦战败，被迫签订了《施特拉尔松德和约》，承认同盟在波罗的海和北海的贸易特权，汉萨同盟从此对波罗的海、北海的贸易控制更加严密。可以说，此时的汉萨同盟甚至有了一定政治同盟的色彩，这一时期成为其发展的鼎盛期，成员城市达 160 多个。不过，汉萨同盟在组织上还是较为松散的，它并无成文的宪法，也无成文的制度和执行机构。中介贸易是汉萨同盟的主要经济活动，它在很多国家都设有商站，其中以英国的伦敦、佛兰德斯的布鲁日、挪威的卑尔根和俄罗斯的诺夫哥罗德商站最为知名。

　　汉萨同盟称霸北欧达一个世纪，直到 15 世纪末以后才开始走向衰亡。开辟新航路以后，大西洋成了新的商业中心，西班牙、尼德兰、英国等国相继崛起，波罗的海、北德意志的风光不再。另外，随着重商主义兴起，不少国家开始加强中央集权，保护本国商业利益，但是德意志却背道而驰，分裂依

汉萨同盟时期的帆船印

旧，商人们也由此成了德意志逆潮流而动的牺牲品。1478 年，莫斯科公国征服诺夫哥罗德，汉萨同盟在此地的商站被关闭；1593 年，其在安特卫普的商战被关闭；1598 年，其在伦敦的商站也被迫停业。此外，同盟内部也是矛盾重重，城市平民和贵族之间的斗争接连不断，城市和城市之间也有矛盾纷争，德意志内部勃兰登堡、普鲁士地位的上升也进一步削弱了汉萨同盟。1669 年，汉萨同盟在吕贝克举行了最后一次会议，只有 6 个城市参加，汉萨同盟就此解体。

除汉萨同盟外，1254 年，莱茵河畔的美因茨、沃尔姆斯和巴塞尔等城市，为了保卫自己的利益，成立了莱茵同盟。当时，仅莱茵河上的关卡就达62 处之多，为了商路安全，有约 70 个城市加入莱茵同盟，并建立自己的武装。1331 年，德国南部又出现了士瓦本同盟，它包括奥格斯堡、纽伦堡等 90 多个城市。1381 年，莱茵同盟与士瓦本同盟合并，目的是为了挫败骑士的掠夺，结果两败俱伤，大诸侯乘机干涉，1388 年，莱茵同盟被吞并。

意大利地区的发展

中世纪的意大利地区也是四分五裂，不过它和德意志地区的四分五裂还不一样，这里并没有一个名义上的国王或者最高统治者，更不曾出现过像德意志的奥托一世那样强有力的君主。这里还是周围几大强国的逐鹿战场，西班牙、法国、拜占庭帝国、诺曼人以及罗马教廷等的势力你来我往，犬牙交错。

中法兰克王国

843 年，《凡尔登条约》签订以后，长兄洛泰尔一世承袭了皇帝的称号，得到的土地形成了中法兰克王国。中法兰克王国夹在东、西法兰克王国中间，大致可以分成 3 个部分：北部的洛林、南部偏西的勃艮第和南部偏东的意大利北部地区。855 年，洛泰尔一世去世，他的 3 个儿子又平分了他的王国。但由于这 3 位王子寿命都不长，东、西法兰克王国的两位国王便联合行动，通过 870 年的《墨尔森条约》，将中法兰克王国的北部领土——洛林瓜分，南部领土的情况则比较复杂，勃艮第、普罗旺斯等地数易其手。洛泰尔一世的后裔保有意大利北部地区（即意大利王国）的时间也不算很长，其子路易二世 875 年去世以后，东法兰克王国的国王"胖子"查理曾短暂成为意大利国王，他还当上了西法兰克王国的国王，又由教皇加冕为"罗马人民的皇帝"，表面上看是重新恢复了查理帝国的统一，不过这个帝国却十分脆弱。887 年，"胖子"查理被废黜，东法兰克、西法兰克、勃艮第等地又恢复了各有其主的状态。

在纷争当中，意大利南部的一部分领土被西边的西法兰克王国吞并，另一部分则继续处于四分五裂的状态，这给了已经初步形成较强大王权的德意志王国入侵的机会。当时，在意大利中部存在一个奇怪的政治实体——教皇国，这也是德国入侵意大利的原因之一：德意志的国王都以罗马帝国的正统接班人自居，都想恢复当年罗马帝国的盛况，因此一定要征服意大利，同时还要教皇国的教皇为自己增加一层宗教色彩。951 年，奥托一世进军意大利，占领了北部地区，并在帕维亚接受了当地贵族奉上的伦巴第国王称号。962 年，奥托一世进军罗马，由教皇加冕为"罗马帝国皇帝"，神圣罗马帝国的历史开始，意大利北部从此处于神圣罗马帝国的统治之下。不过，德意志统治者虽然在意大利建立了统治，但是这种统治始终不稳定，再加上神圣罗马帝国之内的教权和皇权进行了上百年的战争，意大利地区诸邦也在寻求机会争取独立。1167 年，意大利北部城邦联合组成"伦巴第同盟"，以对抗神圣罗马帝国。当时的帝国皇帝正是"红胡子"腓特烈一世，又称"巴巴罗萨"，他一生曾 6 次入侵意大利。1176 年，腓特烈一世被伦巴第同盟击败；1183 年，双方签订《康斯坦茨和约》，根据和约，此时的意大利北部诸城市实际上已经从神圣罗马帝国中独立出来。

意大利半岛中部为教皇国，教皇国以南一直到意大利半岛的南端海边，以及隔海相望的西西里岛情况也较为复杂。西西里岛在 10 世纪曾被阿拉伯人入侵，成为一个伊斯兰国家长达 100 多年。此外，拜占庭帝国的势力也曾控制过意大利半岛的南部地区，不过在此长期站住脚的还是诺曼人建立的西西里王国。

神圣罗马帝国的各邦国国徽

两西西里王国

前面在介绍英国和法国历史时曾提到过"维京时代",也就是 9 世纪到 11 世纪,北欧的诺曼人大举南下入侵欧洲各地的时期。这其中有两次征服比较著名,一次是本已定居法国北部的诺曼底公爵渡过英吉利海峡完成了"诺曼征服",另一次便是另一些诺曼人对意大利南部以及西西里岛的征服。

最早在 11 世纪初期,一些诺曼骑士进入意大利,他们先是为当地贵族充当雇佣兵,东征西讨,后来干脆从原来的雇主手中抢掠土地。北方的教皇国曾出兵征伐,不过在 1053 年的樊维塔太战役中被诺曼人击败,教皇利奥九世还当了俘虏。1059 年,教皇尼古拉二世改变对策,和诺曼人握手言和,还把诺曼人的首领罗伯特征服的土地作为教皇恩赐的封地授予他,从此罗伯特有了一个称号,即阿普利亚、卡拉里亚和西西里公爵。从此以后,诺曼人在南意大利的统治合法化,同时教皇还获得了当时还在阿拉伯人手中的西西里岛的宗主权。大约在 1091 年,罗伯特的弟弟罗杰征服了西西里岛,此后两人的子嗣分别统治西西里岛和南意大利。1130 年,罗杰之子罗杰二世正式将南意大利和西西里岛的领土合并,并在巴勒莫大教堂由教皇加冕为西西里国王。

西西里王国在罗杰二世的统治之下发展颇为迅速,甚至还曾渡过地中海占领北非的部分地区。1189 年,罗杰二世之孙威廉二世去世,无嗣,他的私生子坦克雷德继位为王。1191 年,神圣罗马帝国的亨利六世被教皇加冕为帝,他的妻子康斯坦丝是罗杰二世之女、威廉二世的姑母,当年联姻时双方便有过承诺,威廉二世如果无嗣，那么便由康斯坦丝和亨利六世的继承人继承西西里王位。因此，现在亨利六世对西西里王位提出了继承要求。1194 年，亨利六世入侵西西里王国，并于圣诞节加冕为西西里国王，西西里王国由此开始了霍亨斯陶芬王朝的统治。

霍亨斯陶芬家族的几代国王，特别是腓特烈二世都坐镇西西里，并试图从南北两个方向对中间的教廷进行夹击。不过，随着德意志皇帝在皇权和教权的斗争中最终失败，他们在西西里的统治也宣告结束。1268 年，霍亨斯陶芬家族的最后一个代表康拉德兵败被杀。但在这之前，西西里的王位还掌控在腓特烈二世的私生子曼弗雷迪手中，为了将他赶下台，教皇乌尔班四世从法国请来路易九世的弟弟、安茹伯爵查理支援。1266 年，查理击败曼弗雷迪，当上了西西里国王，西西里王国的安茹王朝统治就此开始。

此后的西西里王国历史较为混乱，西班牙的阿拉贡王国及其后的西班牙王国一直和法国在争夺西西里王国的控制权，西西里王国两度分裂为西西里岛和意大利半岛南部两部分，意大利半岛南部的那部分又被称为那不勒斯王国，两个部分分分合合，通称"两西西里王国"，一直到 19 世纪意大利宣告统一，两西西里王国才算灭亡。

意大利北部的城市共和国和资本主义萌芽的出现

意大利北部地区自从 12 世纪末实际上脱离了神圣罗马帝国的统治以后，虽然没有像南部那样形成政治上基本统一的西西里王国，但是经济上却获得了长足的发展，甚至将它称为整个欧洲最富庶的地区之一也不为过。

意大利的地理位置非常适合发展经济，这里地处地中海中部，扼守亚欧贸易枢纽位置，地理位置优越，因此在中世纪早期这里便有了工商业发达的城市，出现了资本主义萌芽。意大利北部的各个城市以从事对外贸易为主，独立性很强，并没有形成统一国家的意愿。且北部诸城市在脱离神圣罗马帝国以后，发展也不平衡，一些城市抓住机会扩张势力范围，发展成强大一时的城市共和国，其中比较著名的有威尼斯、热那亚、米兰、维罗纳、皮亚琴察等。中部的教皇国西边也有一些城市共和国，包括佛罗伦萨、比萨、锡耶纳等。教皇是阻碍意大利统一的另一主要势力，他们因害怕统一后失去现有的地位而在各个城市之间挑拨离间，干扰他们之间的关系。

威尼斯水城

　　北部诸城市共和国中，威尼斯最具有代表性。威尼斯地处意大利半岛东部的亚得里亚海岸边，此外还占有伊斯特里亚、达尔马提亚、克里特岛和塞浦路斯岛等地。威尼斯拥有规模庞大的船队，船队规模为地中海之冠，最多时拥有3000多艘商船，还有强大的海军舰队。在13世纪到15世纪，威尼斯发展为国际大都市，年收入和法国相当，远多于西班牙、英国等国家。威尼斯铸造的金币杜卡特在欧洲通用，生产的毛织品、丝织品、玻璃制品等畅销整个欧洲。为了控制东地中海的贸易权，威尼斯曾经和另一个城市共和国热那亚进行了长期的斗争，甚至是战争。1378年，双方进行了一次大海战，威尼斯战败；次年，威尼斯复仇成功，热那亚海军全军覆没，自此威尼斯夺得了地中海东部的贸易霸权。

　　威尼斯虽然名为共和国，实际上是由少数贵族把持的贵族共和国。国家主要机构有国家元首、大议会、元老院、小议会、十人委员会等。总督为国家元首，终身制；大议会是名义上的最高立法和检察机关，拥有议员480人，但议员和总督只能从少数大贵族中选出来；真正掌握行政大权的元老院，由120名议员组成，决定国家大政方针，拥有宣战、媾和等大权；小议会则由6名议员组成，辅佐总督处理日常事务；十人委员会自14世纪初设立，1325年成为常设机构，权力很大，可以干预任何事情，有权对总督、议会和每一个公民进行监督，甚至可以罢免总督。

15世纪，奥斯曼土耳其兴起以后，开始向西方的欧洲扩张。这期间他们和威尼斯发生冲突，夺走了威尼斯人在东方的很多据点，这对威尼斯是一个不小的打击。待到新航路开辟以后，商业中心开始从地中海沿岸转移到大西洋沿岸，威尼斯也随之走向衰落。

佛罗伦萨是另一个极具代表性的城市共和国，但它的情况与威尼斯和热那亚都有所不同，这里最为发达的行业不是对外贸易，而是银行业和手工业。

大约在13世纪末、14世纪初，贵族世家经营的金融银行业在佛罗伦萨迅速兴起，其中比较著名的有巴尔第家族、皮鲁兹家族、斯卡利家族、阿末埃利和阿齐亚利家族等。他们大多都跟罗马教廷关系密切，他们向教廷贷款，为教皇在欧洲各地征税，同时也向无力缴纳税款的主教、修道院长以及大肆发动战争的各国王室、封建领主贷款，因此迅速积累了大量的资本。1252年，佛罗伦萨开始铸造金币佛罗林，通行地中海区域。它们的银行家们在欧洲各地设立分支机构，经营汇兑、借贷、投资等各项业务。当时在佛罗伦萨从事银行业的约有80个家族。1338年，巴尔第和皮鲁兹家族发放136.5万佛罗林贷款给英王爱德华三世，结果英国国王赖账不还，最终使这两个家族惨遭破产。

佛罗伦萨大教堂

　　毛纺织业是佛罗伦萨手工业的代表行业，也是 14 世纪佛罗伦萨昌盛繁荣的基础。在 1306 年至 1308 年间，佛罗伦萨大约有纺织工厂 300 家，年产 10 万匹呢绒；1343 年，佛罗伦萨从事呢绒行业的大约有 3 万人，占全城居民的 1/3。而西欧最早的资本主义生产萌芽也正是出现在佛罗伦萨的毛纺织业中。当时这里的纺织工厂大部分由富商控制，他们购买原料后交给染工、织工加工，再收取成品，给予工资。其实，当时的织工、染工等人拥有自己的生产资料，包括生产工具以及自己的小作坊，但他们无力完成整个生产过程，只能以这样接受原料、进行加工的形式成为劳动者。还有一部分梳毛工，他们集中在企业家的工厂里进行清洗、梳理羊毛等劳动，他们的生产环境最为恶劣，所得工资还少得可怜。可以说，这是一种较为原始的资本主义生产形式。

　　佛罗伦萨于 1289 年废除农奴制，转为由贵族统治。1293 年，贵族统治被推翻，政权开始掌握在富商、银行家和行会上层分子手中。当时的最高行政机关为长老市政会，由 9 人组成，其中 7 名代表由 7 个大行会分别选出，称为"肥人"，主要是富商、银行家；另外 2 名代表从 14 个小行会中选出，称为"瘦人"，主要是手工业者。"肥人"掌握政权，残酷剥削梳毛工等劳动者。1378 年 7 月下旬，以梳毛工为主的城市贫民发动起义，夺取政权，要求提高工资 50%，延期 20 年偿还债务。这是世界上第一次工人反抗资本家的武装斗争。后来，资本家采取关闭工场、停产、对起义队伍进行分化瓦解等手段，将这次起义镇压了下去，"肥人"重新掌握了政权。之后，阿尔贝蒂家族和美第奇家族先后掌政。1434 年，银行家科西莫·迪·乔凡尼·德·美第奇开始掌政，他表面上不担任任何官职，但却是佛罗伦萨共和国的实际首脑，在背后操控着一切。

　　佛罗伦萨的情况基本上就是意大利各个城邦共和国的缩影。表面上号称"共和"，实际上由大贵族、大富商把持政权，压榨下层贫苦百姓，阶级矛盾尖锐，社会冲突日益激烈，甚至一些统治阶级担心所谓的共和制无法保证长治久安，便纷纷转向独裁政权。一些独裁统治者，比如科西莫·迪·乔凡尼·德·美第奇之子皮耶罗一世·德·美第奇，为了取悦城市居民、转移视线，也是为了粉饰太平，不惜花费大量金钱，仿效古罗马时代的生活传统，大兴土木，修建华丽的宫殿、教堂、公共娱乐场所，举办盛大游行、喜庆宴会，提倡文化艺术，重金宴请知名学者、艺术家到意大利。久而久之，生活在日益活跃的城市氛围中的市民们开始追求各种各样的娱乐活动，中世纪的消极、保守和禁欲主义传统渐渐被扫进了历史的垃圾堆。就这样，以佛罗伦萨为代表的意大利城市开始成为艺术和文化中心，文艺复兴在悄然萌芽中。

02

西欧封建制度下的
宗教和文化

　　西欧在日耳曼入侵、西罗马帝国灭亡以后，
逐渐在政治上形成了一个有着极强西欧特色的区
域，而这个区域的形成，大概和基督教在这里的
独占地位有关。

欧洲封建制度的支柱——基督教会

整个中世纪时期，欧洲尤其是西欧的罗马天主教会，
是一个无论在政治上、经济上，还是在文化发展上，都
有着无与伦比的影响力的宗教组织。

基督教的发展

对于欧洲来说，中世纪是一段非常特殊的历史，恩格斯曾经这样说："中世
纪是从粗野的原始状态发展而来的。它将古代文明、古代哲学、政治和法律一
扫而光，以便一切都从头做起。它从没落了的古代世界承受下来的唯一事物就
是基督教和一些残破不全而且失掉文明的城市。"基督教就是罗马正教会遗留下
来的，并且利用当时的历史机遇获得了极大发展，甚至取得了"万流归宗"的
地位，堪称西欧封建统治的精神支柱。

中世纪的开端是日耳曼民族大迁徙，他们摧枯拉朽般摧毁了西罗马帝国，
建立了一系列日耳曼国家。而这其中就有基督教会的身影，比如他们曾大肆宣
扬"举凡权力皆为神授""神总是把克洛维的敌人送到他的手中"等等，为以克
洛维为首的日耳曼人首领加上宗教的光环，促进他们的封建化发展。在封建制
度初步形成的过程中，罗马教会为了换取统治阶级对自己的支持，维护现有的
地位而为地主阶级的压迫统治进行辩护，他们宣传阶级存在的必要性，将被压
迫者所受的种种苦难曲解为上帝对人们赎罪的考验；在他们口中，农奴制是最
优秀、最合理的制度，世俗的封建国家君主也总是英明无比的。从正面说，他
们的行为促进了日耳曼诸王国从原始部落到封建社会的转变，具有正面意义；
但是他们却也成了统治阶级压迫剥削的帮凶，可以说他们既是牧师，也是刽子
手。此外，基督教会还基本保持着的以主教区为基本单位划分的组织系统也为

克洛维一世像
克洛维一世放弃了日耳曼人所信奉
的阿里乌教派，转而皈依天主教。

日耳曼人仿效罗马建立自己的行政区划提供了参考。

封建社会形成以后，教权和王权之间开始了相互利用、相互依存的发展关系，其中克洛维皈依基督教、查理大帝加冕、神圣罗马帝国的建立都是这种关系的体现。796年，查理大帝给教皇利奥三世写了一封信，信中有这样一段话："我的天职是用武力保护教会，使它不受异教徒的攻击践踏，在教会内部确保教会的纯正信仰。而圣父，你的职责则是用祈祷支持我的权力。"可谓一语道破天机。

西欧封建教会沿用古代罗马基督教会的组织系统。地方最高级别的"行政区"为大主教区，相当于罗马帝国时期的行省，由大主教主管；下面是主教区，相当于行省下面的行政单位"城市"，由主教主管；位于乡镇郊区的则是基层组织，由教区神父负责。修道院是在各级教区以外的一种教会组织，修道院中的修士并非是超然世外的隐士，而是一些狂热的教徒，他们还经常出任教职和世俗政权的职务。

罗马主教区的地位较为特殊。根据他们自己的说法，这个主教区是由基督的使徒彼得和保罗建立的，当时又在罗马帝国的首都，因此罗马主教区的主教一开始便拥有和其他主教不一样的特殊地位，并且还有"教皇"这一称号。不过，教皇不是一开始就是西欧封建教会的领袖，这其中有一个漫长的发展过程。最开始这一说法只有教皇自己承认，在8世纪以前，法兰克王

圣菲斯圣物盒

圣物盒即盛装圣徒遗物的盒子。该圣物盒
制造于 975 年左右，刻画的是少女殉道士
圣菲斯。

亚当夏娃被造及受惑
该雕塑雕刻在意大利摩德纳大教堂西立面上，主要描绘的是《圣经·创世纪》中的情节。

国各地的主教听从当地主教议会的领导，主教议会又听从国王的领导，根本没人理睬罗马教皇。教皇还曾数次为伦巴第人所威胁，狼狈不堪。于是，教皇为了挽回局面开始寻找世俗上的靠山，幸运的是，他们选对了人。从 8 世纪 20 年代起，教皇开始和法兰克王国掌握实权的宫相勾结，而加洛林家族也想利用教皇的神圣光环，因此就有了教皇给丕平加冕、"丕平献土"、查理大帝加冕等一系列事件。不过，此时还是法兰克国王处于主导地位，教皇并没有权力干涉法兰克王国的事务。到了 9 世纪时，法兰克教会势力崛起，他们不甘心为国王所操控，于是搬出教皇是教会最高领袖的理论，以此来抵制国王派来的大主教。教皇尼古拉一世抓住机会，顺势建立起对主教的领导权。

到了 10 世纪，王权衰落，封建势力割据，教廷趁机攫取了大量的土地和财富，成为西欧首屈一指的大封建主，据说罗马教廷每年的收入比西欧诸国国王年收入的总和还要多。财富的增多使得教皇的野心大肆膨胀，他们不再甘心为王权控制，想要使神权超越王权。在此后的几个世纪里，教权和罗马城贵族以及德意志诸皇帝进行了长期的斗争。为了使自己在理论上站得住脚，在 12 世纪上半叶，教廷根据《新约·路迦福音》中耶稣叫门徒预备两把刀的一段话附会出所谓的"两把刀子"说，鼓吹教权和王权都来自教会，教会只是暂时把政权这把"刀子"交给国王。罗马教廷还是数次十字军东征的发动者和组织者，教皇英诺森三世在位时，罗马教廷达到了鼎盛，可以说在西欧基督教世界一呼百应。不过，以罗马教皇为首的教权势力试图将整个欧洲控制在自己手中，甚至让各国国王都臣服在教皇之下，这显然是违背历史发展潮流的。教皇的各种措施并不能阻碍西欧各国王权的逐渐强大、国家统一和民族国家的形成。14 世纪的"阿维尼翁之囚"最终成为神权势力由盛到衰的转折点，各国教会开始由本国世俗君主而不是教皇控制的趋势也越来越明显。

除了强大起来的王权（主要是英、法）以外，异端运动也是一个不利于教廷的因素。基督教为封建统治保驾护航，因此恩格斯说过："**一般针对封建制度发出的一切攻击，必然首先就是对教会的攻击，而一切革命的社会政治理论基本上也就是神学异端。**"异端运动古已有之，其历史可以追溯到君士坦丁大帝时期，基本上凡是对正统的基督教教义有异议的都被正统教会视为异端。随着教会聚敛的财富越来越多，世俗化情况越来越重，不少神职人员腐化堕落，这使得一些对教会组织、对正统教义感到失望的人开始另辟蹊径，他们组成了为正统教会所不容的异端，这种情况从 10 世纪下半叶开始在西欧各国相继出现，比如法国南端的阿尔比派、意大利北部的使徒兄弟派等。他们是中世纪黑暗、沉闷、保守的社会氛围中的一股清流，一旦时机成熟，就会成为波澜壮阔的社会运动。以教皇为首的教廷势力自然非常恐慌，他们甚至不惜动用武力镇压异端，比如教皇英诺森三世就曾联合法王武力镇压阿尔比教派，大肆屠杀教众。

此外，教皇霍诺里乌斯三世（1216—1227 年在位）又在 1220 年通令西欧各国建立直属教皇的宗教裁判所（又称异端法庭、宗教法庭），打着镇压邪恶异端人士的旗号，实则是对一切敢于揭露教会黑暗、反对封建制度的人进行残

作为神圣几何学家的上帝
现存最早的画册《圣经讲道集》中的一页。
现存于奥地利国家图书馆。

酷迫害。继任的教皇格列高利九世（1227—1241 年在位）又重申了这一决定，强调设置这一机构的重要性。宗教裁判所规定，任何人都可以成为控告人、见证人，即便是罪犯、恶棍甚至是儿童，而被告不承认罪行还可以对其进行严刑拷问；为被告作证、辩护者，可能被指控为异端同伙；被告甚至可以不经审判即被处死，死刑多为火刑。据统计，从 1483 年到 1820 年，遭西欧宗教裁判所所迫害的受害人超过 30 万人，其中 1/3 被处以火刑。

东西教会的分裂

就像盛极一时的罗马帝国分裂成了东西两部分一样，中世纪的基督教也经历了一次大分裂，且这次分裂跟罗马帝国的分裂也有着密切关系。

基督教会的分裂是教会上层争权夺利的产物。自从被君士坦丁大帝立为罗马帝国的国教以来，基督教获得了极大的发展，在国家政治生活中的角色也是越来越重要，成为当时一支重要的政治力量。地位如此重要，自然引来争夺。基督教早期并没有统一的组织结构和领导阶层，后来为了实现稳定有效的管理，385 年，在罗马帝国皇帝狄奥多西一世的主持下，基督教召开宗教会议，赋予罗马、亚历山大、安提柯、耶路撒冷和君士坦丁堡 5 个主教区更大的权力。当时，罗马帝国有罗马和君士坦丁堡东西两个首都，因此罗马和君士坦丁堡两个主教区的主教更是借此成为了各地主教中的领导核心。就这样，罗马帝国内部形成了东西两个主教核心，争夺权力的斗争也是围绕这两地的主教展开。

395 年，罗马帝国正式分裂成两个帝国，分别以罗马和君士坦丁堡为首都，帝国的分裂也削弱了东西方教会之间的联系，从而加剧了他们争夺权力的斗争。罗马的主教凭借的仍然是"耶稣首徒彼得"的金字招牌，宣称自己应该是整个基督教世界的最高领导，随后他寻求世俗权力做靠山，先后获得了西罗马帝国皇帝、法兰克王国宫相丕平、查理大帝等人的支持，甚至还于 8 世纪中叶在意大利形成了属于自己的世俗政权——教皇国，并且垄断了"教皇"这个本为 5 个大主教区主教均可以用的称谓，更是形成了教皇传位制度。历任教皇都和当时西欧的各大封建主保持着千丝万缕的关系，俨然是西欧不可忽视的一股政治势力。

而东方的君士坦丁堡主教则以其在新首都为名，要求获得和罗马主教平起平坐的地位，并且寻求东罗马帝国皇帝的支持。此外，东西方两大教会还就势力范围、世俗经济利益等展开了激烈的争夺，比如向未信教地区传教的问题。

863 年，在东罗马帝国的支持下，君士坦丁堡教会开始向东南欧的一些国家传教，然而在向大摩拉维亚国和保加利亚王国传教时，他们却和也在积极扩张势力的罗马教会发生了激烈冲突。另外，罗马教皇甚至还向君士坦丁堡教会及其背后的东罗马皇帝索要领地。

　　双方的纷争到 11 世纪中叶迎来了高潮。1050 年，教皇利奥九世宣布废止已经影响到意大利南部的希腊礼仪，君士坦丁堡的主教色路拉里乌与其针锋相对，宣布君士坦丁堡的拉丁教会一律使用希腊礼仪。1054 年，罗马教皇派出使团到君士坦丁堡进行谈判，但是双方毫不让步，谈判无果。最后，君士坦丁堡主教色路拉里乌宣布开除罗马教皇及其派来的使节的教籍，双方正式决裂。从此以后，以君士坦丁堡为中心的东方基督教会以"正宗""正教"自称，同时以希腊语为宗教礼仪语言，又被称为"希腊正教"，因其地处东方，在中国一般被称为"东正教"；而以罗马为中心的西方基督教以"普世性"自诩，称为"公教"或"罗马公教"，在中国又被称为"天主教"。

　　此后的几百年间，东西教会之间的裂痕继续扩大，虽然在某些特殊的历史

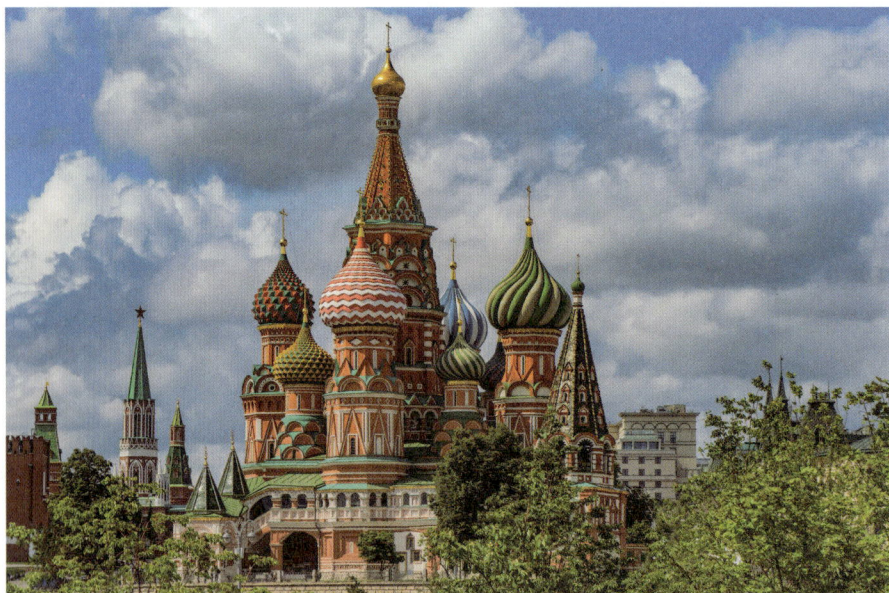

圣瓦西里大教堂
圣瓦西里大教堂坐落于莫斯科市中心红场，紧邻克里姆林宫，是俄罗斯标志性建筑，也是东正教最著名的教堂之一。

时期，比如面对共同的异教徒——东方新崛起的咄咄逼人的伊斯兰势力时，双方一度有重新联合的苗头，但是因为分离因素极度复杂而深邃，因此最终还是没有形成和解，甚至还出现了第四次十字军东征时灭亡同为上帝信徒的东罗马帝国、建立拉丁帝国这等讽刺意味极强的事件。到了14世纪，东罗马帝国面对步步紧逼的奥斯曼土耳其人时，再次想到了西方的基督教"兄弟"，不过双方的谈判持续了一个多世纪也没有太大的进步，直到1453年奥斯曼土耳其攻陷君士坦丁堡。此后的东正教会依然存在，其影响力主要是在东欧，尤其是在以莫斯科公国为基础而兴起的俄国，莫斯科甚至有"第三罗马"之称。直至今天，东欧和东南欧也仍是东正教的主要影响范围。

十字军东征的起因

东西教会正式分裂以后，西方的罗马公教和东方的联系并没有断绝，相反，从11世纪末开始，西方的罗马教会和东方之间进行了一场持续近两百年的军事行动，西欧各国的封建主、东方的伊斯兰势力还有东罗马帝国等均被卷入进来，这便是著名的"十字军东征"。

十字军东征，就是在罗马教廷的鼓动下，西欧各大封建主还有意大利的诸多城市出动军事力量对地中海东岸（这是主要目标，但并不是全部）发动的侵略战争。这场战争表面上看是宗教战争，是基督教徒对穆斯林异教徒发动的战争，但实际上却是对经济利益和政治权力的争夺，宗教因素只不过是掩人耳目的幌子、蛊惑人心的旗帜而已。

十字军东征的产生有着深刻的历史因素。11世纪的西欧，商品经济迅速发展，东方的商品源源不断地输入，但是已经把领地分封出去的封建主们仅仅靠着领地收入，是无法满足他们日益增长的享受需求的。同时在长子继承制度下，大量封建"骑士"们既没有世袭的封号，也没有财产和土地，只能成为冒险放纵、大肆劫掠的骑士阶层，因而他们对东方富饶的土地、海量的财产垂涎三尺。此外，当时西欧的广大农民、农奴阶层的日子也不好过，从970年到1095年，西欧多次发生的灾荒让他们困苦的生活雪上加霜。而这些农民的怨愤心理正巧又被教会等上层势力所利用、转移，使他们也成为东侵的十字军的一部分。另外，以意大利的威尼斯、热那亚等城市为代表的城市商人，对阿拉伯人和东罗马人控制的地中海东部贸易霸权也是垂涎已久。就这样，西欧的几股势力在入

十字军东征

侵东方的问题上找到了一个契合点。

　　而此时的东方局势也为十字军入侵提供了机会。耶路撒冷是基督教的圣城，在基督徒心中分量极重，但当时控制耶路撒冷的却是塞尔柱突厥人。11 世纪中期，崛起的塞尔柱突厥人大肆扩张，他们先控制了阿拔斯王朝的首都巴格达，又将东罗马帝国的势力逐出了小亚细亚的大部分地区。然而，塞尔柱帝国的强大只是昙花一现，1092 年，他们分裂成若干个割据政权，相互之间战争不断，一部分基督教的教堂和修道院被毁坏，一些前往耶路撒冷朝圣的基督教徒也被穆斯林侮辱（一说这些是罗马教廷编造出来煽动对立情绪的），这也成为了十字军东征的主要借口。当时每个出征的十字军战士都在胸前和臂上配有十字标记，故而得名"十字军"。

　　同为基督教国家的东罗马帝国的求援成为十字军东征最终发动的导火索。11 世纪末，昔日强大的东罗马帝国已成为龟缩在欧洲东南角一隅的孱弱国家，面对塞尔柱突厥人毫无还手之力。1095 年，东罗马皇帝阿莱克修斯一世向罗马教皇和神圣罗马帝国皇帝求援，同年 11 月 18 日，教皇乌尔班二世（1088—1099 在位）在法国的克勒芒召开宗教会议，号召基督徒们发动圣战，去异教徒手中夺回"主的陵墓"。乌尔班二世的讲话极具煽动性，还说凡是参加远征的都可以免罪，死后升入天堂。他的煽动起到了效果，出于宗教狂热和垂涎东方财富的目的，不少西欧人都积极投身这项运动。此后的近两百年间，十字军东征共发动了 8 次。

前四次十字军东征

第一次十字军东征是在 1096 年到 1099 年间。最早出征的十字军由来自法国、德国的农民和破落骑士组成,约 6 万人。他们既无装备给养,也无组织训练,因此在出征的路上就损失很大,刚到耶路撒冷就被突厥人轻易消灭。不过,第一次十字军东征的主力还是主要由法国贵族组成的军队,他们在 1096 年夏天出发,经过 2 年多的征战,先后攻下了塞尔柱突厥政权罗姆苏丹国的首都尼西亚和圣城耶路撒冷,占领了地中海东部一块长达 1200 公里的狭长土地。他们在这里建立了若干个西欧封建式的国家,其中最重要的是耶路撒冷王国(1099—1291 年),其余的安条克公国(1098—1268 年)、埃德萨伯国(1098—1144 年)和的黎波里伯国(1109—1289 年)等名义上都依附于它。另外,十字军还建立了一些宗教骑士团作为常备武装力量,其中包括圣殿骑士团、条顿骑士团、医院骑士团等。

1144 年,埃德萨伯国被摩苏尔总督突厥人赞吉(1127—1146 年在位)灭亡,耶路撒冷王国危在旦夕,罗马教廷趁机煽动并组织了第二次十字军东征

十字军战败

十字军占领耶路撒冷
描绘了第一次十字军东征期间，十字军从穆斯林手中夺回耶路撒冷的场景。

（1147—1149 年）。

这次东征由法王路易七世和神圣罗马帝国皇帝康拉德三世率领，参加的主力也是来自法德两国的骑士，一共约 7 万人。但是没过多久，十字军就在大马士革被赞吉之子努尔丁击溃，不得不狼狈逃回欧洲，第二次十字军东征宣告失败。

到了 12 世纪末，来自埃及阿尤布王朝的苏丹萨拉丁建立起了一个庞大的帝国，领土包括埃及本土、叙利亚的一部分和美索不达米亚等。后来因为穆斯林商队被十字军袭击，于是萨拉丁决定对十字军发起圣战。1187 年，在巴勒斯坦附近的哈丁地区，萨拉丁大军击溃十字军主力，俘虏了耶路撒冷国王和圣殿骑士团、医院骑士团的首领，接连攻下阿卡、西顿、贝鲁特等沿海城市，并在同年 10 月收复了圣城耶路撒冷。萨拉丁的胜利让西欧为之震惊，于是他们又纠合起来决定发动第三次十字军东征。

这次，西欧的 3 个主要国家的首脑——"狮心王"理查一世，法王腓力二世以及德皇"红胡子"腓特烈一世都率军参战，不过德皇腓特烈一世在小亚细亚渡河时不幸溺水身亡，于是大部分德意志军队率先回国。而英王理查一世和法王腓力二世因为两国由来已久的争端也是矛盾重重，一路上明争暗斗不断。待到占领阿卡以后，腓力二世也随即率领法军回国。最后，理查一世和萨拉丁在耶路撒冷鏖战多时也没有取得多大胜果，在从萨拉丁那里获得了基督徒可以前往耶路撒冷朝圣的许诺以后，便也匆匆撤军回国。此后，从推罗（苏尔）到雅法之间的狭长地带仍归十字军所有，耶路撒冷王国迁都阿卡，成为了没有耶路撒冷的耶路撒冷王国。

第四次十字军东征是在英诺森三世即位教皇不久后发动的，本来这次的目标是阿尤布王朝的大本营埃及，但是最后的结果却令人啼笑皆非。当时出动的十字军主力是来自意、法、德的骑士，但是因为他们缺少船只，只能向威尼斯的商人求助，就这样，威尼斯人成为了此次十字军的实际领导者。威尼斯人以索取高达 8.5 万银马克的巨额运费为威胁，又以平分战利品为利诱，使得十字军改变了原来进攻埃及的计划，转而进攻地处亚得里亚海东岸、达尔马提亚的扎拉城。这是一座基督徒占大多数的城市，却最终惨遭同为基督教徒的十字军大肆洗劫。1202 年，东罗马帝国发生王室内讧，被废的皇子阿莱克修斯逃亡西欧，请求罗马教廷和德皇为他夺回王位。早就对东罗马垂涎三尺的十字军于是在 1203 年 6 月进抵君士坦丁堡城下。次年 4 月，君士坦丁堡城陷，十字军在城内大肆烧杀抢掠。随后，十字军骑士们在东罗马帝国的故土上建立了以拉丁帝国为核心的若干个封建国家。至此，十字军所谓的"神圣"宗教面纱已被其残暴行径彻底撕下，其侵略掠夺的本质暴露无遗。1261 年，尼西亚皇帝巴列奥略家族的米哈伊尔八世灭亡拉丁帝国，东罗马帝国复国。

十字军运动的衰落和影响

第四次十字军东征以后，十字军运动开始衰落。当时的十字军已经被教皇英诺森三世当成了巩固自己权力、镇压异己的工具。1209 年，他曾组织一次十字军对法国南部的基督教阿尔比教派进行镇压；1212 年，他又发起一次"儿童十字军"，骗取大批西欧儿童前往近东地区，途中死亡无数。

此后，大规模的对地中海东部的十字军东征还有 4 次。1218 年，以法国人为主力的第五次十字军东征启动，目标为埃及，十字军一度占领了重镇达米埃塔，但还是在 1221 年被迫撤退。1228 年发动的第六次十字军东征仍准备进攻埃及，当时的神圣罗马帝国皇帝腓特烈二世成功利用伊斯兰诸国之间的矛盾，和埃及苏丹卡米尔签订和约，为耶路撒冷第二王国（阿克王国）拿到了耶路撒冷、伯利恒还有通往地中海的走廊。但是到了 1241 年，耶路撒冷又被花剌子模突厥人夺回。法王路易九世在 1248 年和 1270 年再次发动了第七次和第八次十字军东征，前一次他在埃及兵败被俘，缴纳大笔赎金以后才被释放回国；后一次他病死军中，做的一切也是徒劳无功。

此后，还留在东方的西欧封建主、意大利商人和宗教骑士团内部貌合神离，矛盾不断。同时又有外来敌人威胁：13 世纪中叶，蒙古人的伊利汗国彻底灭亡了阿拔斯王朝，对叙利亚和巴勒斯坦构成严重的威胁；埃及新崛起的马穆鲁克王朝击败蒙古人，不断夺走十字军占领的土地。1268 年，他们占领了安条克；1289 年，夺取了的黎波里；1291 年，又攻占了耶路撒冷王国，彻底摧毁了十字军在东方的最后一个据点。至此，十字军在东方建立的国家全部灭亡，十字军东征运动也以失败画上了句号。

持续了近两个世纪的十字军运动为亚欧大陆带来了巨大的影响。首先是持续的战乱、屠杀为近东各国带来了沉重的苦难，而作为策源地的西欧各国也是损失惨重，几十万人死于非命，并且消耗了大量的财富。但从另一个角度看，十字军东征也在一定程度上促进了地中海地区商业的繁荣，使东西方商业往来更加频繁，大大促进了东西方的文化交流，比如中国的造纸术和火药

威尼斯人进攻君士坦丁堡

描绘了公元 1204 年第四次十字军东征期间威尼斯人攻击君士坦丁堡的海堤。

等发明、阿拉伯数字、临床医学以及东罗马帝国的玻璃制造技术等就此传入欧洲。此外，水稻、西瓜、柠檬、香料、砂糖等食物的传入也让西欧人民的物质生活更加丰富。

意大利的威尼斯和热那亚等少数城市是十字军东征的最大获利者，他们从东罗马和阿拉伯人手中夺取了地中海东部的商业霸权，西欧在东方的贸易市场也因此扩大。本已羸弱不堪的东罗马帝国则在历经第四次十字军东征等一系列沉重打击之后加速了衰亡。而发动十字军东征的天主教会势力也是输家，以罗马教皇为首的教会势力为了攫取利益而煽动教徒的宗教狂热，但是却在东侵的过程中被揭穿了所谓"神圣"的面具，十字军运动越来越不得人心，最后被迫停止，天主教会的势力也开始走向衰落。另一方面，西欧大批封建主参加十字军，部分战死，部分定居在东方，这使得西欧的封建割据势力有所削弱，为各个国家加强王权提供了有利的条件。

西欧封建制度下的文化发展

西欧的中世纪长达一千年，但在这漫长的一千年间，西欧在文化上所取得的进步却相当有限。产生这样的结果有两个原因：一是通过民族大迁徙统治西欧的日耳曼诸部落本就在文化上较为落后，他们又基本将古罗马的文化成果摧毁殆尽；另一个是保守、神秘的基督教会垄断了文化教育等主要方面，在这样的社会情形下，文化自然难以取得较大的发展。

基督教会

对于日耳曼民族的迁徙对文化造成的破坏，查理大帝本人也表示承认，他说长期以来，因为先人的不重视，文化教育工作已经被人忘记了，"教士不会书写，就不可能理解《圣经》"，而"错误的理解是非常危险的"。

就是在这样的历史条件下，基督教会的神职人员们垄断了西欧的思想意识形态领域，更垄断了文化和教育。在当时人们的脑海中只有一种意识形态，那就是基督教的学说，这是人们思想的出发点。而其他学科，无论是政治、法律、哲学，还是文学、建筑、艺术等，也都带有无比浓厚的神学色彩，都要为神学服务，成为神学的附属品和"婢女"。

为了永远控制人们的思想，基督教会大肆鼓吹蒙昧主义、禁欲主义和来世主义。蒙昧主义即愚民政策，教会们通常打着摧毁异端的旗号将大量珍贵的古代科学文献及文物销毁。6世纪时的罗马教皇格列高利一世（590—604年在位）甚至说过"不学无术是信仰虔诚之母"这样荒谬的话；来世主义，教会宣称人生来就是有罪的，即所谓"原罪"，因此人一定要赎罪，要逆来顺受，不修今生修来世，来世好上天堂。其实质就是为封建阶级的剥削统治作辩护，以巩固其统治。

11世纪以前，西欧的教育基本上为基督教会所垄断，只有教堂和修道院里才有学校，教会设立这些学校的目的是培养为"上帝"和王权服务的人员，学生主要是教士。当时学校分为初级和中级两种，初级学校的主要课程是拉丁语和宗教仪式，中级学校则讲授"七艺"，即文法、修辞、逻辑、算术、几何、天文和音乐。所有课程完全根据宗教需要而设定，比如教授文法是为了明确圣经的语法，教授修辞的目的则是训练好口才以便传经布道。

这样的情况到11世纪左右有了一定的改变，教育为教会所垄断的现象出现了松动。首先出现的是城市学校，这和当时的工商业发展有着密切的关系。11世纪开始，城市兴起，商业发达，由此出现了一个新的阶级：市民阶级。市民们平时从事工商业所需要的知识、技能，包括货币计算、商业法律等方面的知识是教会学校所不能提供的，因此他们纷纷创办私立的城市学校。最早的城市学校出现在意大利，名为博洛尼亚法律学校。后来到了11世纪末，在城市学校的基础上又兴起了大学，像意大利的博洛尼亚法律学校便发展成为了博洛尼亚大学，这也是西欧第一所大学。12世纪，法国的巴黎大学和英国的牛津大学开始建立；13世纪，奥尔良大学、剑桥大学和西班牙的萨拉曼卡大学建立；14世纪，捷克的布拉格大学、德国的海德堡大学建立。中世纪大学的数量在14、15世纪一度达到80余所，时至1500年，除却中间夭折的大学以外，仍有60余所大学活跃在欧洲的版图上。

　　当时的大学主要建立在一些经济发达、交通便利的城市，教师以世俗的学者为主，不过也有少量的教会人员。学生主要是高级教士、贵族和富裕市民的子弟。大学的课程一般有4种，分别是文艺、神学、医学和法学，其中神学是教会企图控制大学的一种工具。不少大学都有自己的特色学科，比如博洛尼亚大学最出名的是法学，巴黎大学则以神学著称。教会从大学诞生之日起就试图对其加以控制，甚至是打压、排挤古典学术，一些古典学术被禁止在课堂上讲授，还有些反对教会权威的学者还会遭到教会组织的迫害，甚至被处以火刑。不过，教会的这些措施并不能遏制所谓的"异端"思想在大学中的诞生和传播，大学已是当时先进思想诞生的摇篮。

　　综合来看，中世纪教会对文化教育的垄断和打压摧残造成了极为严重的后果。但从另一面看，教会学校也成为了后来的城市学校、大学等各类学校的先驱，同时也为其提供了大批的师资力量，毕竟中世纪前期的不少知名文化人物都来自教会。

德国海德堡大学

经院哲学

　　中世纪时期，在哲学领域里占据统治地位的是经院哲学，因为这种哲学诞生于基督教会兴办的经院里，故而得名。在当时，那些所谓的"异端运动"不断兴起，人民也不断进行反封建斗争，原来那些圣徒奇迹、迷信故事和教父哲学已经无法满足统治阶级的需求，经院哲学因此应运而生。

　　神学思想是经院哲学的基本内容。《圣经》中已经揭示了一切的真理，哲学家的任务就是将这些真理阐述、论证出来，让人们感受到基督信仰的合理性。经院哲学家们脱离现实，长年累月地在经院中埋头苦读，而不重视经验和实践。这种哲学因为其空洞和繁琐，又被称为"繁琐哲学"。从他们讨论的一些话题就可以看出经院哲学的荒谬："天使吃什么？""一个针尖上能站多少天使？""天堂里的玫瑰花有没有刺？"诸如此类。

　　经院哲学在 13 世纪发展到鼎盛，意大利多米尼克派人物托马斯·阿奎纳（约 1225—1274 年）是其集大成者，经院哲学的理论体系就是由他完成，他的代表作《神学大全》堪称经院哲学的百科全书。阿奎纳认为，自然界的万物要分成不同的等级，最低的等级是无生命界，往上依次是植物界、动物界、人、圣徒、天使，最高级别是上帝。每一层级都有自己的目的，随着级别的升高目的也不断升高。下级从属于上级，上级统摄下级，上帝是最高的，统摄万物。

圣德尼和微笑天使
位于兰斯大教堂的一组雕塑。左侧为殉道者
圣德尼，右侧为一位陪伴天使。

因此，地下的秩序等级低，要服从于天上的秩序，现世要服从于来世。人类社会也是分等级的，下等人要服从上等人的统治，国王要服从教会，皇帝也要服从教皇。总而言之，在经院哲学眼中，社会万物被严格划分为严重不平等的上下级关系，剥削、压榨也因此合法合理，还被镀上了一层神圣的光环。

然而，经院哲学内部也存在理论纷争，主要体现为唯名论和唯实论。双方理论上的关键分歧是一般概念和个别事物的关系问题。比如，一般概念是否是在个别具体事物之外独立存在的精神实体？一般概念是否仅仅是具体事物的名称？一般概念和个别事物的存在孰先孰后？唯名论认为，一般概念仅是一个名称，是个别事物的反映；个别事物是真实存在的，而且先于一般概念而存在。总体来说，唯名论认为个别事物为第一性。唯实论则正好相反，他们主张一般概念是先于个别事物而存在的精神实体，是上帝在创造个别事物时所依据的原型，因此一般概念为第一性，物质世界为第二性。通常认为，唯名论具有唯物主义倾向，而唯实论则属于客观唯心主义。

唯名论和唯实论进行了长期的斗争，唯名论的代表人物有法国的洛色林（约1050—1125年），英国的罗吉尔·培根（约1214—1293年）、邓斯·司各特（1256—1308年）和威廉·奥卡姆（约1285—1349年）等等，他们普遍重视事实、重视理性，从理论出发对基督教会理论的荒谬、虚伪、愚昧进行猛烈的抨击，具有一定的进步意义。以托马斯·阿奎纳为代表的唯实论则以"正统"自居，视唯名论者为"异端"，并利用依附的神权、王权等力量对唯名论派人士进行打压，禁止他们传播思想，烧毁其著作，甚至动用宗教裁判所对其进行审判。

经院哲学不多的可取之处在于它恢复了对古罗马、古希腊时的古典文化遗产的研究，虽然研究范围极其狭窄，还有一定的曲解，但毕竟是重启研究，这就为后人提供了契机。

西欧文学

中世纪前期的文学和其他学科一样，无非就是宗教宣传的工具、神学的"婢女"。当时的文学可以分为宗教文学和世俗文学两大类，其中前者占主导地位。

宗教文学又称教会文学，主要作者是教士、修士们。作品内容基本都是赞颂上帝至高无上，歌颂基督的伟大，赞颂圣徒、苦行僧、朝圣香客及殉道者的所谓功绩，宣扬禁欲主义，题材单调，内容荒诞，模式化严重。题材以诗歌、戏剧为主。宗教文学从思想上麻痹人们的斗志，维护封建统治，但在客观上也对后世文学的发展起到了一定作用。

　　世俗文学大致可以分为 3 种，即英雄史诗、骑士文学和城市文学。英雄史诗本是在民间流传的英雄传说，后来在教会人员手中形成定稿。早期英雄史诗多反映的是氏族社会末期的生活，对部落英雄为民除害的事迹进行歌颂，带有较多的神化色彩，不过经教会人员写定后又不免带上了基督教的色彩，比如英国的英雄史诗《贝奥武夫》，说的就是部落英雄贝奥武夫为民除害，杀死水妖、除灭火龙，最终英勇牺牲的事情，其中水妖被说成是出卖耶稣的叛徒该隐的后代；中期的英雄传说多形成于封建国家的初建时期，这时的主人公已经改头换面为忠君、爱国、护教的大英雄，比较著名的作品有法国的《罗兰之歌》、西班牙的《熙德之歌》、俄罗斯的《伊戈尔远征记》和德国的《尼伯龙根之歌》，它们也有"四大英雄史诗"之称。

　　骑士文学在 12 世纪到 13 世纪比较兴盛，按题材可以分为骑士抒情诗

《圣乔治与龙》油画
描绘了骑士杀死恶龙，拯救公主的场景。

和骑士传奇两大类。骑士抒情诗因最早兴起于法国的普罗旺斯，所以又名"普罗旺斯抒情诗"，主要内容就是骑士向贵族妇女调情求爱，文学价值不大，不过它们格律严谨、追求技巧，对后来文艺复兴时抒情诗的发展有一定影响；骑士们效忠领主、荒诞不经的冒险故事等是骑士传奇的主要内容，它题材较为广泛，远至古罗马、希腊神话故事，近有拜占庭帝国的历史和传说。从内容上说，骑士传奇的价值意义并不大，但在刻画人物外表和内心思想感情时，其语言生动，为欧洲后来的长篇小说发展奠定了基础，同时它也反映了当时人们的精神世界和社会风貌，为后人了解当时的社会情况提供了样本。

不过随着骑士制度的衰落，骑士文学也开始走下坡路，而城市兴起、商业繁盛带来的是城市文学的兴起。城市文学从民间创作发展而来，题材多样，包括诗歌、戏剧、寓言、故事、笑话等，其不仅反映了当时市民阶层的愿望和要求，更带有强烈的批判性和讽刺性，反教会、反封建色彩浓厚。城市文学中最著名的作品当属法国讽刺叙事诗《列那狐的故事》，现存 4 部，分别是《列那狐传奇》《列那狐加冕》《新列那狐》和《冒充的列那狐》，这些作品由一系列的小故事组成。《列那狐传奇》以物喻人，说的虽然是狐狸等一些小动物的故事，但其实反映的都是人间常情：愚蠢的驴代表的是僧侣，狡猾的狐狸代表的是新兴的市民阶层，小动物们代表的是普通人，其故事讽刺犀利、入木三分而又饶有兴趣。城市文学的出现对基督教神学来说是一个不小的冲击，也为近现代现实主义文学的诞生奠定了基础。

在宗教的垄断控制下，其他方面的艺术所取得的发展都不算大。在绘画上，以宗教题材为主，人物形象呆板僵硬，毫无生气；一些浮雕虽然较为生动，但是题材仍是宗教神话。建筑艺术则在 9 世纪时才开始有了一定的发展。早期多为罗马式建筑，圆屋顶、厚石墙、粗矮的柱子、窄小的窗户、半圆的拱门都是罗马式建筑的特点，法国的普瓦捷主座教堂、德国的沃尔姆斯大教堂、意大利的比萨大教堂是这类建筑中的代表；后期，哥特式建筑兴起，它最早于 12 世纪末出现在法国北部，后流行至西欧各地。用 4 个字来概括哥特式建筑，那就是"高耸削瘦"。哥特式建筑具有矢形的拱门、高耸的尖塔式屋顶，宽大的、装有彩色玻璃的门窗，这些都使人们感受到一种身临其境的神秘感和威严感。法国的巴黎圣母院、英国的坎特伯雷大教堂、意大利的米兰大教堂等都是哥特式建筑的代表作，这种建筑风格也对后世产生了深远的影响。

绵延千年的东罗马帝国

　　395 年，强大一时的罗马帝国分裂成东西两部分，西边的仍以罗马为首都，称"西罗马帝国"；东边的以君士坦丁大帝建立的君士坦丁堡为都，称"东罗马帝国"，又称"拜占庭帝国"。476 年，西罗马帝国在日耳曼大迁徙的暴风骤雨之下轰然倒地，而令人称奇的是，它的"孪生兄弟"东罗马帝国却拥有迥然不同的命运，在帝国分裂之后，在历史上存在了近 1000 年之久。

东罗马帝国早期

> 395 年罗马帝国分裂以后，东罗马帝国仍然是一个地跨三洲的大帝国，它的领土以巴尔干半岛为核心，包括亚洲的小亚细亚、亚美尼亚、叙利亚、巴勒斯坦、两河流域上游地区，以及非洲的埃及、利比亚等地区。

"分家"初期的东罗马帝国

东罗马帝国继承的多是人口稠密、城市众多、经济发达的地区，也正是因为这些特点，使得其在奴隶制大危机下非但没有衰亡，反而一度强大起来。

东罗马帝国的农业主产区是埃及和叙利亚，这两个地方的农业生产主要力量是隶农和少部分自耕农，当然也有少部分的奴隶，不过奴隶们也可以领到一小块土地独立经营，地位和隶农差不多。所以，奴隶劳动在农业生产中所占比重不大的东罗马帝国并没有受到西方奴隶制危机的冲击，也没有衰落，反而还有所发展，这和西罗马帝国形成了鲜明对比。

东罗马帝国的另一个优势在于，它基本继承了罗马帝国大部分的工商业繁荣的大城市，比如巴尔干半岛的塞萨洛尼基、叙利亚的安条克、埃及的亚历山大城、小亚细亚的尼西亚等，这些城市同样没有受到奴隶制危机的冲击。东罗马帝国的手工业分为官营和私营两部分。官营手工业作坊中，奴隶是劳动主力，也有相当数量的服役手工业者和佣工；私营手工业作坊则大多是自由小手工业者，也有少量的奴隶劳动。东罗马帝国的手工业中，奴隶劳动并不占有压倒性的重要地位，这也使其得以在 4 世纪到 6 世纪时保持稳定和发展，各种产品继续行销国内外，如当时的麻布、毛呢、丝织品、金属产品、武器、玻璃制品，以及埃及、腓尼基的纸草等都在世界上颇有盛名。

　　东罗马的国内外贸易也很繁盛。其经销本国生产的商品是一方面，另一方面，东罗马商人还奔走于亚欧各地，产自遥远的东方的丝绸和香料、产自叙利亚的织物和刺绣、产自斯拉夫地区的毛皮和蜂蜡、产自埃及的粮食和纸草等都经过他们的手销售到欧亚各地。东罗马的首都君士坦丁堡就是一个巨大的贸易市场，6世纪时的著名作家保尔·西连戚阿利说："君士坦丁堡停泊着来自世界各地的船只。"马克思也说过，君士坦丁堡是"东西方之间的一道金桥"。

　　工农业的奴隶劳动占比不大使其免受奴隶制危机的冲击，工商业的繁盛又使得帝国政府获得了大量的税收收入，国库的充盈使帝国可以凭此维持规模庞大的雇佣军和政府机构。因此，东罗马帝国的前朝统治较为稳固，并没有像西罗马帝国那样迅速走向崩溃。

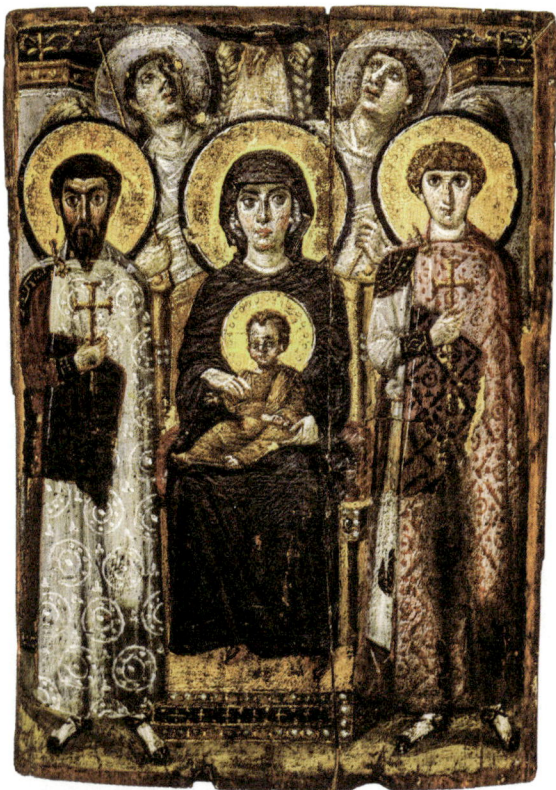

圣母、圣婴和圣徒、天使
出自君士坦丁堡（今伊斯坦布尔）的一幅木板蜡画，创作于
东罗马帝国早期。

狄奥多西一世

　　关于东罗马帝国的别称——拜占庭帝国，还要指出一点，这个名字是后世欧洲学者在对东罗马帝国的历史进行研究时提出的一种称呼，得名于其首都君士坦丁堡的原名。在中古欧洲并没有一个国家被称为"拜占庭"，当时的称呼就是"东罗马帝国"，其国人也自称罗马人，而不是拜占庭人。另外，关于东罗马帝国的历史开端现在还存在一定争议，一种较为通行的说法是从395年狄奥多西一世去世，将帝国分给其两个儿子开始算起；也有的学者持有其他的看法，其中一种是从330年君士坦丁大帝迁都君士坦丁堡开始算起。

　　379年，狄奥多西一世被拥立为帝，狄奥多西王朝开始。395年，帝国分裂，狄奥多西一世的长子阿卡迪乌斯继承东罗马帝国。然而，狄奥多西一世的几位继承人多是软弱无能之辈，毫无治国之才，大权不是被权贵所把持，就是落入奸佞之臣的手中，因此，东罗马帝国在这个王朝时期极其平淡。

　　457年，狄奥多西王朝的末代君主马尔西安去世，色雷斯总督利奥当上了皇帝，开始了利奥王朝（457—518年）的统治。同年2月，君士坦丁堡大教长阿纳托留斯为利奥一世加冕为帝，开大教长为皇帝加冕之先河。利奥一世在位17年，对外抵挡住了西哥特人和匈奴人的进攻，对内翦除了权臣阿斯巴的势力，并在此过程中使伊苏里亚总督、自己后来的女婿芝诺的势力壮大。474年，利奥一世去世，他的外孙、芝诺之子利奥继位，是为利奥二世。同年，利奥二世为自己的父亲加冕成为共治者，随后便神秘死去。此后的几十年间，芝

诺和利奥一世的遗孀、以及自己的妻子阿里阿德涅等人就争夺皇位展开了激烈
争夺，芝诺曾两度为帝，并最终在 491 年神秘死亡。同年，其遗孀阿里阿德涅
和她的支持者阿纳斯塔修斯结婚，后者继任皇帝，即阿纳斯塔修斯一世。阿纳
斯塔修斯一世在位 27 年，是利奥王朝的几位皇帝中稍有作为的一位。阿纳斯
塔修斯一世治国有方，在经济上推行了一些改革，使东罗马帝国的国库一度充
盈。518 年，阿纳斯塔修斯一世去世，其禁卫军长官查士丁被推举为帝，利奥
王朝结束，查士丁尼王朝开始。

东罗马帝国由此迎来了自君士坦丁大帝以来的又一个大帝和一个新的发展
高峰，这个人就是禁卫军长官查士丁的侄子查士丁尼。

查士丁尼时代

518 年，继东罗马皇帝位的查士丁指定自己的侄子（一说外甥）为自己的
继承人；527 年，又授予其"奥古斯都"尊号，与自己共治。这一年，查士丁
去世，查士丁尼成为东罗马帝国的唯一统治者，称查士丁尼一世（527—565
年在位）。查士丁尼是一位精力充沛而又野心勃勃的皇帝，他在位期间对内对
外皆推行了一系列重大措施，力图重建当年辉煌的罗马帝国。东罗马帝国也因
此迎来了第一个"黄金时代"。

查士丁尼一世对内巩固奴隶主阶级的统治，主要措施之一就是编纂法典。
查士丁尼一世继位之初，便组织了以法学家特里波尼安为首的 16 人法典编纂
委员会，进行法律编纂工作。529 年，《查士丁尼法典》编成，这是自哈德良
时代以来，历代罗马皇帝颁布的法令汇编；533 年，50 卷《法理汇要》（又名
《法学汇纂》）编成，为历代罗马法学家论文汇编；同年，又编成 4 卷《法理概
要》（又称《法学阶梯》），为简明扼要的法律教材；565 年，又将 534 年以后查
士丁尼一世颁布的法令编成《法令新编》（又称《新律》）。以上 4 种又被合称
《查士丁尼民法大全》，是欧洲历史上第一部系统完备的法典，对后世产生了很
大影响。

查士丁尼一世编纂法典的目的是维护奴隶主的阶级统治，因此法典极力维
护的是奴隶主阶级的利益。法典中首次提出了君权神授的思想，鼓吹 **"皇帝的
意志就是法律的本源"**，奴隶和隶农必须服从。同时，法典顺应东罗马帝国的
奴隶制度发展变化，允许释放奴隶，但是却对隶农有大量的限制，试图将他们

查士丁尼和群臣

牢牢固定在土地上，以保证大地主有充足的劳动力，这和东罗马帝国奴隶劳动比重不大、隶农为农业主力的实际情况是相符的。

查士丁尼一世还推行中央集权统治，帝国拥有人数众多的雇佣军和庞大的官僚机构，同时喜好奢华的查士丁尼一世又大兴土木兴建宫殿和教堂，使政府支出严重扩大，再加上官吏残暴腐败，对百姓横征暴敛，这些都让百姓苦不堪言。因此，帝国境内曾多次爆发武装起义，其中以 532 年的尼卡起义规模最大。

尼卡起义是城市市民武装反抗腐败官吏敲诈勒索的运动，"尼卡"是希腊语"胜利"的意思，起义者当时经常高呼此词，起义便由此得名。当时的东罗马帝国流行赛车运动，百姓以"吉莫"为单位组成各自的车队进行比赛，渐渐地，大家就根据所穿衣服的不同分为了不同的党。当时最有势力的是"蓝党"，成员以大地主和元老院贵族为主，多为东正教徒；"绿党"则以富商、高利贷者和包税者为主，多为一性派教徒。两党的政治观点、宗教信仰均有不同，因此经常发生冲突，政府则对他们的矛盾加以利用，在背后操纵。532 年，在一次有查士丁尼一世出席的赛车会上，对官吏的暴虐和沉重的苛捐杂税不满的两党下层民众要求罢黜两个恶名昭彰的官吏，释放两党被关押的成员，但惨遭拒绝，于是大规模的武装起义便爆发了。

起义群众捣毁监狱、释放犯人，焚烧官署、教堂，围攻皇宫，查士丁尼一世将那两个宠臣撤职以后试图说服起义者，但是没有奏效。起义军将强大的政府军打得狼狈不堪，控制了除皇宫以外的整个君士坦丁堡，这甚至使查士丁尼一世一度想弃城而走。后来，查士丁尼一世一面派大将贝利萨留出城招募雇佣军，一面又施展阴谋诡计分化瓦解起义群众，收买蓝党。到了起义爆发的第8天，当起义军聚集在竞技场准备推举领导人时，蓝党突然倒戈，起义军阵脚大乱，随后贝利萨留率领的雇佣军将竞技场包围，3万多起义群众被屠杀，尼卡起义最终失败。

尼卡起义虽然被查士丁尼一世血腥镇压了下去，但是这也为他敲响了警钟，使其不得不实行一些改革，比如禁止卖官鬻爵、惩治贪污、限制贵族特权等来缓和尖锐的阶级矛盾。

在对外政策上，查士丁尼一世主张扩张，企图恢复罗马帝国的疆土。当时在帝国的东方是萨珊波斯帝国，东罗马帝国从527年开始就和萨珊波斯帝国进行了长期的战争。因为查士丁尼一世的野心在于恢复罗马帝国的旧境，所以帝国的西方日耳曼诸王国也是他的主要征服目标。为了解除后顾之忧，查士丁尼一世不惜以赔款为代价，在532年和波斯人缔结"永久和约"，换取东方的稳定。在镇压了尼卡起义以后，查士丁尼一世也开始了征服西部日耳曼诸王国的战争。

533年，查士丁尼一世派大将贝利萨留率军出征，进攻盘踞北非的汪达尔王国，次年将其灭亡。535年冬，贝利萨留率军北上，占领了西西里岛和亚平宁半岛南部。536年末，攻陷罗马城，不过不甘屈服的东哥特人在新国王托提拉的率领下展开了长期的战争，东罗马帝国最终用了20年，也就是在554年才最终将东哥特王国灭亡。同年，趁盘踞西班牙的西哥特王国出现内讧之机，查士丁尼一世出兵占领了伊比利亚半岛的东南部。此外，地中海上的科西嘉岛、撒丁岛、巴利阿里群岛以及达尔马提亚等地也都落入了查士丁尼一世之手。

从地图上看，此时的查士丁尼一世基本上恢复了原来西罗马帝国的领土，地中海又一次成为一个国家的内湖。然而，查士丁尼一世却在被征服的地区实行奴隶制的复辟，这是开历史的倒车，违背历史大势，是不可能长久的。再加上查士丁尼一世常年的对外战争耗尽了东罗马帝国的国力，所以在他死后不久，不仅征服的土地先后丢失，东罗马帝国也开始走向了衰落。

主显圣容

这幅马赛克画主要描绘的是基督在摩西、以利亚和使徒们的陪伴下来到塔博尔山的场景。现存于埃及西奈的圣凯瑟琳修道院拱顶上。圣凯瑟琳修道院是狄奥多拉皇后去世后，查士丁尼一世为了向她献礼而重新修建的。

后查士丁尼时代

查士丁尼一世去世以后，继位的是他的侄子查士丁二世（565—578 年在位）。而此时的东罗马帝国可谓危机四伏。在东方，萨珊波斯又开始进攻东罗马的领土，先后攻占了重镇耶路撒冷、大马士革等，逼近博斯普鲁斯海峡；在北方，阿瓦尔人和斯拉夫人沿多瑙河一线对东罗马帝国的希腊地区和首都君士坦丁堡构成了直接威胁；在西方，被征服的领土开始逐渐丢失：西哥特人大举反攻，东罗马军队无力抵抗，并最终在 6 世纪 80 年代失去了伊比利亚半岛的东南部；与此同时，意大利半岛上又迁来了伦巴第人，他们在当地起义的奴隶、隶农配合下，从北方南下进攻意大利，将东罗马军队赶出了意大利中部和北部；相比之下，东罗马帝国在北非的统治稍长久一些，一直到 7 世纪末才被新崛起的阿拉伯帝国所征服。

此时的东罗马帝国国内也不安定，各地起义不断，宗教纷争也不断。查士丁二世晚年甚至因为内忧外患还患上了精神疾病，最终他在 574 年指定提比略为共治者，并于 4 年后去世。之后，提比略正式继位为帝（578—582 年在位），然而他只在位 4 年便传给了自己的女婿莫里斯。莫里斯在位 20 年（582—602 年在位），在位期间暂时遏制住了波斯人的进攻，不过他废除了查士丁尼一世中央集权的做法，使得贵族分离势力又重新崛起。

帝国暂时的安宁于 602 年走到了尽头。这一年，驻守多瑙河的军队拥戴贵族福卡斯为帝，发动叛乱，叛军攻陷了首都君士坦丁堡，皇帝莫里斯全家被杀，此后叛军掌握国家机器达 8 年之久。这 8 年间，东罗马帝国陷入一片混战，各大贵族元老、大奴隶主、要人显贵们均割据一方，波斯等周边国家也趁乱入侵。608 年，北非迦太基总督希拉克略率军起义，最终将福卡斯杀死，并建立起了新的王朝——希拉克略王朝（610—711 年）。

东罗马帝国中期

从 7 世纪初到 11 世纪初这四百多年的时间是东罗马帝国的中期。这期间，东罗马帝国经历了希拉克略王朝（610—711 年）、伊苏里亚王朝（717—802 年）、阿摩里亚王朝（820—867 年）和马其顿王朝（867—1056 年），其中马其顿王朝是整个东罗马帝国历史上最繁荣的时期。

希拉克略王朝

希拉克略王朝持续了 100 年左右，这 100 年间，东罗马帝国发生了天翻地覆的变化。东罗马帝国的历史大致可以分为 3 个阶段，第一阶段的结束便是在希拉克略王朝时期，具体地说，就是在建立希拉克略王朝的希拉克略一世去世的那一年，即 641 年。

希拉克略接手的东罗马帝国是一个乱摊子。在东方，萨珊波斯已经占领了叙利亚、巴勒斯坦、埃及、亚美尼亚、伊比里亚和两河流域等地，并取道小亚细亚直逼东罗马腹地。615 年，萨珊波斯占领了卡尔西顿，这里和君士坦丁堡

刻有希拉克略和君士坦丁三世头像的金币

只隔着一道窄窄的博斯普鲁斯海峡。另外，西北方向上的斯拉夫人和阿瓦尔人也在威胁着帝国的边境安全。为了拯救帝国于危难之际，希拉克略进行了多项大刀阔斧的改革，主要措施包括两项，第一项就是推行军区制度。

这一制度原来已经在北非和意大利实行，现在希拉克略从东部行省开始，将其在全国推行。军区制，即用军区来取代原来的行省行政区，军事长官为军区最高首长，兼管行政，这样一来就使全国都处于军事管制之下。这一制度在希拉克略的继任者手中继续推行，9 世纪时东罗马帝国全国划分为 10 个军区，10 世纪时为 29 个，到了 11 世纪则变成了 38 个，但并不是东罗马在开疆辟土，事实正相反——是军区的面积越来越小，因此数量越来越多。

第二项措施是建立军役和封建义务合一的军事屯田制。为了解决财政上的危机，希拉克略将战乱时没收来的土地、田产分给服役的军兵作为军饷，份地可以世袭，也可以转让，但是服役的义务也始终跟随着土地一起转让。士兵们战时出征，平时种地，交纳赋税，免除徭役。希拉克略的继任者们同样继承并进一步发展了这项制度。军事屯田制解决了军队的经济基础问题，也促进了小农经济的发展，加快了东罗马帝国从奴隶制向封建制的转变。此外，希拉克略还动用大批教会的财产，利用宗教的感召力量，号召国民万众一心，打败入侵的"异教徒"。这一措施在当时起到了不小的作用，使得希拉克略获得了大量

的财富以支持战争，教会起到的精神作用也不可小视，不过这一措施也为后来的"毁坏圣像运动"埋下了导火线。

当时东罗马帝国面临的"异教徒"是东边的萨珊波斯帝国。622 年，希拉克略开始对萨珊波斯帝国作战，并在这一年基本清除了波斯在小亚细亚的势力，随后东罗马帝国甚至一度攻入波斯本土境内。双方的战争在 626 年迎来转折点，当时东罗马帝国开始掌握战争主动权，又和位于萨珊波斯帝国东方的突厥人联手，令波斯处于被东西夹击的境地。627 年，双方在亚述古城尼尼微附近展开决战，希拉克略大败波斯国王库思老二世，库思老二世只能匆忙逃到古城泰西封，东罗马帝国军队紧随其后，再次兵临城下。第 2 年，萨珊波斯帝国内部发生政变，反战的军事将领们将库思老二世囚禁并杀害，随后立其子卡瓦德为王，并向希拉克略求和。同年 4 月 3 日，双方签订和约，萨珊波斯帝国撤出所有侵占领土，割让亚美尼亚，并归还从耶路撒冷掠走的基督教圣物"真十字架"。同波斯人的战争最终以东罗马帝国的胜利告终，困扰他们几百年的波斯人入侵问题终于彻底解决。此后，萨珊波斯帝国一蹶不振，王位更迭频繁，很快就被新兴的阿拉伯人灭亡。

在对外战争方面，希拉克略对北方的阿瓦尔人和斯拉夫人的入侵反击也取得了一定成效。阿瓦尔人曾与波斯人联手企图偷袭君士坦丁堡，围城长达 2 个月之久。626 年，希拉克略击败入侵的阿瓦尔人，随后被阿瓦尔人所控制的斯拉夫人、匈奴人等纷纷自立，此时的希拉克略采取分化瓦解政策，扶植斯拉夫人，又允许属于南斯拉夫人的塞尔维亚和克罗地亚两个部落跨过多瑙河，定居在南岸地区，作为东罗马帝国的屏障，抵挡其余斯拉夫人的南下。就这样，东罗马帝国的西北部边界稳定下来，基本上就以多瑙河为界。

在东方彻底解决了萨珊波斯帝国这个宿敌以后，东罗马帝国又迎来了新的对手——新崛起的阿拉伯帝国。也就是在希拉克略当上东罗马帝国皇帝的那一年，在阿拉伯半岛上，穆罕默德创立了伊斯兰教，并随后统一了阿拉伯半岛，到 632 年穆罕默德去世，一个政教合一的、强大的阿拉伯国家已经成型，并开始向外扩张。当时的阿拉伯国家首脑哈里发欧麦尔，把扩张的矛头率先指向了和波斯征战多年已是两败俱伤的东罗马帝国。随后，东罗马帝国统治下的叙利亚、巴勒斯坦、埃及接连被阿拉伯帝国占领，东罗马帝国永久地失去了这些土地。到 641 年希拉克略去世时，东罗马帝国已经成为一个领土大大缩小的国家。

希拉克略王朝的后半期，东罗马帝国的主要精力还是放在和阿拉伯人的战争之中。阿拉伯帝国占领了东罗马帝国的小亚细亚以后，继续西进，企图彻底灭亡东罗马帝国。655 年，阿拉伯舰队首次兵临君士坦丁堡城下，并击败了帝国皇帝君士坦斯二世（641—668 年在位）亲自指挥的东罗马帝国海军，这迫使君士坦斯二世甚至想在 660 年迁都意大利，君主的怯战更使得东罗马帝国人心惶惶。然而，这时阿拉伯帝国内部却出现了矛盾，暂缓了进攻东罗马帝国的脚步，这为东罗马帝国提供了非常宝贵的喘息机会。668 年，君士坦斯二世在意大利的叙拉古被刺身亡（据说是主战派将领策划了此事），继位的是他的儿子君士坦丁四世（668—685 年在位）。这是一位比较有作为的皇帝，继位之初便进行改革，加强中央集权，重用主战派，打压主和派，整饬国防军事力量。但这时对面的敌人又有了新的变化。661 年，阿拉伯帝国的叙利亚总督穆阿维叶创建倭马亚王朝，并于数年以后重新开始进攻东罗马。668 年，阿拉伯人占领了博斯普鲁斯海峡东岸的重镇卡尔西顿，以及马尔马拉海南岸的重镇基齐库斯，这两处地方均离东罗马的首都君士坦丁堡非常近，而阿拉伯人却在这里建立了军事基地。从 674 年开始，几乎每年夏天，阿拉伯舰队都要从这里出发，进攻君士坦丁堡。

　　为了击退近在咫尺的敌人，君士坦丁四世广征退敌良方，最终掌握了一种神秘而又强大的武器——"希腊火"。希腊火是当时阿拉伯人的叫法，东罗马帝国文献中将其称为"液体火焰"，其实就是石油和其他一些易燃的树脂、硫

希腊火
希腊火多次为东罗马帝国的军事胜利作出颇大贡献，但希腊火的配方现已失传。

黄等成分混合在一起的黏稠油脂，易燃但是并不会爆炸，所以便于携带和运输。这种油脂平时装在木桶中，战士们在使用时将其装入铜制管状喷射器喷向敌人，然后再射出火箭将其点燃。因为油脂可以漂浮在水面之上燃烧，所以杀伤范围极大。当时东罗马帝国在高加索和亚美尼亚地区发现了大量石油，也因此保证了部队有充足的"希腊火"供应。在此之前，阿拉伯人的对外扩张几乎没有遇到任何像样的抵抗，阿拉伯骑兵纵横阿拉伯半岛、波斯、叙利亚、巴勒斯坦、小亚细亚等地，但是此时他们却在近在咫尺的君士坦丁堡城下毫无作为。这一方面是因为东罗马帝国守城部队掌握了"希腊火"这种针对性极强的武器，另一方面也是因为君士坦丁堡特殊的地理环境使得阿拉伯骑兵、海军皆无所作为。678 年 6 月 28 日，猛攻君士坦丁堡的阿拉伯海军惨遭失败，2/3 的船只被毁，再也无法组织起像样的进攻。此役战败的阿拉伯海军不得不向南撤退，但中途又遭遇暴风雨袭击，东罗马帝国海军趁机进攻，使得阿拉伯海军几乎全军覆没。

之后，阿拉伯人不得不和东罗马帝国签订 30 年和约，阿拉伯帝国向东罗马帝国称臣纳贡。此战的胜利影响巨大，可以说，东罗马帝国不仅挫败了阿拉伯人征服欧洲的计划，还震慑了东欧的阿瓦尔人和斯拉夫人诸部落，为自己赢得了一个和平的国际环境。

685 年，33 岁的君士坦丁四世死于痢疾，他的儿子查士丁尼继位，是为查士丁尼二世（685—695 年、705—711 年在位）。查士丁尼二世的治国才能平平，但是却野心勃勃，他的很多措施都在效仿其先祖查士丁尼一世，然而帝国在他手中却又发生了内乱。此后的几十年间，帝国的皇帝像走马灯一样频繁更换，政变不断。伴随政治统治混乱，帝国的疆域也大大缩小，阿拉伯人又趁机卷土重来。直到 717 年，精明强干的小亚细亚督军利奥将昏庸无能的希拉克略王朝末代皇帝狄奥多西三世废黜，建立了新的伊苏里亚王朝。

伊苏里亚王朝

小亚细亚督军利奥建立的新王朝因其来自小亚细亚南部的伊苏里亚而得名伊苏里亚王朝（717—802 年）。利奥（称"利奥三世"）是一位雄才大略的君主，他在位期间对外对内都取得了不小的成就。首先在对外方面，他再一次击败了进犯的阿拉伯人。进入 8 世纪以来，阿拉伯人趁东罗马帝国出现内乱之际卷土重来，进犯小亚细亚，直逼小亚细亚西部的帕加马。当时在位的皇帝狄奥多西三世束手无策，当时还是小亚细亚军区督军的利奥击退了阿拉伯人的进攻，他也趁势在第二年废黜了狄奥多西三世，建立了自己的王朝。

717 年，阿拉伯水陆大军再次包围了君士坦丁堡，气势汹汹。利奥三世冷静分析，针对阿拉伯军队劳师远征、补给线过长的弱点采取拖延战术，死守君士坦丁堡城，充分利用"希腊火"等武器给予阿拉伯军队以重击，同时又命令各军区军队分头出击，打击阿拉伯军队的补给线。就这样，围攻君士坦丁堡整整 1 年的阿拉伯军队不得不撤军，东罗马军队随后乘胜出击，阿拉伯军队损失惨重。自此，阿拉伯人的势力被逐出小亚细亚。在此后的两个世纪当中，双方虽然也发生过一些战争，但阿拉伯帝国基本已经对东罗马帝国构不成威胁。此外，在北方，利奥三世灵活运用外交、筑垒、征伐等手段，削弱了斯拉夫人对帝国的威胁。

利奥三世在内政方面同样取得了显著的成就，在消除了来自外敌的威胁以后，他将精力转向国内，他推行改革，修订法典，整饬吏治，禁止卖官鬻爵。利奥三世还继承和发展了希拉克略推行的军区制，将全国划分为 11 个军区（欧洲 4 个，亚洲 7 个），并分给各级军事长官和士兵们大量的土地田产。但是，当时大量的土地掌握在教会和修道院的手中，他们不纳税，也不服徭役，不仅影响了国家的赋税收入，也和利奥三世推行的军区制产生了冲突，因此政府和教会的矛盾不断加深。

当时的东罗马帝国人民对教会也有不满情绪，平民们主张废除偶像崇拜，简化繁琐的宗教仪式。就这样，利奥三世利用人民的情绪开始打压教会势力。726 年，利奥三世下令停止供奉偶像，封闭修道院，捣毁圣像，没收教会土地分配给军事贵族，并强迫基督教僧侣还俗。利奥三世以后的几位君主也都继承推行这一政策，使这一运动一直持续了 117 年，直到马其顿王朝时期才宣告终结。毁坏圣像运动其实是披着宗教外衣的社会政治改革，通过对教会势力的打压，

刻有利奥三世头像的金币

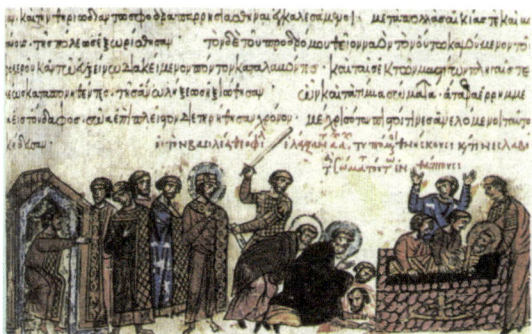

"毁坏圣像运动"中被迫害的僧侣

封建军事贵族的势力更加强大，东罗马帝国的封建化也得到了进一步的发展。

如果说建立伊苏里亚王朝的利奥三世是一位有为之君的话，那么他的几位继任者便是一代不如一代。其子君士坦丁五世（741—755 年在位）继承了其父打压教会势力的政策，因此被东罗马帝国正统史学家所愤恨，名声非常不好，不过他在对外战争中，主要是在对抗阿拉伯帝国和保加利亚人的战争中取得了胜利，收复了不少失地。君士坦丁五世之子利奥四世（775—780 年在位）在位仅仅 5 年，基本上延续了其父的政策，不过因统治时间过短，没有什么作为。他死后，他年仅 9 岁的儿子君士坦丁继位，其母伊琳娜太后长期摄政。但毫无治国才能的君士坦丁六世却对母后摄政极为不满，曾在 19 岁时发动政变夺回大权，但自己执政时却昏聩无能，外战战败，内政混乱，最后又请出伊琳娜重主朝政。797 年，伊琳娜将君士坦丁六世废黜，自己当上了女皇，统治东罗马帝国。

伊琳娜是东罗马帝国历史上第一位女皇，事实上，在利奥四世去世以后的 20 多年间，她一直是东罗马帝国的实际的掌舵人，君士坦丁六世的影响几乎可以忽略不计。这一时期，东罗马帝国和西欧新崛起的法兰克王国关系密切。伊琳娜曾试图通过让君士坦丁六世娶查理大帝的女儿罗特鲁德公主来实现当时欧洲两大帝国的联姻，后来她甚至又打算直接将自己嫁给查理大帝，以此实现两大帝国的合并，此举也得到了查理大帝的同意，不过最终却并没有成行。伊琳娜一反前任的政策，旗帜鲜明地支持圣像崇拜，罢免了不少支持毁坏圣像运动的官员和军事将领。787 年，在召开的尼西亚宗教会议上，伊琳娜正式宣布恢复圣像崇拜。至此，毁坏圣像运动的第一阶段宣告结束。不过，伊琳娜的这一决定并不得人心，这也成了她最后被推翻的一个原因。

伊苏里亚王朝末期，意大利的罗马教廷为伦巴第人所侵犯，在没有得到东罗马帝国的有力保护之后，罗马教皇转向法兰克王国求援。800 年，罗马教皇借口伊琳娜的皇帝之位不合法而为法兰克王国国王查理加冕，称"罗马人的皇帝"。此举是对东罗马帝国和东罗马教会的侮辱，因为据说在东西罗马分治时曾有一个规定，就是西罗马帝国的皇帝必须要得到东罗马帝国的承认才算合法，也因此东罗马一向是以罗马帝国的唯一合法继承人自居，而教皇此举显然是没有征得东罗马帝国的同意。事实上，之前查理大帝想要和伊琳娜结婚，也有就此获得东罗马帝国承认的考虑。不过据说伊琳娜并没有就此放弃和查理联姻的打算，只是在 802 年，她的统治就被军事政变推翻了，联姻计划随之破产，伊苏里亚王朝也走向了结束。

马其顿王朝

伊苏里亚王朝倒台以后，东罗马帝国的宫廷斗争进入白热化阶段，此后的 20 多年中，登上王位的都是一些手握大权的重臣和军事将领，不过统治时间也都很短暂，最长的不过 9 年，最短的只有 2 个月，因此后世将这段历史称为东罗马历史上的"无王朝时期"。802 年到 811 年控制大权的是尼基弗鲁斯一世，他是伊琳娜女皇时期的财政大臣，态度较为温和，内政能力一流，尤其在经济上建树颇多，并继续推行军区制。他短暂的统治使东罗马帝国的经济实力和军事实力均有所恢复。尼基弗鲁斯一世死后（一说是在与保加利亚人的战争中战死），继位的是其子斯陶拉基奥斯，不过他仅在位 2 个多月就因为身体原因让位给妹夫米哈伊尔一世（811—813 年在位）。米哈伊尔一世是一个才质平庸的君主，内政外交上均产生了不少失误，因此招致各方反对，并最终在 813 年被军队将领利奥推翻，后者称帝，是为利奥五世。利奥五世（813—820 年在位）增强了东罗马的军事实力，同时继续推行毁坏圣像运动，不过他过激的措施引来普遍不满，最终于 820 年被刺身亡，暴尸街道。随后，军队将领米哈伊尔被推举为帝，建立阿摩里亚王朝，是为米哈伊尔二世（820—829 年在位），至此，"无王朝时期"结束。

阿摩里亚王朝历经 47 年，其中米哈伊尔二世的儿子狄奥菲洛斯（829—842 年在位）算是较有作为的皇帝。他推行了有效的财政政策，增加税收，减少开支，使国库充盈；他还对学术教育表示支持，专门聘请一些学者任皇家学校的教授；在军事上，他主持修建、构筑了不少军事设施，继续完善军区制，整顿军队机构等。他去世后，新即位的米海尔三世只有 2 岁，先是由其母后摄政，后来又为权臣巴尔达斯、巴西尔等人摆布，再加上他本身也是一个纨绔子弟，毫无治国能力，最后被巴西尔谋杀，阿摩里亚王朝结束。阿摩里亚王朝虽然短暂，但是其实行的诸多措施，比如继续推行军区制、加强边防建设、积极的财政政策等都为接下来的马其顿王朝的繁荣奠定了基础。

马其顿王朝因其创建者巴西尔世居马其顿而得名，这个历经 189 年的王朝是东罗马帝国历史上的繁荣时期，巴西尔一世本人就是一位颇有作为的皇帝。在对内方面，他推行积极的经济政策，鼓励农耕和商贸，编纂新法典，改革军队，提高战斗力；在对外战争中，他也取得了一定的成就。在东方，他多次击败阿拉伯人，迫使其退却，还占领了两河流域和叙利亚大部，甚至还一度收复了克里特岛等岛屿；在西方，他在意大利的南部扩张领土，抵挡住了阿拉伯人对意大利半岛的侵略。在他征服的过程中，保加利亚、塞尔维亚、俄罗斯等斯拉夫人国家皆为东罗马文化所影响，基督教也随之广泛传播。

962 年到 1025 年在位的巴西尔二世又是一位强大的皇帝，他使东罗马帝国达到了历史性的巅峰时期。962 年继位的他当时只有 4 岁，大权都掌握在权臣手中。从 963 年起，和巴西尔二世同朝共治的皇帝就先后有他的继父尼基弗鲁斯二世（963—969 年在位）和杀死尼基弗鲁斯二世、自立为帝的约翰一世（969—976 年在位）。976 年，巴西尔二世亲政，之后他强化中央集权，翦除权臣权力，不甘心的权臣巴尔达斯等人于是发动叛乱，占据了小亚细亚地区。年轻的巴西尔二世用了 15 年的时间才将这场叛乱平定下去，但也正是在战争中，他锻炼出了坚忍不拔的性格和出色的军事指挥才能。巴西尔二世励精图治，用法国历史学家路易·布来赫尔的话形容就是："他既有着战士的秉性，也是一位伟大的军事将领，还具备统治官吏的才能。"

当时东罗马帝国内政方面的主要问题是土地兼并严重，大贵族们占据了大量的土地，缴税、服徭役的自用农民不断减少。因此，巴西尔二世的一个主要目标就是遏制土地兼并，他在位期间多次颁布相关法令，不过因为阻力过大，这些法令并没有得到切实执行。

在对外战争方面，巴西尔二世几乎取得了全胜，可谓武功赫赫。当时对东罗马帝国形成威胁的除了东边的阿拉伯人以外，还有北方的诸多斯拉夫"蛮族"，当时的保加利亚人、罗斯人等发展迅速，对富庶发达的东罗马帝国虎视眈眈，可以说和几百年前罗马帝国面对日耳曼民族入侵时的情况非常相像。在巴西尔二世之前，斯拉夫人已经让东罗马帝国吃了不少苦头，尤其是保加利亚

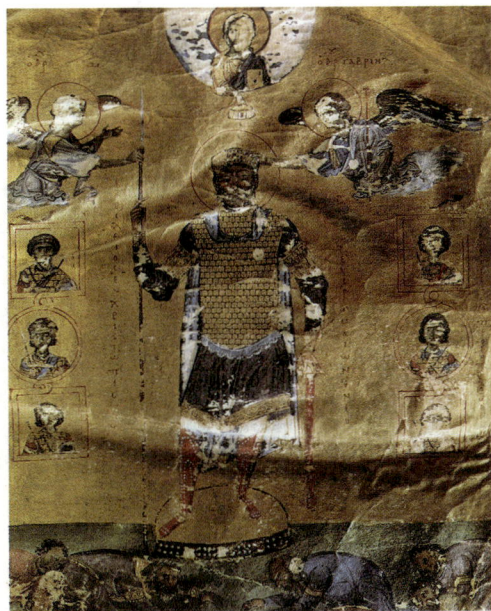

巴西尔二世画像

人，甚至还曾威胁到东罗马的皇帝宝座。不过，北方崛起的基辅罗斯对保加利亚也构成了威胁。971 年，在基辅罗斯和东罗马的共同作战下，保加利亚王国实际上已经灭亡了，不过在西部还有一些土地没有被东罗马占领。976 年，以萨穆埃尔为首的贵族据此自立为王，随后又不断扩张，渐渐恢复了保加利亚王国原来的版图。巴西尔二世自然不能坐视不理，于是在 996 年以后，东罗马数次对保加利亚用兵，这场战争旷日持久，巴西尔二世的中年时期基本上全部都投入到了这场战争中去。直到 1014 年的巴拉西斯塔一战，保加利亚大败，彻底输掉了这场战争。巴西尔二世随后下令将 1.5 万名保加利亚战俘的双眼弄瞎，每 100 人中只留 1 人只弄瞎一目，以便引导其他士兵返回保加利亚。巴西尔二世也因此事获得了一个"保加利亚屠夫"的绰号。4 年以后，东罗马吞并了保加利亚的全部国土，保加利亚第一王国灭亡。

在其他战场，巴西尔二世趁阿拉伯帝国分裂之机占领了格鲁吉亚王国和亚美尼亚王国，到他去世之时，东罗马帝国帝国的版图是自查士丁尼一世以来最大的版图。不过需要指出的是，东罗马帝国千年历史的中期也正是以 1025 年巴西尔二世的去世为截止标志，这也大致说明，东罗马帝国的发展历史马上又来到了一个新的历史拐点。

大天使米迦勒

这是创作于 1000 年左右的大天使米迦勒圣像。大天使米迦勒是拜占庭艺术中的常见形象。现存于威尼斯的圣马可大教堂。

东罗马帝国晚期

马其顿王朝之后，准确地说就是在巴西尔二世去世以后，东罗马帝国每况愈下。先是国土面积日益缩小，后又被西欧的基督教"兄弟们"灭国50多年，虽然后来复国，但是周边又崛起了更强大的奥斯曼土耳其等国家，最终，风雨飘摇了几个世纪的东罗马帝国，被奥斯曼土耳其彻底灭亡，近千年的历史画上了句号。

杜卡斯王朝和科穆宁王朝

东罗马帝国经过马其顿王朝的辉煌之后走向衰落是有着深刻的社会原因的。马其顿王朝末期，东罗马社会上浮现出一些矛盾，比如专制皇权和割据贵族的矛盾、大地主经济和小农经济的矛盾等，其中有两点问题最终发展成为难以克服的社会弊病，也决定了东罗马帝国最终衰亡的命运，这两点问题就是军区制的瓦解和小农经济的衰败，且它们相辅相成、相伴而生。从7世纪开始推行的军区制曾对维护东罗马帝国的统治发挥了重要的作用，它曾在一定程度上恢复了国家的经济实力和军事实力。但是，随着军区制的发展，在以农民士兵为主体的小农阶层兴起的同时，以贵族大地主为主体的军事贵族也在悄然崛起。而小农阶层明显不是军事贵族的对手，异常脆弱的小农经济非常容易破产，这让军事贵族可以趁机将其兼并，使自由农民沦为农奴。11世纪以后，越来越多的自由农民破产，成为势力强大的军事贵族的农奴，一些皇帝虽然已经意识到了土地大量兼并对帝国造成的危害，也曾试图推行一些政策来遏制这一事态的发展，但在重重阻力之下总是徒劳无功。

军事贵族势力的兴起严重威胁着东罗马帝国的中央政权，他们不仅在地方上称王称霸，还有着勃勃野心，积极参与皇室内讧和皇位的争夺，实力强大的军事贵族甚至有可能改朝换代，杜卡斯王朝、科穆宁王朝和安格鲁斯王朝便是这样的产物。皇权和地方贵族的势力斗争成为东罗马帝国后期的政治生活主线之一。东罗马帝国的皇帝们也意识到了这一点，他们的对策之一就是将军区拆分，削弱单个军事贵族的势力，因此最早的全国 6 大军区在 11 世纪时变成了 38 个军区。同时，皇帝们还派出行政官员到各军区任职，负责行政事务，这就改变了最早的军区制的基本特征，直至 12 世纪时军区制度被彻底取消。

军区制的衰败带来的另一个恶果是东罗马帝国军事实力的削弱，皇帝常常陷入无兵可征的困境，因此不得不使用大量的雇佣军，国家的大部分收入也就都被当作了雇佣军的兵饷。但雇佣军不够稳定，因此也成为了国家的另一个不稳定因素。就这样，内部的重重矛盾使东罗马帝国逐渐虚弱，周围环伺的诸多敌人更是火上浇油，东罗马帝国也最终因此而灭亡。

不过这一切还要等到 400 年以后才能见分晓，现在还是让我们回到东罗马帝国的衰落之初。

1056 年，马其顿王朝的最后一任皇帝狄奥多拉女王去世，无嗣，指定老

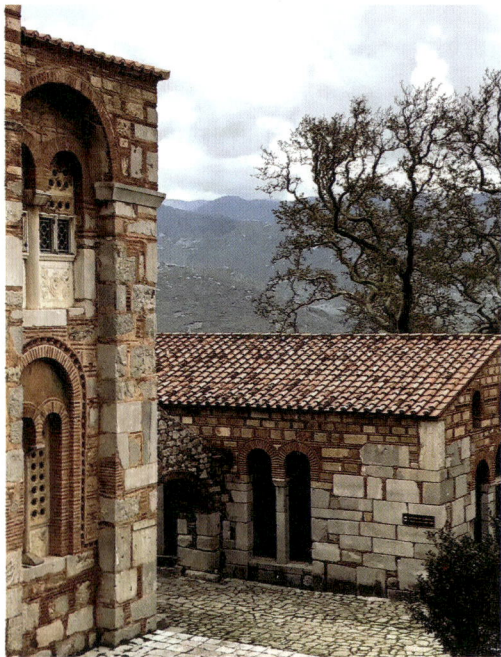

俄西俄斯罗卡斯修道院
始建于 10 世纪，是马其顿王朝建筑的代表。

臣米哈伊尔继位，是为"米哈伊尔六世"（1056—1057 年在位）。不过当时军事贵族势力强大，皇权式微，次年，军事贵族科穆宁家族的伊萨克就发动政变，废黜了米哈伊尔六世，自立为帝，是为伊萨克一世。伊萨克一世继位后，大力推行打击军事、教会贵族的政策，裁汰冗官，改革财政，却遭遇贵族势力的强烈反对，只在位 3 年就匆匆逊位给了他的远房亲戚、杜卡斯家族的君士坦丁。君士坦丁继位后称君士坦丁十世，此后一直到 1081 年，这段统治时期被称为杜卡斯王朝。君士坦丁十世和伊萨克一世的执政策略截然相反，他取消了后者颁布的各项限制贵族势力的措施，还让许多被流放的官员和贵族官复原职，对

弗拉基米尔圣母像
这幅著名的圣母像创作于 12 世纪的君士坦丁堡，是拜占庭绘画艺术的代表作之一。现存放于莫斯科的国立特列季亚科夫画廊。

教会贵族也是大加馈赠和恩赐，但对普通百姓却是加重赋税，这也导致了当时的农民起义接连爆发。君士坦丁十世放纵贵族的政策让帝国境内的贵族势力更加强大，这其中就包括多瑙河前线的军事长官罗曼努斯。1067 年，君士坦丁十世去世，此后，杜卡斯家族和罗曼努斯等贵族势力就皇位展开了数十年的争夺战。1081 年，伊萨克一世之侄阿莱克修斯举兵反叛，推翻了杜卡斯王朝的最后一任皇帝尼基弗鲁斯三世（1078—1081 年在位），正式建立了科穆宁王朝。

东罗马帝国到了科穆宁王朝时已是日薄西山，内忧外患不断。阿莱克修斯一世在位 37 年（1081—1118 年在位），他加强中央集权，打压贵族势力，同时积极发展国际贸易，在一定程度上缓解了东罗马帝国的经济危机。当时东罗马帝国面临的最大威胁是小亚细亚地区兴起的突厥人，东罗马无力抵挡，阿莱克修斯一世便在 1095 年向当时西方的教皇乌尔班二世请求支援，于是教皇在第二年组织了第一次十字军东征。在十字军的帮助下，东罗马收回了小亚细亚西部的领土，但是未能阻止十字军在叙利亚和巴勒斯坦地区建立起一批典型的西欧式封建国家。阿莱克修斯一世没有想到的是，正是他这次的无能为东罗马帝国后来的一度覆亡埋下了隐患。在东方，东罗马帝国还面临诺曼人的领土蚕食，阿莱克修斯一世最终以给予威尼斯商业特权为代价，得到了威尼斯人的支持，才将诺曼人击退。此后的科穆宁王朝的君主们大多没有什么大作为，约翰二世（1118—1143 在位）和曼努埃尔一世（1143—1180 在位）曾企图取消威

全能基督

拜占庭时期，人们已经习惯了用马赛克装饰墙壁。这幅位于雅典达夫尼修道院的《全能基督》就是典型的拜占庭式风格。

尼斯的商业特权，但是均没有成功。科穆宁王朝共经历了2次十字军东征，不过东罗马人对过境的十字军并无好感，相反，十字军的狂热、残暴等品性更是招致了东罗马人对他们的恶感，因此历代东罗马帝国君主都试图对十字军加以利用，曼努埃尔一世和突厥人的休战言和也加速了第二次十字军东征的失败。

外有异族的不断入侵，内有王室贵族的权力斗争，东罗马帝国的境况愈加危险。1180年，继承曼努埃尔一世的阿莱克修斯二世（1180—1183年在位）只有11岁，又是一个从小娇生惯养的花花恶少，其叔安德罗尼卡在摆布其3年以后将其杀害，自立为帝，不过他的残暴统治并不得人心，仅在位2年就被人民起义推翻。至此，科穆宁王朝结束。

安格鲁斯王朝和拉丁帝国

安德罗尼卡一世的残暴统治被人民起义推翻以后，他手下的重臣伊萨克被推举为帝，是为伊萨克二世（1185—1195年在位），他建立的王朝被称为安格鲁斯王朝（1185—1204年）。伊萨克二世在位10年间，内政方面成就有限，经济上虽然使国家财政收入增加，但是增加的收入却被他用在了奢侈浪费之上；对外战争更是屡战屡败，帝国境外的保加利亚人等都对其构成了严重的威胁。1189年，德皇"红胡子"腓特烈一世等人领导的第三次十字军东征对东罗马帝国造成了不小的伤害。1195年，伊萨克二世之弟阿莱克修斯发动政变，推翻其兄的统治，并刺瞎其双眼后将其投入监狱，自立为帝，是为阿莱克修斯三世。

但是伊萨克二世的儿子阿莱克修斯却死里逃生。随后，阿莱克修斯向教皇英诺森三世求助，恳请教皇组织十字军出征帮他复位，他愿意付出巨额的金钱报酬，还同意东西教会合并等一系列的卖国条件。就这样，教皇英诺森三世组织了第四次十字军东征。主要以法国和佛兰德斯的封建主组成的十字军在1203年7月攻占了君士坦丁堡，赶跑了篡位的阿莱克修斯三世，伊萨克二世成功复位，并和救他的儿子阿莱克修斯（阿莱克修斯四世，1203—1204年在位）开始了共治。然而，此时远道而来的十字军将士却并没有像之前说的那样继续东征、进攻异教徒统治下的埃及，而是向阿莱克修斯四世狮子大开口，要他兑现之前承诺的大笔报酬。阿莱克修斯四世此时已是捉襟见肘，国库空空，根本无法满足其要求，于是十字军将士干脆就赖在东罗马帝国境内不走了。1204年初，来自杜卡斯家族的、阿莱克修斯三世的女婿阿莱克修斯领导人民起义，把盲人伊萨克二世重新关进监狱，阿莱克修斯四世则被愤怒的人民杀死，至此，引狼入室的他也只是做了半年多的皇帝。

领导起义的阿莱克修斯继位为帝，是为阿莱克修斯五世。他决心依靠人民的力量将十字军赶出东罗马，但贪婪的十字军将士等待这个机会已久，于是他们猛攻君士坦丁堡城，3 天以后，城陷，十字军在城中大肆烧杀抢掠，千年古城惨遭涂炭。

东征的十字军随后瓜分了东罗马帝国的大部分领土，此次十字军的首领之一威尼斯总督丹德罗成为了瓜分计划的主要策划者。侵略者们在东罗马帝国的领土上建立了拉丁帝国，佛兰德斯伯爵鲍德温被推举为皇帝（1204—1205 年在位）。其他的大封建主也都占领了一些地盘，十字军首领伯尼法斯得到了色萨利、马其顿和部分小亚细亚地区，建立了塞萨洛尼基王国。后来他又进攻希腊本土，征服了同样是十字军国家的雅典公国。在他的南方还有一个亚该亚公国，主人是来自法国香槟家族的骑士威廉。此外，威尼斯还占领了克里特岛、优卑亚岛等岛屿，以及亚得里亚海沿岸的一些城市，它们又被称为"爱琴海公国"。爱琴海公国跟前面的几个国家不同的是，它不隶属于拉丁帝国，而前几个国家

拜占廷皇宫遗址

在名义上都是拉丁帝国皇帝的封臣。另外，东罗马帝国的首都君士坦丁堡为鲍德温和威尼斯首领丹德罗共有，富庶的商业区则为后者所有。在中东地区，前3次十字军东征时在叙利亚和巴勒斯坦建立的那些大大小小的封建国家也都趁机死灰复燃，包括安条克和耶路撒冷王国等，也都打出了拉丁帝国封臣的旗号。

而另一边，东罗马帝国的一些皇族也在帝国残存的领土上建立了几个割据政权，其中存在时间最长、影响最大的是尼西亚帝国。这个国家是由阿莱克修斯三世的另一个女婿提奥多雷以古城尼西亚为中心建立的，控制着从博斯普鲁斯海峡西岸一直到卡帕多西亚地区的领土。在伊庇鲁斯山区还有一个伊庇鲁斯王国，由杜卡斯王朝末代君主的远亲米哈伊尔建立。而在黑海的东南岸还有科穆宁王朝末代君主的远亲建立的特拉布宗帝国。

拉丁帝国虽然名为帝国，但其实是一个极为松散的西欧封建领主的联合体，帝国皇帝也是徒有虚名。它存在了57年，从诞生之日起就岌岌可危，内部各大封建领主各怀鬼胎，争权夺利，外部又有保加利亚、土耳其以及野心不死的东罗马帝国残余政权。1224年，塞萨洛尼基被伊庇鲁斯夺去；1225年，小亚细亚落入尼西亚帝国之手；1235年，首都君士坦丁堡甚至被保加利亚人占领。由此可见，所谓的拉丁帝国从来就不是一个稳定的政权。1261年，尼西亚帝国的皇帝米哈伊尔八世（1259—1282年在位）攻陷君士坦丁堡，拉丁帝国末代皇帝鲍德温二世（1228—1261年在位）逃往西欧。至此，拉丁帝国灭亡，东罗马帝国复国。

第四次十字军东征及此次东征的产物拉丁帝国对东罗马帝国的影响深远，虽然在56年以后东罗马人成功复国，但是西欧所谓的贵族骑士们已经彻底摧毁了东罗马帝国的物质基础和社会基础。贪婪的十字军骑士们将一个统一的帝国撕碎成大小不等的碎片，形成了大大小小的帝国、王国、公国、侯国等，又将西欧那一套封建制度移植而来，使东罗马帝国原来的社会基本结构不复存在，这也是复国以后的东罗马帝国长期处于一种无政府状态的主要原因，西欧人56年的分裂统治让东罗马帝国的统治者们再也无力重新建立一个统一的中央集权国家。

巴列奥略王朝和东罗马帝国的灭亡

米哈伊尔八世建立的巴列奥略王朝是东罗马帝国历史上的最后一个王朝，它存在了192年，是寿命最长却也最为衰弱的一个王朝。建立巴列奥略王朝的米哈伊尔八世是东罗马帝国晚期少见的杰出君主，他励精图治，一心想重振帝国雄风，但东罗马的衰落已是大势所趋，仅靠他一人已是无力回天。在外交上，他充分地发挥了东罗马人灵活多变、纵横捭阖的外交艺术，多次将拉丁帝国残余势力的反攻粉碎，让西欧人复辟的美梦破产，这也为他赢得了一个"万能的蜘蛛"的绰号。米哈伊尔八世在驱逐拉丁帝国的势力时曾获得热内亚人的支持，因此在 1267 年，他准许热内亚人定居在君士坦丁堡对岸的加拉太，并且让他们和威尼斯人一样，享有很多商业上的特权。

　　东罗马帝国虽然复国，但是领土比之前却大幅缩小，早已不是地跨三洲的大帝国了，只控制着尼西亚、君士坦丁堡附近的土地，还有部分色雷斯、马其顿地区，以及沿海的一部分岛屿，剩余土地则仍处于割据状态。米哈伊尔八世等统治者为了重振帝国（也有的是为了自己奢靡无度的生活）想方设法聚敛钱财，变本加厉地剥削底层百姓。因此，苦不堪言的人民多次发动起义，其中以1342—1349 年的吉洛特起义规模最大，这场持续 7 年的起义也表明了东罗马帝国当时的阶级矛盾已经到了不可调和的地步。除此之外，周边国家也对刚刚复国的东罗马帝国构成了巨大威胁，其中最主要的就是北方新兴的塞尔维亚和老对手奥斯曼帝国，其中后者也是东罗马帝国的最终灭亡者。1326 年，土耳其人占领了布尔萨，1331 年又占领了尼西亚，最终，土耳其人用 14 世纪的前半期占领了整个小亚细亚，而东罗马帝国的历任统治者们除了服输、割地、赔款以外，没有其他任何办法。

　　巴列奥略王朝后期，统治者内部争斗不断，其争夺王权之激烈甚至引发了内战。继承米哈伊尔八世皇位的是他 23 岁的儿子安德罗尼卡，称安德罗尼卡二世（1282—1328 年在位）。但他在位期间无所作为，反倒因为皇位继承问题在晚年和孙子安德罗尼卡展开了一场内战，最终祖父被孙子推翻，还被关进了修道院。继位的安德罗尼卡称安德罗尼卡三世（1328—1341 年在位），他死后，继位的是他年仅 9 岁的儿子约翰，称约翰五世（1341—1391 在位）。约翰五世在位期间，坎塔库尊的约翰在一些封建贵族的支持下决定和约翰五世争夺帝位，双方因此爆发了战争。在奥斯曼土耳其人的帮助下，坎塔库尊的约翰赢得了第一阶段的胜利。1347 年，他将自己的女儿嫁给约翰五世，自己也被加冕为共治皇帝，称约翰六世（1347—1354 年在位）。1351 年，已经成年的约翰五世挑起了这次内战的第二阶段，并最终于 1354 年推翻了约翰六世的统治，重新独掌帝国。至此，两个约翰的这次内战才宣告结束。

　　事实上，东罗马帝国晚期的内战都有一个特点，那就是战争的各方背后都

君士坦丁堡地图

有着国外势力的影子，他们当然也都是想趁这个机会在这个行将就木的帝国上分走一杯羹。两个约翰这次内战的一个后果就是，塞尔维亚趁机吞并了马其顿，而奥斯曼土耳其则顺利进入了欧洲，后者更是在随后的几十年间相继征服了塞尔维亚和保加利亚。

约翰五世执政后期又因为皇位继承问题打了一次内战。约翰五世原来计划由长子安德罗尼卡继承皇位，后来又改立次子曼努埃尔为皇位继承人。1376年，在热那亚人的支持下，被囚禁狱中的长子安德罗尼卡发动叛乱，推翻了父皇约翰五世的统治，自立为帝，是为安德罗尼卡四世。不过仅在3年后，在威尼斯人的支持下，约翰五世和曼努埃尔又卷土重来，约翰五世再次复位。1391年，曼努埃尔继位，是为曼努埃尔二世。之后，曼努埃尔二世的主要精力都放在如何对抗咄咄逼人的奥斯曼土耳其身上，他的办法就是到西欧各国游说，想让他们再次组织十字军，不过效果甚微，在土耳其军队的围攻下，东罗马帝国灭亡在即。

1402年，奥斯曼苏丹东征帖木儿帝国，大败被俘。奥斯曼土耳其由此在东方有了一个较为强大的对手牵制，暂无精力进攻东罗马，东罗马得以再次残喘50年。

曼努埃尔二世以后的东罗马皇帝们很类似，他们都想击退贪得无厌的入侵者，重振帝国雄风，又都把一部分希望寄托于西欧各国的援军身上，这显然是重聚自身力量失败之后的无奈之举。但无论他们多么呕心沥血、日夜操劳，也终究不能挽回大厦将倾之势。从 15 世纪中叶开始，奥斯曼土耳其又开始重新进攻东罗马帝国。1453 年 5 月 29 日，君士坦丁堡在奋勇抵抗了 50 多天以后最终陷落，东罗马帝国末代皇帝君士坦丁十一世（1449—1453 年在位）英勇战死，绵延千年的东罗马帝国至此彻底覆灭。

东罗马帝国的文化发展

提到中世纪欧洲的文化，就不能不提东罗马帝国。它的文化非常有特点，既保留了一部分希腊、罗马时代以及希腊化时代的文化传统，同时也做到了对埃及、西亚等古老文明的兼收并蓄，真正做到了丰富多彩。相对而言，东罗马帝国所取得的文化成就远在西欧各国之上，同时它也对东欧一些国家包括基辅罗斯、保加利亚和塞尔维亚等国都产生了深远影响。

但东罗马帝国的文化发展也有一定的阻碍，这个阻碍和西欧是一样的，那就是基督教。基督教作为东罗马帝国的国教，有着很高的地位，但又因为在东罗马帝国的历史上，教权的势力始终没有强大到超越世俗政权的地步，所以它对文化发展的束缚也不算特别强大，因此东罗马的文化总体上仍是不断向前发展的。

新柏拉图主义哲学是东罗马帝国时期主要的哲学发展流派，这是一种综合了斯多葛学派、伊壁鸠鲁学派、柏拉图及亚里士多德学说的哲学流派，代表人物是普洛科尔·迪亚尔赫，其代表作为《柏拉图神学》。普洛科尔·迪亚尔赫不仅是一位哲学家，还是一位数学家，曾经为欧几里得的《几何原本》作过注

拜占庭贵族藏书室

释。529 年，新柏拉图学派在雅典的学院被东罗马皇帝下令关闭，从此以后这个学派在组织上趋于瓦解。

东罗马帝国在历史学上也有很大的成就。当时盛行的历史作品可以分为两类，即仿古历史和编年史，比较著名的历史学家有普罗科匹厄斯（约 500—565 年），代表作是《查士丁尼战争史》。该书共 8 卷，记述了查士丁尼时代东罗马帝国征服汪达尔王国和东哥特王国的战争情况，以及东罗马帝国在东方对萨珊波斯的战争。普罗科匹厄斯因为常年在东罗马军事统帅贝利萨留身边任职，所以他对历史的了解比一般人更加直观、深入。普罗科匹厄斯的另一代表作《建筑》共 6 卷，记述了查士丁尼在全国各地兴建教堂、军事要塞、民用工程等各种建筑的情况，虽然有一定为皇帝歌功颂德的成分，但是也保存了相当多的地理、地形和财政方面的材料，颇具史料价值。他还著有《秘史》一书，这是一部很独特的著作，该书大概完成于 550 年东罗马帝国对西哥特的战争失利时期。普罗科匹厄斯在此书中抨击查士丁尼的专制统治，反对他的对外政策，较客观地描述了当时广大百姓在战争中所遭受的灾难，在一定程度上揭露了上层统治阶级的腐败和黑暗。此外，书中还揭露了不少帝王将相们不为人知的一面，比如大将贝利萨留及其妻安东尼娜的丑行。普罗科匹厄斯还是垂训史观的践行者，他非常重视历史的训育启迪作用，他的作品从风格和形式上都仿照古代史家尤其是修昔底德的作品，文笔清晰，叙事简练而又不失生动，不过在史料的选择上他却有过于轻信的缺点，在考证上有所缺憾。

11 世纪时，东罗马帝国还有一位女历史学家，即阿莱克修斯一世的女儿、公主安娜·科穆宁娜。阿莱克修斯一世去世以后，其子约翰二世继位，但是他的姐姐安娜公主却妄图篡夺皇位，失败以后被关入修道院。政治生命终结的安娜公主开始专心著史，也因此有了那部她父王的个人传记——《阿莱克修斯传》。《阿莱克修斯传》共 15 卷，主要记述的是 1069 年到 1118 年间的东罗马帝国历史，虽然其中也有一些为其父歌功颂德的因素，但仍不失为一部价值很高的史学著作。此外，当时不少王公大臣甚至包括皇帝都有撰写回忆录的习惯，这些回忆录也都成为后人研究东罗马帝国历史不可多得的珍贵材料。

东罗马帝国在地理学的研究上也达到了相当高的水平，其代表人物是 6 世纪的科斯马斯。科斯马斯是亚历山大城的商人、旅行家和地理学家，曾经在印度洋沿岸航行，著有《基督世界地志》，其中有最早的世界地图。科斯马斯是一位基督教徒，因此他在著作中一直显示出一位修士的神学观点，比如他认为地球并不是一个球体，而是一个长方形的平面；但同时，他的著作中也包含着

《亚历山大传奇》插图
《亚历山大传奇》中的一页插图。该书讲述的是亚历山大大帝的生平故事，在东罗马帝国晚期非常流行。

大量他作为一个商人、旅行家应有的实际知识。10世纪时，帝国皇帝君士坦丁七世也非常热衷于学术，他的著作《帝国行政论》《典仪论》等都具有很高的史料价值。

10世纪的东罗马帝国还出现了一些工具书，其中包括词典、对古典作品进行注释、赏析、评价的书籍，以及诗文选集等。1045年，君士坦丁堡大学成立，随即便成为了东欧著名的学术中心，对东西欧的文化交流起到了重要的作用。

东罗马帝国的艺术，包括在建筑、雕塑和绘画等方面都有其独特的风格，其中最杰出的代表当属君士坦丁堡的索菲亚大教堂。这座教堂最初修建于532年到537年间，当时的皇帝查士丁尼因为之前的教堂在尼卡起义中被毁，因此集全国之力重新修建了这座新教堂。索菲亚大教堂气势磅礴、富丽堂皇，主体结构是一座圆顶的长方形建筑，中央是一个高大的长方形殿堂，两侧是拱门和柱廊，墙上装饰有彩色玻璃镶嵌而成的壁画，光彩夺目。中殿上方是一个巨大的穹顶，高50米，坐在4个拱台支撑的4个拱门之上，中间还开有40个大窗户，可以让充足的阳光照射进来。穹顶的中央则是一个巨大的十字架，镶嵌在星空当中。索菲亚大教堂堪称东罗马建筑艺术的代表，对欧洲和西亚的艺术风格都产生了重要的影响，虽历经千年风雨，索菲亚大教堂现在还屹立在君士坦丁堡（今伊斯坦布尔）城内，使人们可以从这里依稀找到一些东罗马帝国当年的辉煌。

04

俄罗斯民族国家的兴起

俄罗斯民族起源于斯拉夫人，在民族国家开始形成之前，他们大致经历了基辅罗斯时期和蒙古入侵时期，直到 14 世纪初莫斯科公国兴起，俄罗斯民族国家才渐渐开始成形。

基辅罗斯时期

> 　　俄罗斯民族起源于斯拉夫人，这是一个相当古老的族群，不过他们建立国家却非常晚，直到9世纪中叶才形成第一个留里克王朝，还是由北方来的诺曼人建立的。882年，基辅罗斯公国才正式建国。

东斯拉夫人的早期历史

　　斯拉夫人和日耳曼人一样，是欧洲上古时期出现的人类群体，也可以被称为部族或者族群，但不是民族。斯拉夫人最早的家园大概是在喀尔巴阡山以北、维斯瓦河中上游以东和第聂伯河之间的地区，即东欧平原的西南部地区。后来他们不断向四周迁徙，渐渐地，北到波罗的海，南到黑海，西到易北河，东到顿河和伏尔加河上游的广大地区就都有了斯拉夫人的身影。

　　斯拉夫人在公元前的历史中没有留下什么文字记载，有关他们最早的文字记载出现在1世纪罗马作家塔西陀的著作当中，塔西陀将他们称为"维涅德人"。也是大约在1世纪，斯拉夫人逐渐形成了东、西两大支。在欧洲民族大迁徙中，斯拉夫人大批南下，进入了多瑙河流域和巴尔干半岛地区，并将当地的一部分居民同化。到了6—7世纪的时候，斯拉夫人又形成了一个支系——南斯拉夫人，当时的东罗马人和南斯拉夫人接触最多，就将他们称为"斯拉夫人"，而东斯拉夫人被称为"安特人"，西斯拉夫人则被称为"维涅德人"，不过渐渐地，斯拉夫人的称呼就成了三支斯拉夫民族的通称。

　　整个斯拉夫人分成三大系发展，其中的东斯拉夫人形成了今天的俄罗斯人、白俄罗斯人和乌克兰；西斯拉夫人形成了波兰人、捷克人、斯洛伐克人以及索布人；南斯拉夫人形成了今天的保加利亚人、塞尔维亚人、斯洛文尼亚人、克罗地亚人、黑山人和马其顿人。后来，马扎尔人向西迁徙进入匈牙利平原，将东、西斯拉夫人和南斯拉夫人分隔开来，三支斯拉夫人因此也就有了各自的发展道路。

大约在 5、6 世纪，东斯拉夫人从故乡普里佩亚特沼泽地迁徙到了广阔的东欧平原，根据罗斯最早的编年史《往年纪事》记载，当时的东斯拉夫人大约有 30 多个部落。6 世纪时，斯拉夫人还处于原始社会的公社阶段，东罗马历史学家普罗科匹厄斯的《查士丁尼战争史》一书中曾记载，"**安特人（即东斯拉夫人）不是由一人统治的，历来过着民主生活，所以跟他们的幸福有关的一切事情，不论好坏，都要提交人民讨论**"。很显然，从这份记载中可以看出，当时东斯拉夫人过的还是原始民主生活。到了 7—8 世纪，原始公社开始解体，东斯拉夫人逐渐过上了定居的生活，以地域为联系的农村公社开始取代以血缘为纽带的氏族公社。农村公社是原始社会向阶级社会过渡的中介，到了 8—9 世纪，东斯拉夫人的社会中已经出现了阶级对立，这一点从富人和穷人截然不同的住宅和坟墓中就可以看出来。

基辅罗斯的建立

在 8、9 世纪之交，东斯拉夫人的社会渐渐形成了若干个向阶级社会过渡的部落联盟，每个联盟通常都以设防城市为中心，其中比较大的有 2 个，分别是北方的诺夫哥罗德和南方第聂伯河中游的基辅。前面曾提到过，8 世纪到 11 世纪这 300 年被称为"维京时代"或者"北欧海盗时代"，因为来自斯堪的纳维亚半岛的诺曼人在这 300 年间对欧洲各国进行了大规模的侵袭骚扰活动，而地处东欧的东斯拉夫人很明显也受到了他们的影响。

诺曼人分为三支，即瑞典人、丹麦人和挪威人，其中向东欧扩张的是瑞典人，他们当时基本和东斯拉夫人处于一样的发展阶段，即原始社会解体和阶级社会形成时期。当时向东欧侵袭的瑞典人主要活动在 2 条商路上，一条是从波罗的海经第聂伯河连接黑海和君士坦丁堡的商路，另一条是经伏尔加河和保加尔汗国、可萨汗国进行贸易的商路。瑞典人由军事首领率领着亲兵组成武装商队，沿路征服土地、掠夺财产，将得来的毛皮、蜂蜜、奴隶等运到君士坦丁堡和东方市场上销售，以此换回他们需要的商品。当时的希腊人和东斯拉夫人将他们称为"瓦良格"。

瓦良格入侵东欧时，正是东斯拉夫人社会内部矛盾激化之时。当时因为阶

留里克雕像

级分化和众部落之间"血族复仇"等原因，各个部落、联盟之间经常发生内讧甚至是自相残杀，可以说是混乱不堪。当时在南方，游牧民族佩彻涅格人经常对东斯拉夫人发动袭击，因此东斯拉夫贵族经常向瓦良格的武装商队求助。据《往年纪事》记载，862 年，一支瓦良格的首领留里克成为了在诺夫哥罗德建立的罗斯公国的第一任王公。据说，留里克本是查理曼帝国的一个诸侯，在丹麦有一块自己的封地。留里克当上王公以后，当地的一些保守贵族表示反对，并发动了暴动，随即被留里克镇压。也是在这时，另一支瓦良格的首领阿斯科德和迪尔在南方的基辅也当上了王公，在那里建立了基辅国家。

879 年，留里克去世，其子伊戈尔年龄很小，于是由留里克的亲属奥列格摄政。882 年，奥列格南征基辅，在将阿斯科德和迪尔都杀死以后便占领了基辅，随后又将都城迁到了这里。此后一直到 911 年间，奥列格又征服了周围的东斯拉夫各公国以及一些非斯拉夫部落，逐渐形成了一个以东斯拉夫人为主体的国家，一般称为"基辅罗斯"。

关于"罗斯"这个词的来历现在还没有定论，目前主要有两种观点。一种观点认为，这个词是从芬兰人对北欧人的称呼"鲁茨人"（Ruotsi，意为北方人）演化而来，一部分"鲁茨人"南下征服了东斯拉夫人，因此东斯拉夫人也就成为了"罗斯人"；另一种观点主要来自苏联学者，他们认为"罗斯"一词来自第聂伯河中游的露斯河，斯拉夫人的一个部落波梁人居住在这里，因此被称为"罗斯人"。这两种说法都有一定道理，但现在还没有定论。

　　至于汉语中的称呼"俄罗斯"则与后来蒙古人对罗斯的统治有关。自清朝康熙时代我国刚开始和俄国打交道时，就出现了这个称呼，当时的写法是"斡罗斯"，这是从蒙古读音转译过来的。在俄语中，罗斯的写法是 русь，但蒙语中没有 Р（r）的读音，所以在前面加上了一个元音 о，读成 oros，音译成中文，就是"斡罗斯"。

留里克古城遗址
位于诺夫哥罗德的留里克遗址，一般认为是俄罗斯最古老的城池遗址。

皈依基督教

　　基辅罗斯建国之初仍不改瓦良格本色，对外征服和贸易是其两大基本政策。基辅罗斯的大公们对邻近地区进行武力征服，劫掠财产和奴隶，同时强迫当地居民称臣纳贡。每年冬初，大公都要率领亲兵到各地"索贡巡行"，挨家挨户索要贡物。但是基辅罗斯统治者的这种简单粗暴的统治方式也受到过挫折，伊戈尔大公（约 912—945 年在位）在德列夫利安部落企图争取双倍贡赋之时，激起了当地人民的反抗，他本人也因此被杀死在那里。当时基辅罗斯和东罗马帝国保持着密切的贸易关系，不过两者也发生过战争。907 年，奥列格率军进攻并击败了东罗马，双方在 911 年签订和约；后来在 941 年和 944 年，伊戈尔也 2 次进攻东罗马，双方又缔结了新的贸易和约。此外，基辅罗斯和东方邻国也有贸易往来，在伏尔加河流域的保加尔汗国和可萨汗国，都是基辅罗斯的贸易对象。

　　伊戈尔之子斯维亚托斯拉夫在位时期（约 945—972 年在位）仍然延续着

劫掠与征服的基本国策，即使当时的基辅罗斯已经建国百年。斯维亚托斯拉夫先是征服了东北的维亚提契人，又进攻了保加尔汗国和可萨汗国，后又进军北高加索，将通往东方的道路打通；最后，他又和东罗马帝国争夺保加利亚，但惨遭失败，最终在撤军回国的路上被佩彻涅格人偷袭身亡。

基辅罗斯在斯维亚托斯拉夫之子弗拉基米尔大公在位期间（980—1015 年在位）实现了基督教化，正式将基督教确立为国教。事实上，罗斯人被基督教影响的历史可以追溯到更早。罗斯人本信奉多神教，供奉着主神、战神、财神等一系列神祇。9 世纪中叶开始，一部分罗斯人接受了基督教；到了伊戈尔时期，基督教徒越来越多，944 年到君士坦丁堡和东罗马人签订和约的代表团中就有基督徒。957 年，女大公奥丽加（伊戈尔大公之妻，在伊戈尔死后摄政）在君士坦丁堡正式皈依了基督教。980 年，弗拉基米尔正式上台以后，和东罗马帝国和解并接受了基督教。987 年，弗拉基米尔大公应东罗马帝国皇帝巴西尔二世要求出兵镇压了小亚细亚的暴动，并娶巴西尔二世之妹安娜公主为妻。次年，弗拉基米尔大公正式宣布基督教为国教，并下令全体国民下河接受希腊神甫的洗礼，将原来的多神教神像扔进河里。

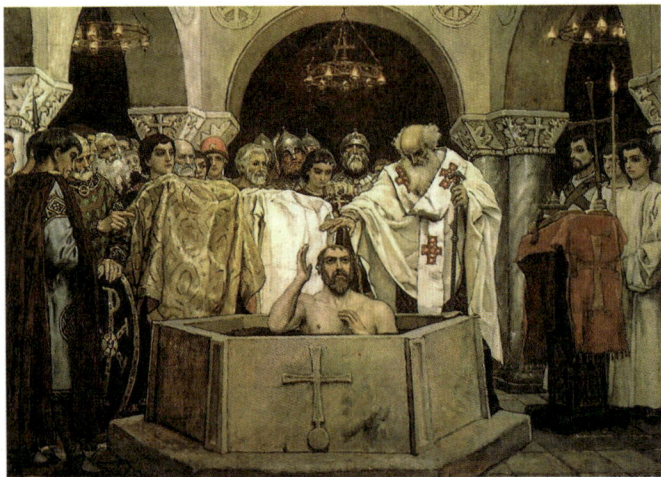

弗拉基米尔大公受洗

基辅罗斯的基督教化产生了深远的影响。首先，它促进了封建制的发展，巩固了大公的统治，同时也密切了基辅罗斯和东罗马帝国的关系，相对于文明高度发达的东罗马来说，当时的基辅罗斯是落后的，因此在双方密切的来往中，基辅罗斯的政治、经济、军事、文化等各方面都深受其影响，在吸收改造过程中，形成了独具特色的罗斯文化。西里尔字母就是其中一例。当时，东罗马传教士们在罗斯传教用的语言是一种在保加利亚－马其顿地区使用的斯拉夫方言，这种语言的字母是 862 年左右由东罗马传教士西里尔和美多德创造的，它是在希腊字母的基础上修改形成，被称为"西里尔字母"，现在的东斯拉夫人和南斯拉夫人仍在使用这套字母。

封建制度的确立和封建割据的结局

　　基辅罗斯的封建制度经历了上百年的历史，其最早期的封建关系即前述"索贡巡行"的形式，并没有包含采邑之类的臣属关系。10 世纪开始，随着生产力的发展，主要是铁犁的改进，农村的贫富分化开始加剧，很多农民因失去土地而破产沦为依附者，少数富户通过兼并土地而成为大地主。此外，王公贵族也开始在农村占有大量土地，建立庄园，奴役农民。在弗拉基米尔大公统治时期，基辅罗斯完成了基督教化，于是上层统治阶级又新增加了教会势力成员，

诺夫哥罗德圣索菲亚大教堂

印有雅罗斯拉夫大公的货币

他们占有大量土地，和王公贵族等一道争相兼并农民土地，基辅罗斯的封建土地所有制至此形成。到了雅罗斯拉夫大公在位期间（1019—1054 年在位），最终以立法——颁布《雅罗斯拉夫法典》的方式将封建土地所有制确立了下来。

弗拉基米尔大公和雅罗斯拉夫大公在位时期是基辅罗斯发展的鼎盛时期，不过随着封建制度的确立和阶级对立的形成，基辅罗斯的阶级矛盾也开始出现激化的苗头。人民群众开始以各种方式反抗大封建主的剥削。1024 年和 1071 年，苏兹达尔爆发了两次大规模的农民起义；在城市中也是一样，1068 年，基辅爆发的起义更是迫使伊兹雅斯拉夫大公逃亡波兰。诺夫哥罗德的阶级斗争在 12 世纪 30 年代则更加激烈。1136 年，诺夫哥罗德爆发起义，次年宣布脱离基辅罗斯，成为一个独立的封建共和国。

1054 年，雅罗斯拉夫大公去世，他的儿子们将国家一分为三：长子伊兹雅斯拉夫继承了大公的名号，控制着基辅和诺夫哥罗德；次子斯维亚托斯拉夫占有切尔尼戈夫地区；三子则占据着罗斯托夫、苏兹达尔和佩雷亚斯拉夫。名义上三人是共治关系，但其实各怀异心，基辅罗斯实际上已经解体，雅罗斯拉夫的子孙后代们开始了互相征伐、民不聊生的生活。

11、12 世纪之交，罗斯人开始面临东南方向的钦察人的入侵。钦察人是最早生活在中亚地区的一支游牧民族，又被称为"波洛伏齐人"，欧洲人又称他们为"库曼人"。他们大约在 11 世纪中叶渡过伏尔加河，进入南俄草原。当时的钦察人非常落后，处于原始社会和阶级社会的过渡阶段，但却悍勇尚武，以侵袭与劫掠为荣耀。大约从 11 世纪 60 年代起，钦察人开始进犯基辅罗斯。据史料记载，钦察人用箭射杀农民，夺走马匹，"*然后进入村中劫走他的妻室儿女和全部财产*"。还有一些诸侯为了和其他诸侯对抗，主动向钦察人靠拢。当时的佩雷亚斯拉夫公爵、弗谢沃洛德一世之子弗拉基米尔·莫诺马赫号召全罗斯团结起来，一致对外，因为他的领地地处南疆，钦察人入侵他首当其冲。1097年、1100年和1103年，在弗拉基米尔·莫诺马赫的牵头下，全罗斯的王公聚在一起召开了3次大会，会后又在弗拉基米尔·莫诺马赫的组织下罗斯人发动了几次对钦察人的远征，暂时消除了外来敌人的威胁。

1113年，基辅大公斯维亚托波尔克二世·伊贾斯拉维奇去世，当地民众爆发了起义，迫于形势的基辅贵族们商定邀请弗拉基米尔·莫诺马赫继任基辅大公。他在位期间（1113—1125年在位）除了镇压起义、缓和阶级矛盾、巩固统治以外，还曾致力于恢复基辅罗斯的重新统一，但是最终没有实现。在其子穆斯季斯拉夫二世（1125—1132年在位）死后，基辅罗斯彻底封建割据化，国内形成了12个相对独立的诸侯国。

基辅罗斯文化

基辅罗斯的文化是在东斯拉夫人文化的基础上，吸收瓦良格文化和东罗马文化的一些特点之后形成的，极其基辅罗斯特色。

基辅罗斯基督教化以后，大约在10世纪时统一了字母系统，11世纪时开始出现一些宗教宣传作品和政论作品，前者的代表作是基辅总主教伊拉里昂的《论教规和神恩》，后者则有弗拉基米尔·莫诺马赫的《训子篇》。此外，《往年纪事》是基辅罗斯时期最重要的史学作品，也是基辅罗斯流传下来的最早的编年史。其作者一般认为是基辅佩切尔斯克修道院的修士涅斯托尔，他根据东罗马编年史、斯拉夫人历史著述、某些罗斯编年史手稿、王公贵族档案以及民间传说等，记述了从传说时代到1110年间的罗斯历史，具有很高的史料价值。同时，《往年纪事》还是一部优秀的文学作品，文笔简练、流畅优美。

12世纪末成书的《伊戈尔远征记》则是一部英雄史诗，它记述的是诺夫哥罗德－塞维尔斯克王公伊戈尔·斯维亚托斯拉维奇一次远征失败的故事。当时的基辅罗斯正处于封建割据、互相攻伐的时代，作者借用伊戈尔战败的悲惨遭遇谴责封建内讧，主张团结起来一致对外，全书洋溢着浓厚的爱国主义思想。

　　基辅罗斯的发展史上还有一件大事，那就是《罗斯法典》的编成。《罗斯法典》又译《罗斯真理》，是在东斯拉夫人习惯法的基础上，结合罗斯历代王宫颁布的法令和法院判例编成的法律汇编，大约在11—12世纪编成。其编纂的目的是维护、巩固封建所有制，因此它较为全面地展现了当时罗斯封建关系发展的过程，是研究基辅罗斯历史的珍贵资料。

　　在建筑风格上，基辅罗斯也深受东罗马的影响。在10世纪以前，基辅罗斯的建筑都是木结构，10世纪到11世纪开始出现砖石结构的建筑物。基督教传入以后，不少希腊建筑师来到基辅罗斯，在这里修建了不少教堂和宫殿，其中最杰出的当属基辅的圣索菲亚大教堂。圣索菲亚大教堂兴建于1037年，宏伟壮丽，堪称东罗马艺术和基辅罗斯艺术相结合的杰出代表。

弗拉基米尔城圣母升天大教堂
建于12世纪下半叶，是俄罗斯现存最古老的教堂之一。

莫斯科公国

　　基辅罗斯自 1054 年以后陷入了近 300 年的分裂，直到 14 世纪初莫斯科公国兴起，才重新统一了基辅罗斯，而莫斯科公园也正是后来沙皇俄国的前身。

分裂的三百年

　　从 1054 年雅罗斯拉夫大公死后，基辅罗斯就陷入了分裂状态，且这种状态一直持续了近 300 年。内部的分裂割据给了外敌入侵的好机会，首先入侵的就是前面提到过的钦察人，直到 12 世纪初在弗拉基米尔·莫诺马赫的号召下，全罗斯各诸侯暂时联合起来和钦察人作战，才缓解了其入侵势头。

　　13 世纪崛起的蒙古帝国对罗斯也产生了巨大的消极影响。12 世纪初，蒙古建国以后随即向周围扩张，并通过 2 次西征征服了罗斯。第一次西征由成吉思汗在 1219 年亲自发动，先征服了中亚的花剌子模国，随后经高加索进入黑海北岸草原，又击败了钦察人和罗斯诸侯联军。后来，蒙古军队在伏尔加河畔的保加尔人处失利，遂撤军返回蒙古。1236 年，蒙古帝国发动第二次西征，先是征了保加尔人，次年又入侵罗斯，先后占领了东北部的梁赞、弗拉基米尔、苏兹达尔、雅罗斯拉夫、特维尔和莫斯科等城，1240 年攻陷基辅，随后继续向西进攻中欧诸国，直至 1243 年回师伏尔加河下游，在这里建立了以萨莱为都城的金帐汗国（又称"钦察汗国"）。至此，东北罗斯和西南罗斯都臣服于蒙古人的统治之下。西部罗斯（后来发展为白俄罗斯）则长期在立陶宛人的统治之下，西南罗斯后来也被波兰人征服，也正是外来势力的入侵导致了罗斯人的不同发展历史。

　　除了蒙古人以外，在东北方向入侵的还有来自德意志的骑士团和瑞典的封建主。骑士团是德意志的一种宗教性的封建军事组织，经常打着传播宗教的旗号入侵其他国家。1204 年，在罗马教皇英诺森三世的支持下，在波罗的海东岸成立了宝剑骑士团，因其所穿的白色斗篷上绘有红色的宝剑和十字而得名。1226 年至 1285 年，条顿骑士团占领了普鲁士。1237 年，在苏勒战役之后，条顿骑士团和宝剑骑士团合并，宝剑骑士团更名为利沃尼亚骑士团。1240 年，条顿骑士团伙同瑞典封建主入侵罗斯，登陆涅瓦河，占领了普斯科夫城。此时的诺夫哥罗德大公亚历山大·雅罗斯拉维奇率军迎战，在涅瓦河畔大败入侵之敌，亚历山大也因此获得了"涅夫斯基"（涅瓦河英雄）的尊号。1242 年，亚历山大再次在楚德湖和条顿骑士团展开了著名的"冰上之战"，又一次大败骑士团。从此以后，骑士团被逐出罗斯，再也不敢东侵。

　　击退了条顿骑士团和瑞典封建主入侵的亚历山大，对待蒙古统治者则采取了合作的对策，因为他认为，此时反抗蒙古是毫无胜算的，而臣服蒙古却可以使包括诺夫哥罗德在内的罗斯土地免遭战火侵袭，所以他主动向蒙古侵略者表示臣服。

　　事实上，金帐汗国对罗斯的统治是一种间接的统治。建国之初的金帐汗国名义上是在蒙古大汗的统治之下，但实际上却是一个独立的封建国家，领土十分辽阔。金帐汗国对罗斯的间接统治是通过控制当地诸侯王公的手段实现的，通过他们来控制、压榨罗斯人民。金帐汗规定，罗斯各路王公诸侯都必须要到首都萨莱朝觐，接受册封。名义上是册封，其实是一种政治审查，验证其是否忠于金帐汗，金帐汗也用册封、人质、拉拢甚至是杀害等一系列手段在各王公诸侯之间挑拨离间，让他们始终处于一种分裂的状态。在这种统治之下，有的人受宠，有的人被杀，有的人扩大了领地，有的人则丢失了领地。1238 年，弗拉基米尔－苏兹达尔王公雅罗斯拉夫二世·弗谢沃洛多维奇继任弗拉基米尔大公，当时的金帐汉王拔都很赏识他，要其他诸侯都服从于他。当时的"弗拉基米尔大公"不仅仅是一个荣誉称号，还拥有相当大的权力和土地，他兼有诺夫哥罗德和普斯科夫公爵的权力，还控制着弗拉基米尔、佩雷亚斯拉夫、科斯特罗马、下诺夫哥罗德和戈罗杰茨，因此这是一个非常诱人的位置，众多诸侯王公都对其垂涎三尺，这也就给了蒙古人牢牢控制他们的机会。1246 年，雅罗斯拉夫大公因为卷进一场蒙古大汗和金帐汗之间的权力斗争而被毒死，随后，其子亚历山大·雅罗斯拉维奇继任弗拉基米尔大公，也就是那位号称"涅夫斯基"的击退条顿骑士团的英雄人物。

蒙古人洗劫苏兹达尔
描绘了公元 1238 年蒙古人洗劫苏兹达尔的场景。

　　从 1257 年开始，蒙古统治者开始在罗斯推行"八思哈"制度，加强对罗斯的控制。"八思哈"是突厥语镇守官的意思，"八思哈"制度即在对当地进行户口和土地清查的基础上，在当地设立十户长、百户长、千户长和万户长，且这些官职全部由蒙古军官担任，负责征收贡赋和监督当地居民。与此同时，蒙古统治者对东正教会相对宽容，并不对其进行干预，还给予大主教一定的特权，将教会作为一种统治的工具。13 世纪末，金帐汗将征税的任务下放给罗斯王公。14 世纪初，"八思哈"制度被废除。

　　蒙古人对罗斯的统治对罗斯的历史发展产生了深远的影响。蒙古人在此长达两个半世纪的统治中，罗斯人完全和西方欧洲相隔绝，无论是政治、军事还是文化、生活方面，都不可避免地被打上了蒙古人的烙印。此外，当时罗斯周边的国际环境也比较复杂，在西方有波兰、立陶宛、瑞典、德意志等政治实体，而蒙古人的统治中心又偏向东方，对西部鞭长莫及，因此西部的罗斯和境外的政治势力形成了复杂的关系，比如西部罗斯常年为立陶宛和波兰所统治，这也是东斯拉夫的 3 个分支——白俄罗斯、乌克兰和俄罗斯分化发展的主要原因之一。

莫斯科公国崛起

罗斯境内诸多诸侯中最终崛起了一个国家，它统一了罗斯，并驱逐了已经衰败的蒙古人势力，这个国家就是莫斯科公国。

莫斯科最早是罗斯托夫－苏兹达尔公国的一个偏僻小乡村，原是基辅大公雅罗斯拉夫在1054年封给他的儿子弗谢沃洛德的。1147年，弗谢沃洛德的孙子"长手"尤里在这里会见了他的盟友切尔尼戈夫王公，《编年史》中提到了这件事，这也是莫斯科第一次在历史中被提到，因此，1147年也被视为莫斯科的建城之年。莫斯科土地肥沃，扼守奥卡河、伏尔加河商业要道，水陆交通便利，商业发达，有充足的税源；同时，这里位于东北罗斯的中心地带，周围有许多小公国，不易受到外来敌人，如蒙古人或条顿骑士团的直接入侵，相对安定，而且在蒙古入侵时很多人都从南部逃到这里避难，因此这里的人口增长也很迅速，有利于经济发展。这些都是莫斯科公国能够兴起并最终统一罗斯的有利条件。不过，从建城算起的一个半世纪以来，这里都没有太大的发展，直到13世纪末，莫斯科正式从弗拉基米尔－苏兹达尔公国里分裂出来。

莫斯科公国在14世纪初开始崛起，而它的崛起正是借助了蒙古统治者的力量。1304年，特维尔公国的大公米哈伊尔·雅罗斯拉维奇被蒙古人选为弗拉基米尔大公，权势不断扩张。当时在位的金帐汗是乌兹别克汗，他继续奉行蒙古统治者治理罗斯的一贯手段：分化、瓦解、离间罗斯诸侯之间的关系，这次他选择来和米哈伊尔抗衡的王公就是当时的莫斯科大公尤里·达尼洛维奇。

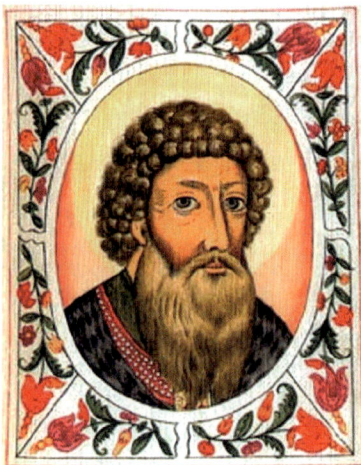

莫斯科大公伊凡一世画像

于是，莫斯科大公和特维尔大公开始相互倾轧，两人随后相继被杀。继位的莫斯科大公伊凡一世（1325—1340 年在位）诡计多端，他不惜用大笔金钱讨好蒙古统治者，以此来获取他们的信任。1327 年，特维尔公国爆发反对蒙古统治的起义，伊凡一世自告奋勇前往镇压，紧接着他又镇压了诺夫哥罗德的贫民起义，也因此得到了金帐汗的信任，次年他便被册封为"弗拉基米尔及全罗斯大公"。莫斯科公国正式开始崛起。

　　和弗拉基米尔大公的头衔一起来的还有大片的领地，包括弗拉基米尔、佩雷亚斯拉夫、科斯特罗马、尼什哥罗德、戈罗杰茨等，后来伊凡一世又用购买、兼并等各种手段将乌格里奇、加里奇和白湖等地都归于自己名下。伊凡一世利用自己的地位大肆敛财，国家的赋税也经常被他截留，因此他也得到了一个"卡利达"（意为钱袋）的绰号。伊凡一世还将全俄东正教大主教驻节地迁到了莫斯科，莫斯科也由此成为罗斯的宗教中心和首都。

　　伊凡一世之子谢苗一世（1340—1353 年在位）在位时，莫斯科公国的领土再一次扩大，尤里耶夫等小公国被陆续吞并。不过，此时的金帐汗已经意识到了正在崛起的莫斯科公国是一个新的威胁，于是他们故技重施，在 1341 年将尼什哥罗德和戈罗杰茨从弗拉基米尔大公国分离出来，并将这两个地区与苏兹达尔合并，建立一个新的苏兹达尔－尼什哥罗德公国。1359 年，伊凡二世（1353—1359 年在位）去世，金帐汗便将弗拉基米尔大公的头衔给了苏兹达尔－尼什哥罗德公国的大公德米特里·康斯坦丁诺维奇。但此时金帐汗国的内讧给了莫斯科公国扭转局面的机会。1362 年，在莫斯科总主教的策划下，莫斯科公国用重金贿买新上台的大汗，重新夺回了大公的称号。

漫长的统一过程

　　和莫斯科公国的崛起正相反，金帐汗国正走向衰落。1360 年至 1380 年的 20 年间，各大蒙古贵族王公为了争夺汗位而互相残杀，20 年间汗位易手数十次，甚至仅在 1361 年就换了六七个金帐汗。中央政权的衰落和对国内割据势力的无力控制，都为莫斯科公国脱离蒙古人的统治提供了机会。

　　1359 年，新的莫斯科大公德米特里继位后，在总主教阿列克塞的辅佐下推行了一系列积极的政策，不断发展经济，增强自身实力。德米特里坚持对外扩张，并通过刚柔并济的手段先后制服了苏兹达尔－尼什哥罗德公国、梁赞公国、特维尔公国，还打败了立陶宛。此时，暂时平息了内乱、重新掌握政权的金帐汗决心征服莫斯科公国。1378 年，金帐汗国派大军进攻莫斯科公国，却在奥卡河支流沃扎河畔遭到惨败。2 年后，金帐汗国卷土重来，这次他们不仅征调大军，还和立陶宛结了盟。德米特里则联合罗斯各路诸侯共 15 万大军迎击蒙古军队。1380 年 9 月 8 日，在顿河以西的库里科沃平原一战，罗斯军队大获全胜，这次胜利也是罗斯人在摆脱蒙古统治道路上一次具有里程碑意义的胜利。因此，指挥这场战役的德米特里也获得了"顿斯科伊"（意为顿河英雄）的称号。

不过，此后莫斯科的崛起之路和罗斯人的独立之路却又受到了暂时的挫折。金帐汗国为罗斯人所败，引发内讧，此后掌权的脱脱迷失汗要求莫斯科公国臣服，遭到拒绝后，他便在 1382 年出兵进攻并打败了德米特里，重新恢复了蒙古对罗斯的统治。1384 年，蒙古人重新对罗斯征收贡税，一直到 15 年后废除。

德米特里之子瓦西里一世（1389—1425 年在位）和瓦西里一世之子瓦西里二世（1425—1462 年在位）在位期间，莫斯科公国的发展相比前面的几任统治者来说，进展不是很大。瓦西里一世吞并了尼什哥罗德大公国和诺夫哥罗

圣三位一体
创作于 15 世纪初期的俄罗斯著名画家安德烈·鲁布烈夫的代表作。现存于莫斯科特列季亚科夫画廊。

德公国的一部分地区，对外又占领了保加尔汗国及其附近地区。而瓦西里二世在位的前 20 年，莫斯科公国则爆发了争夺最高权力的斗争，瓦西里二世被敌人挖掉了双眼，得到一个"失明大公"的称号，但获得了最后胜利的他在稳定下来后又重新开始了一度中断的罗斯国家中央集权化进程，进一步控制了诺夫哥罗德。

莫斯科中央集权国家的形成是在伊凡三世（1462—1505 年在位）和瓦西里三世（1505—1533 年在位）统治时期基本完成的。1462 年，伊凡三世占领了雅罗斯拉夫尔公国；1474 年，吞并了罗斯托夫公国；通过 1471 年和 1477 年的 2 次战争，伊凡三世又彻底将诺夫哥罗德吞并；1485 年，又吞并了特维尔，此时的东北罗斯基本已被莫斯科公国统一，莫斯科大公正式称"全罗斯大公"。

此时的莫斯科公国还有一个主要的对手，那就是统治他们 200 多年的金帐汗。金帐汗国在 15 世纪已经分裂，此时在顿河和伏尔加河之间的是汗国本部，为吉什特钦察汗（即大帐汗）所占据。1430 年，在黑海的北岸还形成了一个克里米亚汗国。伊凡三世继承了前任统治者们对付金帐汗的方法，又和克里米亚汗联合，试图摆脱蒙古人的统治。1472 年，大帐汗试图进攻莫斯科，但因为伊凡三世的严阵以待只能撤军而回。1480 年，大帐汗再次进攻莫斯科，这次他和立陶宛大公卡齐米日四世联合，但立陶宛盟军却因为被克里米亚牵制住而无法赶来，久候援军不至的大帐汗因为天寒地冻粮草中断，以及后方克里米亚的偷袭，不得不在当年 11 月狼狈撤退。伊凡三世不战而胜，这也标志着蒙古贵族统治罗斯的历史至此结束，莫斯科公国此时已基本成为一个独立统一的中央集权国家。

当时，西方的邻国立陶宛大公国也是莫斯科公国对外扩张的一个障碍，因为他们当时正占据着西南罗斯的土地。伊凡三世分别在 1487—1494 年、1500—1503 年对立陶宛大公国发动了 2 次战争，先后夺取了维亚兹马公国、奥卡河上游地区和德斯纳河流域的广阔土地。但伊凡三世的目光远不止如此，他是俄国历史上第一个试图在北方寻找出海口的人，因此波罗的海沿岸的利沃尼亚骑士团就成了他的目标。1500 年，莫斯科大公国在尤利耶夫城附近击败骑士团，3 年后，双方签订和约，规定尤利耶夫领地和德尔普特主教区向莫斯科纳贡。

除此之外，伊凡三世在内政方面也建树颇多。他在 1472 年迎娶了东罗马末代皇帝君士坦丁十一世的侄女索菲亚·巴列奥略为后，从此便以东罗马的合法继承人自居，同时又将东罗马皇室的双头鹰徽记作为自己的徽记，莫斯科也因此有了"第三罗马"之称。伊凡三世还把过去独立的、现在被征服的各路诸侯、王公都降为居官的世袭领主，然后由其派出代表组成咨议机关"杜马"。1497 年，伊凡三世颁布了第一部全国统一的法典，从法律上确立了封建主的特权，比如限制农民的迁徙自由，农民只能在每年秋后的尤里节（俄历 11 月26 日）前后一周的时间内，在租金都交完的前提下，才能离开主人外出。

罗斯的统一大业最终在伊凡三世之子瓦西里三世统治时期完成。1510 年，莫斯科大公国吞并了普斯科夫；1514 年，又从立陶宛手中夺走了斯摩棱斯克；1521 年，莫斯科大公国又吞并了梁赞。至此，东北罗斯和西北罗斯的统一最终完成。

"雷帝"伊凡四世

1533 年，瓦西里三世去世，其 3 岁的儿子伊凡继位，是为伊凡四世（1533—1584 年在位），这就是俄国历史上著名的"雷帝"。当时俄国宫廷内部斗争激烈，因为伊凡年幼，便由其母叶琳娜摄政。1538 年，叶琳娜意外去世（有传言说是被毒杀。可以想见，幼小的伊凡就是在这种尔虞我诈、血腥残杀的环境中长大）。1547 年，伊凡四世正式加冕，自称"沙皇"，意为皇帝，是从古罗马帝国的"恺撒"音译而来。同年，莫斯科爆发反对大贵族统治的起义，伊凡四世一面镇压起义，一面开始推行各项改革政策，其目的就是削弱大贵族的势力，巩固王权。

伊凡四世

有军功的中小贵族是伊凡四世统治和推行改革时主要依靠的阶级，那些占有大量封地的大贵族们则是被打击的对象，因为他们多是封建王公诸侯的后代，不希望看到皇权强大。1549 年，俄国召开第一次缙绅会议，参加的有大贵族、高级教士、封地贵族代表等，讨论改革和编纂新法典是其主要内容。1550 年，新法典颁布，主要是把一些已经取得的中央集权化成果以法律的形式确定下来，比如限制总督权力、废除大贵族的司法权等，总体思路就是削弱大贵族的权势，同时提高中小贵族的地位。同样目的的改革也在军队中推行。比如 1556 年颁布的兵役法规，将封建家兵变为替沙皇服役的军队，同时还规定每 150 俄亩的土地必须提供全副武装的骑兵一名，这一措施让沙皇骑兵军队的人数大增，也削弱了贵族们的武装势力。

1565 年，伊凡四世又推行了新政策——特辖制，目标是收回仍掌握在大贵族手中的大片领地。所谓特辖制，就是将全国的土地分为特辖区和领主辖区两部分，前者由沙皇直接管辖，包括了全国所有土地富饶、商业发达、具有军事意义的地方；领主辖区则由领主杜马管辖。原来大贵族的世袭领地被划进特辖区的要被收回，再以分给他们遥远的普通区土地作为交换。这样的政策激起了相当多的贵族反抗，为了镇压他们的反抗，伊凡四世又从中小贵族中挑选亲信组成一支对沙皇绝对效忠的特辖军，这支军队最初有 1000 人，后来扩充到 6000 人。当时，特辖军以扫荡叛乱的名义到处烧杀抢掠，导致全国上下都笼罩在恐怖的气氛中。罗斯托夫王公、斯塔利斯基王公、莫斯科总主教等一大批贵族也由此被杀，株连甚广。1570 年，恐怖浪潮达到了极点。伊凡四世亲率特辖军对诺夫哥罗德进行了长达一个半月的血腥讨伐，据说每天都有一两千人被杀，其中不只有贵族，还有商人、市民和农民，一座繁华的商业城市顿时变成了死城。1572 年，反对派贵族已经基本被消灭一空，同时特辖制也不得人心，为了笼络民心，伊凡四世又宣布废除特辖制。通常认为，这一制度摧毁了大贵族们赖以生存的世袭领地，沉重打击了大贵族的割据势力，巩固了俄国的中央集权制度。但同时，这一制度也造成了人口锐减、土地荒芜，使得经济遭到严重破坏。

对外，伊凡四世还在大规模地扩大版图。在东方，金帐汗国已经分裂成数个汗国，其中位于伏尔加河中下游的喀山汗国和阿斯特拉罕汗国土地肥沃、物产丰富、交通便利，成为伊凡四世扩张的首要目标。1552 年夏，伊凡四世亲率 15 万大军进攻喀山，虽遭到喀山人民的奋勇抵抗，但最终伊凡四世还是攻陷了喀山。1556 年，伊凡四世又彻底吞并了阿斯特拉罕汗国，随后伏尔加河

死者面具

这是出土于西伯利亚南部叶尼塞河沿岸哈卡斯共和国的一件女性死者面具，是南西伯利亚早期铁器时代文化的代表作之一。现存于圣彼得堡艾尔米塔什博物馆。

熊铜匾

这是创作于 600 年左右的一个小动物铜匾，上面描绘的是一只小熊，出土于俄罗斯彼尔姆边疆区。在当时，该铜匾的主要作用应该是作为护身符。现存于圣彼得堡艾尔米塔什博物馆。

以东的诺盖汗国（这时已分裂）和巴什基尔人的聚居地区也相继被伊凡四世吞并。这样一来，俄国的版图大大扩展，此时伏尔加河中下游和乌拉尔山东部的广大地区都并入了其版图之中。1555 年，西伯利亚汗国向俄国称臣，伊凡四世随后自称"全西伯利亚皇帝"。随着版图的扩大，伊凡四世统治的国家也从一个斯拉夫人的国家变成了多民族国家，境内除了斯拉夫人，还有鞑靼人、马里人、楚瓦什人、乌德穆尔特人、巴什基尔人、摩尔多瓦人等，正如列宁所说，俄国"专制制度的全部历史，就是一部不断掠夺各地方、各区域、各民族土地的历史"。

利沃尼亚战争和30年动荡期

对东方节节胜利的征服，使伊凡四世又想到了为莫斯科大公国夺取出海口的问题。在东南方，克里米亚汗国控制着黑海北岸，而克里米亚汗国的背后是正在鼎盛期的奥斯曼土耳其帝国，因此目前在这里寻求出海口行不通。所以伊凡四世在南方采取防守政策，将目光又转回了北方的波罗的海沿岸，目标直指利沃尼亚。

利沃尼亚即现在的爱沙尼亚和拉脱维亚的大部分地区，这里地处芬兰湾南岸，地理位置十分重要，当时的利沃尼亚名义上属于骑士团统治，实际则处于割据状态。1558 年 1 月，伊凡四世借口利沃尼亚骑士团与立陶宛结盟反对俄国，出兵 4 万入侵利沃尼亚，随即占领了纳尔瓦、多尔帕特（今塔尔图）等战略要地，几乎占领了利沃尼亚的整个东部地区，利沃尼亚战争正式爆发。初期战败的利沃尼亚骑士团向波兰求援，俄国的强大此时也引起了周边国家的警惕，周边国家遂纷纷介入。1560 年，俄军攻入利沃尼亚中部以后，波兰、立陶宛、丹麦、瑞典等国先后出兵进入利沃尼亚，瑞典占领了爱斯特兰（今爱沙尼亚北部），丹麦控制了厄塞尔岛，其余部分则被波兰、立陶宛控制。此时，俄国入侵利沃尼亚的战争已经正式演变为俄国对波兰、丹麦、瑞典和立陶宛的战争。

面对此时的战争形势，伊凡四世决定先与瑞典和丹麦言和，集中力量对付立陶宛。1562 年，伊凡四世率军 8 万从南方攻入立陶宛，占领了军事重镇波洛茨克，威胁其首都维尔纽斯，不过到了 1564 年，俄军却在乌拉河畔和奥尔沙战役中相继失败。这时，伊凡四世又后院起火——他宠信的军事统帅库尔布斯基公爵叛逃立陶宛，这一事件也成为伊凡四世推行特辖制的直接原因，此时的沙皇对贵族势力的尾大不掉已经无法容忍。到了 16 世纪 60 年代末，国际形势对伊凡四世越来越不利——瑞典新国王不再奉行与俄友好政策；1569 年，波兰和立陶宛合并为“波兰－立陶宛王国”；1576 年，波兰新国王斯特凡·巴托里和瑞典、土耳其、克里米亚汗国结成反俄同盟，率军展开反攻——1579 年收复波洛茨克，1580 年占领战略要地大卢基，1581 年又将普斯科夫包围，此时的俄国境内俨然形成了一条“波兰走廊”。在北方战场，瑞典军队也接连占领了纳尔瓦、科列拉，并进军卡累利阿。到了 1581 年末，瑞典几乎控制了芬兰湾南岸的所有出海口。1582 年，俄国不得不与波兰和瑞典分别媾和，利沃尼亚的大部分地区划归波兰，纳尔瓦和芬兰湾的全部海岸则归瑞典。最终，多线作战的俄国并没有实现打通波罗的海出海口的目的。

伊凡四世死后，俄国在随后的 30 年时间里又陷入了混乱。这期间，贵族争权夺利，外敌趁机入侵，人民起义不断，还有天灾雪上加霜。1584 年，伊凡四世之子费奥多尔继位，这是一个弱智无能的君主，大权随即落到外戚鲍里斯·戈东诺夫手中。1598 年，费奥多尔去世，留里克王朝绝嗣，戈东诺夫被推举为沙皇（1598—1605 年在位）。1601 年，俄国境内发生大灾荒，民不聊生，饿殍遍野，阶级矛盾不断激化，外国势力开始介入。1604 年，波兰扶持傀儡

《伊凡雷帝杀子》油画
由俄罗斯画家列宾创作。
1581 年伊凡四世在暴怒中
失手杀死了继承人伊凡太
子，他的屠杀终于在无法挽
回的内疚中画上了句号。

"伪季米特里"（此人冒充伊凡四世的幼子、已经去世的季米特里）率军杀回俄国，推翻了戈东诺夫家族的统治，并于 1605 年加冕沙皇。不过，伪季米特里随后就露出了波兰侵略者的真面目，最终他只当了不到 1 年的沙皇就被人民起义推翻了。随后，大贵族们拥立王公后裔瓦西里·舒伊斯基为沙皇（1606—1610 年在位）。

经过数年天灾人祸的俄国在 1606 年又爆发了一次大规模的农民起义，即波洛特尼科夫起义。其领导者伊凡·波洛特尼科夫出身奴隶，他的起义队伍一度发展到 10 万人。1606 年底，起义军进攻莫斯科失败；1607 年，波洛特尼科夫被诱捕，起义宣告失败。与此同时，不甘心失败的波兰侵略者又扶持了一个伪季米特里二世，并率军杀入俄国，于 1608 年兵临莫斯科城下。当时的沙皇舒伊斯基别无他法，只能勾结瑞典对付波兰入侵者，就这样，俄国成了瑞典、波兰等各股势力的战场。1610 年，波兰军队大败俄国瑞典联军，沙皇舒伊斯基被贵族们发动政变推翻，贵族们随即和波兰达成协议：扶持波兰王子为沙皇，条件是俄国大贵族们现有的特权地位不变。紧接着，大贵族们就打开了莫斯科城门，迎波兰侵略者入城。1611 年，波兰又占领了斯摩棱斯克，瑞典占领了诺夫哥罗德，俄国面临亡国的危险。

此时，俄国各地掀起了反对外国入侵者的武装斗争。1612 年 10 月，起义军光复莫斯科，波兰侵略军投降。1613 年 2 月，大贵族、伊凡四世的妻侄孙米哈伊尔·费奥多罗维奇·罗曼诺夫被推举为沙皇。至此，俄国开始了罗曼诺夫王朝的统治，历经 30 年的动荡期终于告一段落。

05

东欧其他封建国家的建立

除了基辅罗斯及后来的莫斯科大公国外，中世纪的东欧土地上还出现了一些国家，他们大多是由斯拉夫人的分支建立，或者以斯拉夫人为主体又融合了一些别的民族成分，这其中较有影响力的国家有保加利亚、波兰和捷克。

第一、第二保加利亚王国

保加利亚这个名字来源于最早形成这个国家的两大民族之一的保加尔人，虽然他们后来为斯拉夫人所同化，保加利亚也成为了斯拉夫国家，不过保加利亚这个名字还是沿用了下来。

保加利亚的早期历史和第一保加利亚王国的建立

保加利亚的历史基本发生在多瑙河流域的麦西亚地区，在公元初期，这里成为了罗马帝国治下的一个行省。最初，这里的居民是色雷斯人，但后来主导这里历史的却是保加尔人和斯拉夫人。

保加尔人是中亚突厥部落的一支，大约在 370 年，他们和西迁的匈奴人一起迁徙到了伏尔加河西部的草原。他们曾一度被匈奴征服，后加入匈奴部落的联盟中，与其一同征战。后来，保加尔人又分为几支，其中的一支大约在 460 年迁徙到亚速海的东部和北部地区，他们经常联合黑海西岸的斯拉夫人一起进犯东罗马帝国。从 6 世纪 60 年代起，这支保加尔人开始为来自亚洲的阿瓦尔人所威胁，不得不求援于东罗马帝国，也正因如此，东欧的历史文献上才有了最早的关于保加尔人和阿瓦尔人的记载。大约在 7 世纪上半叶，这支保加尔人在首领库布拉特的统治下开始强大起来，建立了一个统一的保加尔汗国，东罗马人将其称为"大保加利亚"。不过这个国家在库布拉特死后就陷入了分裂，保加尔人的部落因此又开始迁徙，大部分部落向西迁徙到了潘诺尼亚，最远的可达意大利；还有一支北上，定居在伏尔加河的支流卡马河流域，他们在那里又建立了一个保加尔汗国，被称为"伏尔加保加尔汗国"，一直存在到 13 世纪被蒙古人灭亡。

保加利亚人与东罗马帝国军队的战争场景

　　还有一支保加尔人在库布拉特三子阿斯巴鲁赫的率领下，南下渡过多瑙河，在东罗马帝国东部的多布罗加一带定居。为了对抗共同的敌人东罗马，保加尔人和当地的斯拉夫人建立了联盟。斯拉夫人是在 6 世纪上半叶时从东欧平原迁徙到的巴尔干半岛，大约在 7 世纪时，在麦西亚地区（今保加利亚东北部）7 个斯拉夫部落组成了"七部落联盟"，并逐渐向国家组织发展。保加尔人迁徙到这里以后和他们联手对抗东罗马。679 年，他们在阿斯巴鲁赫的指挥下击败东罗马帝 国，占据了多瑙河和巴尔干山脉之间的土地，并且和北方已有的土地连了起来。681 年，东罗马和保加尔人、斯拉夫联盟签订和约，承认其为独立国家。同年，阿斯巴鲁赫继汗位，定都普利斯卡，这就是保加利亚历史上的第一保加利亚王国（681—1018 年）。

　　因为保加尔人人数较少，发展水平也较低，所以在和斯拉夫人的长期生活中被同化，逐渐从游牧生活转向定居，语言上也开始使用斯拉夫语言，虽然在名字上他们还是"保加利亚"，但实际上已经是一个斯拉夫化的国家了。

克鲁姆和西蒙统治时期

　　第一保加利亚王国建国之初便开始了封建化的进程。当时的居民大部分是农村公社中的自由农民，不过已经开始出现了比较明显的阶级分化，保加利亚贵族和斯拉夫贵族们任意侵占村社土地，掠夺奴隶。8 世纪时，阿斯巴鲁赫的继承者特尔维尔可汗在位期间曾向外扩张，吞并了色雷斯东部的一部分领土，这也是第一保加利亚王国的第一次领土扩张。8 世纪中后期，保加利亚出现了内乱，大贵族们为了争夺权力而展开了斗争，长达数十年。东罗马曾趁保加利亚发生内乱之机出兵入侵，不过并没有达到灭亡这个新生国家的目的。777 年，卡尔达姆继承汗位，内乱得以平息，在之后的对外战争中保加利亚也击退了东罗马的入侵。

马达拉骑士浮雕
保加利亚的著名古代浮雕，世界文化与自然遗产之一。

第一保加利亚王国在克鲁姆在位期间（803—814 年）国势最为强盛。克鲁姆大公在内政方面顺应社会政治经济发展的需要，巩固保加尔贵族和斯拉夫贵族的联合，还颁布了一部法典，用法律的形式将已经建立的封建制度确立下来。在对外方面，克鲁姆大公于 805 年击败阿瓦尔人，占领了萨蒂河与德涅斯特河之间原来阿瓦尔人的土地；809 年，克鲁姆夺取了东罗马的北方重镇萨尔迪卡（即今保加利亚首都索菲亚），保加利亚和东罗马的战争再次开始。同年，东罗马皇帝尼基弗鲁斯组织反攻。811 年，保加利亚首都普利斯卡失陷，随后被东罗马人焚为焦土。然而，大肆洗劫一番的东罗马军队却在撤军途中遭到克鲁姆伏击，尼基弗鲁斯阵亡。随后，保加利亚乘胜追击，入侵色雷斯东部，占领了亚得里亚堡等一批城镇，紧接着又围攻东罗马首都君士坦丁堡，不过克鲁姆却在 814 年突然去世（可能是阵亡），这使得保加利亚人的势头被遏制了。克鲁姆对东罗马的连战连胜使得保加利亚王国在巴尔干半岛强势崛起，版图大为扩大，不仅包括了今保加利亚的大部分地区，还包括今罗马尼亚和匈牙利的一部分。

可惜的是，克鲁姆的继承人没能继续保持保加利亚对东罗马的强势进攻。

在克鲁姆之子奥莫尔塔格在位时期（814—831 年），东罗马击败保加利亚，收回了亚得里亚堡和麦森布里亚等重镇。817 年，双方签订了 30 年和约，保加利亚退出东罗马北部地区，但其在色雷斯占领的土地获得承认。之后，东罗马在色雷斯的边境上大肆修筑军事堡垒，以防保加利亚进攻。

在西北方向，保加利亚对神圣罗马帝国的战争也取得了一定的成果，使这个方向上的版图也扩张了不少，比如德拉瓦河流域的土地就被纳入了保加利亚王国的版图。另外，保加利亚还在原来的首都普利斯卡的西南方修建了新都普雷斯拉夫。此后，保加利亚的扩张方向就转向了西北方向的克罗地亚、潘诺尼亚和塞尔维亚等地。在普列西安（836—852 年在位）统治期间，保加利亚又趁东罗马正和小亚细亚的阿拉伯人作战而无暇顾及的机会，吞并了马其顿的整个中部地区和南部部分地区。当时这里虽然属于东罗马，但也有不少斯拉夫部落居住在这里，不满于东罗马统治的他们对同为斯拉夫人的保加利亚本身就有一定的归属感。就这样，在 9 世纪前半叶的对外扩张中，保加利亚的版图扩大不少，但同时国内的斯拉夫人大增，又进一步强化了保加尔人被同化的趋势。到了鲍里斯一世在位期间（852—889 年在位），他宣布希腊正教为保加利亚国教，这遭到了一些大贵族的反对，甚至引发了叛乱，但是都被镇压了下去。接受基督教对保加利亚产生了两大主要影响：一是当时以希腊正教为正统的东罗马对保加利亚的影响大大加强；二是在一个共同宗教信仰的影响下，保加尔人和斯拉夫人的融合最终完成，保加利亚民族得以形成。

9 世纪是保加利亚封建关系迅速发展并最终确立的时期。在这期间，保加利亚的王公贵族和教会势力占有大量土地，同时大量农民失去土地，因此，封建贵族和农民之间、新旧贵族之间矛盾重重，而这种冲突又往往披上了一层宗教斗争的色彩。到了 10 世纪初期，保加利亚的封建制度最终形成，同时在西蒙一世（893—927 年在位）在位时期又迎来了一个强盛期。

西蒙一世是鲍里斯一世之子，从小就在东罗马帝国首都君士坦丁堡做人质。在这期间，他接受了希腊式的文化教育，这对他后来的执政也产生了很大的影响。西蒙一世继位以后，秉承着文化上对希腊罗马文化兼容并包、政治上却将东罗马作为斗争对象的政策。他继位的第 2 年就挑起了和东罗马的斗争，并击败了东罗马皇帝利奥六世。利奥六世随后就和保加利亚北面的普鲁特河流域的马扎尔人结盟，企图南北夹击保加利亚。然而，西蒙一世却击败了妄图进攻比萨拉比亚的马扎尔人，利奥六世阴谋破产，最终不得不在 897 年和西蒙一世媾和，宣布东罗马向保加利亚纳贡。

西蒙一世像

912 年，利奥六世去世，其弟亚历山大夺走了侄儿君士坦丁的皇位，但他在第 2 年就去世了。之后，7 岁的君士坦丁继位为帝，称君士坦丁七世。东罗马的皇权斗争给了西蒙一世可乘之机，他便在 913 年自称罗马人皇帝，进军君士坦丁堡，企图夺取皇位。此时，惊慌失措的东罗马帝国内部出现分歧，摄政王尼古拉斯向西蒙一世承诺让小皇帝娶西蒙之女为后，以联姻换取保加利亚退兵。但是，很多人认为这样的行为是出卖国家，于是发动政变，取消了原来的联姻计划。

西蒙一世因此恼羞成怒，再次对东罗马用兵，接连占领了马其顿、色萨利和阿尔巴尼亚等地，并在 917 年的安基阿卢斯战役中重创东罗马军队，深入东罗马腹地。这时，东罗马又成功策动了保加利亚后方的佩切涅格人入侵瓦拉几亚，导致西蒙一世腹背受敌，但这次保加利亚人没能速战速决，战争旷日持久。

919 年，东罗马内部发生了宫廷政变，海军司令罗曼努斯当上了共治皇帝。此后 5 年间，西蒙一世多次进攻东罗马，其中 4 次深入赫勒斯滂海峡和君士坦丁堡城下，但都因为没有海军力量而功亏一篑。924 年，西蒙一世和罗曼努斯达成和约。次年，西蒙一世摒弃了原来的可汗称号，自称"保加利亚和罗马人的沙皇"。对此，东罗马虽然抗议，但是西蒙一世却获得了罗马教皇的承认。924 年，西蒙一世灭亡了和东罗马结盟的塞尔维亚。就这样，西蒙一世统治下的保加利亚版图扩展到了塞尔维亚的大部分、阿尔巴尼亚、马其顿和色雷斯的一部分，是保加利亚王国建立以来的最大面积。

第一保加利亚王国的灭亡

不过，保加利亚的强大非常短暂，其称雄巴尔干半岛的日子在西蒙一世去世以后走到了尽头。继位的彼得一世（927—969 年在位）没有其父的雄才大略，又赶上了国家的内忧外患。当时在保加利亚确立封建制度以后，地方封建势力逐渐加强，在强势的君主如西蒙一世统治时，分离倾向还不明显，但是彼得一世不够强势，所以贵族之间内讧不断，分裂割据趋势越来越明显。同时，打着基督教鲍格米勒派旗帜的农民起义也是此起彼伏，令统治者头疼不已。

鲍格米勒派是基督教的一个异端教派，它的发源地就在保加利亚。鲍格米勒一词是古斯拉夫语"上帝所爱者"的意思，这个教派大约在 10 世纪上半叶起源于保加利亚，11 世纪初传播到塞尔维亚和东罗马。该教派主张二元论，认为上帝有两个儿子，一个是耶稣，一个是撒旦，分别是善和恶的代表，天国和人的灵魂是善的根源，尘世和人的肉体则是恶的根源，这两种本源相互斗争，最终将是善战胜恶。鲍格米勒派反对希腊正教的教阶制和偶像崇拜，反对各种繁文缛节的宗教仪式、礼仪，反对奢华享乐的生活方式，主张禁欲主义，反对教会占有财产，主张没收和分配教会财产，恢复早期基督教公社的普遍平等。许多鲍格米勒派的信徒积极参与到当地反封建、反压迫的斗争中去，他们的主张得到了饱受压迫的贫苦农民的普遍支持，这也使得当时农民们的反封建、反压迫斗争带上了一层宗教色彩。可以说，所谓的鲍格米勒派运动就是披着宗教外衣的人民反封建压迫运动。保加利亚的统治阶级对此如临大敌，宣布其为异端，并进行血腥镇压。12—13 世纪，鲍格米勒派的思想传播到了意大利北部和法国南部，对当地的反封建斗争也产生了一定影响。

当时的保加利亚除了内忧，还有外患。马扎尔人和佩切涅格人不断入侵，前者更是在彼得一世在位期间夺走了保加利亚多瑙河以北的土地。此外，东罗马的威胁更大。彼得一世一度通过联姻政策与东罗马保持和平，好分神应对内部的分裂割据和外部游牧民族的入侵。不过，东罗马和东北方向的罗斯却一心要灭掉保加利亚。967 年，基辅大公斯维亚托斯拉夫和东罗马皇帝尼基弗鲁斯二世达成协议，共同进攻保加利亚。紧接着，罗斯人入侵保加利亚，保加利亚皇帝彼得一世则策动佩切涅格人在 968 年进攻罗斯首都基辅，导致罗斯人不得不暂时回军对付佩切涅格人。969 年，解决了后顾之忧的罗斯人卷土重来，攻陷了保加利亚首都普雷斯拉夫，又将新继位的皇帝鲍里斯二世俘虏，保加利亚大片土地落入罗斯人之手。

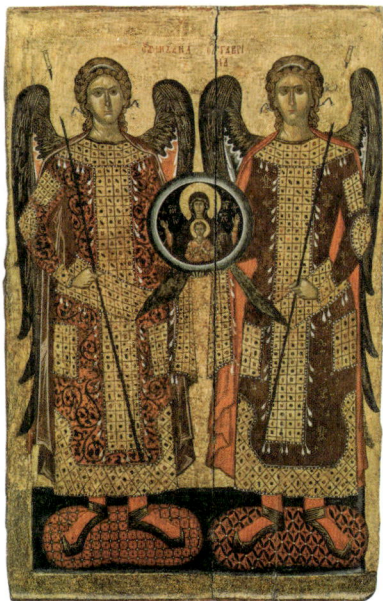

大天使集会
这幅创作于 14 世纪中期的圣像画描绘的是并肩
而立的大天使米迦勒和加百列，中间的圆形圣像
则为圣母玛利亚与幼年基督。现存于保加利亚国
家美术馆。

　　不过，罗斯的想法并不仅仅是永远占据保加利亚，他同时还对南方的东罗
马帝国垂涎三尺，因此基辅大公胁迫被俘的保皇鲍里斯二世签订条约，结成联
盟，共同对付东罗马帝国。而此时的东罗马皇帝尼基弗鲁斯二世也迅速调整对
策，和保加利亚人媾和，使之敌人又变成了罗斯人。970 年，留莱布尔尬兹一
战，东罗马击败罗斯人。

　　971 年，新即位的东罗马皇帝约翰一世率领海陆大军再次和罗斯人作战，
他先是占领并摧毁了保加利亚首都普雷斯拉夫，又将斯维亚托斯拉夫包围在了
多罗斯托隆，迫使其求和。最终，双方缔结和约，罗斯放弃保加利亚，撤军回
国。就这样，保加利亚在多瑙河流域的土地全部落到了东罗马手中，保加利亚
皇帝鲍里斯二世被迫退位，保加利亚王国实际上在此时就已经灭亡了。

　　不过，此时的保加利亚领土还并没有完全落到东罗马手中，其西部的半壁
江山仍然保持着独立。976 年，保加利亚贵族在这里重建保加利亚王国，一般
称其为"西保加利亚王国"，最初定都普雷斯帕，后来迁至奥赫里德。保加利
亚人以此为中心逐渐向外扩张，后来又在对东罗马的战争中取得了一连串的胜
利，到 10 世纪末，西保加利亚王国的领土又重新扩张到了色萨利、都拉斯等地，
大有重振当年保加利亚王国的强盛之势。此时的东罗马帝国虽然被西保加利亚
王国夺回去一些土地，但是未伤筋骨，且在巴西尔二世的统治下又恢复了元气。

从 996 年开始，巴西尔二世连年对保加利亚用兵。1014 年，克雷西昂一战，保加利亚大败，此战也宣告了保加利亚王国灭亡的命运。4 年后，保加利亚全境被东罗马占领。至此，从 681 年开始的第一保加利亚王国彻底终结。

第二保加利亚王国的兴亡

第一保加利亚王国灭亡之后，东罗马统治这里长达近 170 年，在此期间，东罗马统治者横征暴敛，残酷压榨，还强制推行同化政策。事实上，除了东罗马的统治者之外，保加利亚人民还经常受到外来民族的侵袭，像佩切涅格人等外敌就经常入侵，其所到之处，洗劫一空。另外，1096 年和 1147 年的 2 次十次军东征也都经过这里，来自西欧的十字军骑士视巴尔干人为异教徒，常常大肆屠杀，蹂躏当地居民。因此，保加利亚人民反对压迫、争取独立的斗争从来没有间断过，鲍格米勒派在此斗争过程中也发挥了重大作用。

到 12 世纪末，东罗马帝国也陷入了内忧外患，这给了保加利亚争取独立的机会。1185 年，在保加利亚东北部的第诺伐爆发了由贵族伊凡·阿森和彼得·阿森兄弟领导的起义，起义军击败了当地的东罗马驻军，建立了政权。很快，起义军的势力就扩展到了保加利亚的其他地区，随后又翻过巴尔干山，转战色雷斯，击败了东罗马皇帝伊萨克二世，迫使其在 1187 年和起义军缔结和约，承认保加利亚的独立。至此，第二保加利亚王国诞生，定都普雷斯拉夫，后来又迁到了第诺伐。

第二保加利亚王国的首位君主是伊凡·阿森（1187—1196 年在位），他在位期间继续从东罗马手中夺取原来的保加利亚土地，不仅成功收复了整个索菲亚地区，还在色雷斯和马其顿数次击败东罗马军队。其弟卡洛扬在位时（1197—1207 年在位），又收复了瓦尔纳和在色雷斯的领土。1201 年，无力抵挡保加利亚攻势的东罗马皇帝阿莱克修斯三世被迫求和，就这样，整个保加利亚北部和马其顿大部分地区，以及黑海沿岸的一些地区都获得了解放。卡洛扬还和当时的教皇英诺森三世搞好了关系，双方为了对付共同的对手东罗马帝国而一拍即合。

保加利亚人复国，而当年灭亡保加利亚的东罗马帝国却很快被灭国，原因是一次皇位争夺造成的引狼入室。1204 年，君士坦丁堡在第 4 次十字军东征的铁骑下沦陷，十字军骑士们在东罗马的土地上建立了所谓的"拉丁帝国"，同时东罗马的残余势力也建立了尼西亚帝国等一些割据政权和十字军对抗。此时的卡洛扬试图同新邻居拉丁帝国保持友好关系，但是傲慢的骑士们却对保加利亚提出了领土要求，也因此引爆了双方的战争。1205 年 4 月，亚得里亚堡一战，卡洛扬率军大败拉丁帝国军队，甚至将拉丁帝国皇帝鲍德温一世俘虏。随后，卡洛扬进军马其顿，但却在进攻塞萨洛尼基时被保加利亚贵族所害。此后的 11 年间，第二保加利亚王国陷入混乱，对外战争几无胜绩，直到 1218 年伊凡·阿森二世（1218—1241 年在位）继位。

伊凡·阿森二世在位的前几年形势较为安定和平，并无战事，这给了他稳定国内局势、巩固中央王权的时间。随后，重新强大起来的保加利亚击败了拉丁帝国，占领了马其顿、色雷斯和阿尔巴尼亚北部，此时的保加利亚疆土已经扩展到了三海，即黑海、爱琴海和亚得里亚海之滨，成为巴尔干半岛上首屈一指的强国。

1241 年，伊凡·阿森二世去世，第二保加利亚王国开始衰落。此时的保加利亚，内有贵族争权夺利不断，封建割据势头再一次加强，外有强敌入侵。1242 年，蒙古统帅拔都劫掠保加利亚，虽然没有长期停留，但是此后蒙古人却经常进犯。伊凡·阿森二世之后的几个皇帝在位时间都不长，1277 年，保加利亚北部爆发了由伊瓦依洛领导的农民起义，起义军矛头直指封建贵族和蒙古侵略者。当时的皇帝康斯坦丁·阿森（1257—1277 年在位）派兵镇压失败，自己也因兵败身死。随后，伊瓦依洛被拥立为王，次年进驻首都第诺伐。这时，一些封建贵族混进起义队伍，在他们的怂恿下，伊瓦依洛和被诛国王的遗孀玛丽亚结婚，这直接导致了起义军分化。之后，大部分贵族开始勾结东罗马和蒙古，反攻起义军。1280 年，起义军最终失败，伊瓦依洛逃出保加利亚以后为蒙古人所杀。

长期的内战以及蒙古等外敌的入侵，使得保加利亚虚弱不堪，再次陷入了封建割据的混乱状态，外国势力也趁机介入，甚至干脆自己当上了保加利亚皇帝。只有在泰奥多尔·斯维托斯拉夫·捷尔捷尔在位期间（1300—1321 年在位）情况稍有好转，当时的保加利亚对外曾击败东罗马，收回了巴尔干山和斯特兰贾山之间的土地。他死后，保加利亚国势更衰，1330 年时更是被东方崛起的塞尔维亚击败，沦为其属国。1355 年，塞尔维亚王国解体，保加利亚获得短暂独立，但 10 年后又分裂成了 3 个公国。这时奥斯曼土耳其帝国已经兴起，保加利亚成为了他们征服的目标。1371 年，保加利亚、塞尔维亚等国联军在马里乍河被奥斯曼土耳其击败。1382 年，索菲亚沦陷；1393 年，第诺伐沦陷；1396 年，保加利亚全境沦陷，第二保加利亚王国灭亡。

波兰

波兰人和捷克人、斯洛伐克人等同属于西斯拉夫人，"波兰"这个名字因中世纪早期居住在大波兰地区的波兰部落而得名，也正是这个部落后来统一了全国，建立了波兰国家。

皮亚斯特王朝

波兰人自古以来就居住在东欧平原西部、波罗的海和喀尔巴阡山之间，可以说，东起布格河和维普日河，西到奥得河之间的土地都有波兰人生活。

从6世纪开始到10世纪，波兰人的原始公社开始解体，国家开始形成。波兰地区没有经历过发达的奴隶制过程，基本上是从部落联盟直接向封建国家过渡。9世纪左右，以设防城市为中心，波兰地区先后出现了一些小国家，在小波兰地区（今波兰东南部地区）是维斯拉公国，在大波兰地区（今波兰中西部地区）是波兰公国，前者在9世纪70年代被大摩拉维亚公国所灭亡，后者则形成了古波兰国的核心。波兰公国的发祥地在瓦尔塔河中游，传说创立这个国家的人是皮亚斯特大公，因此波兰第一个封建王朝便以此命名。到了皮亚斯特王朝第四代统治者梅什科一世在位时，波兰地区开始走向统一。

梅什科一世是第一个载入史册的波兰大公，据说他曾率领3000名亲兵征服了约30个部落公国，结束了波兰地区的混乱局面，建立了一个统一的政权。当时西方的德意志封建主们一心想要侵占东边斯拉夫人的土地，而以梅什科一世为代表的皮亚斯特王朝统治者正在进行波兰的国家统一，这使得二者的矛盾不可避免。因此，此后的几百年间，波兰和德意志的关系成为波兰对外关系的一个主要问题。梅什科一世在位时，逐步巩固和扩大了国家的版图，到他统治

皮亚斯特王朝第一位载入史册的
波兰大公梅什科一世

末期，西里西亚、马佐夫舍、波莫瑞和维斯瓦河流域等地区都被纳入了波兰版图，波兰也正式成为斯拉夫国家中的一个大国。

966 年，梅什科一世接受了基督教洗礼，又下令全国臣民皈依，这使得德意志人再也不能打着传播基督教的旗号侵略波兰。同时，梅什科一世还引进了拉丁文和封建等级制度，这些措施都促进了波兰的封建化进程和文化的发展。到了梅什科一世之子、波列斯瓦夫一世（992—1025 年在位）统治时期，波兰又兼并了克拉科夫地区，至此，波兰的国家统一初步完成，波列斯瓦夫一世对德意志的战争也获得了胜利。1025 年，波列斯瓦夫一世由教皇加冕，正式成为波兰国王。此后，波兰的封建化进一步发展，以国王为首的王公贵族开始强占公社和自由农民的土地，形成封建庄园，而那些亲兵、官僚和教会势力也获得了土地，成为了封建地主。

耕种封建主土地的是依附农民，他们大多是原来的自由农民，还有一部分是战俘。当时波兰农民的负担非常沉重，各种苛捐杂税、徭役名目繁多，阶级矛盾非常尖锐，直到 1037 年，这种矛盾终于激化，一场声势浩大的农民起义爆发了。事实上，自波列斯瓦夫一世死后，波兰国王的统治便不稳定。波列斯瓦夫一世之子梅什科二世（1025—1031 年、1032—1034 年在位）在位时曾被推翻，虽 1 年后又复位，但波兰的一些土地却先后被德意志、丹麦以及匈牙利等外敌夺走。1034 年继位的梅什科二世之子卡齐米日一世（1034—1058 年在位）在 1037 年更是被波兰贵族逐出波兰，逃往萨克森，当时又恰逢农民起义爆发，起义者们"举行暴动，反对主教和神职人员，有的被剑刺死，有的被乱

石砸死"。此外，捷克大公布热季斯拉夫又趁火打劫，在 1038 年入侵波兰，占据了大片领地。当时不愿意看到捷克过于强大的德意志皇帝亨利三世于是出兵，帮助波兰贵族镇压了这次农民起义，又扶持卡齐米日一世回国复位，皮亚斯特王朝恢复。不过，虽然捷克入侵者被逐出了波兰，但他们还是占领了西里西亚。

卡西米尔一世及其以后的几任波兰国王都在和封建分裂势力作斗争。卡西米尔一世重登王位时，他能控制的只有小波兰地区和大波兰地区，直到 1047 年，他收回马佐夫舍；随后又收复了波莫瑞；1054 年，他又在亨利三世的干预下用重金赎回了西里西亚。就这样，波兰在他手中重获统一。卡西米尔一世之子波列斯瓦夫二世（1058—1079 年在位）却无法对抗分裂的趋势。1079 年，他被大封建主发动的叛乱推翻，被迫逃亡匈牙利。之后，其弟瓦迪斯拉夫被拥立为王（1079—1102 年在位），分裂割据势力进一步发展。1098 年，波兰全国分裂成三部分，瓦迪斯拉夫和其两个儿子兹比格涅夫、波列斯瓦夫各占一部分。瓦迪斯拉夫死后，其子波列斯瓦夫（1102—1138 年在位，绰号"歪嘴"，称波列斯瓦夫三世）为统一波兰做了最后一次努力。1106 年，波列斯瓦夫三世和坚持分裂的兄长兹比格涅夫发生冲突，随后，他动用武力先后占领了大波兰和马佐夫舍，兹比格涅夫逃去了德意志。1109 年，德皇亨利五世出兵干涉波兰内政，入侵西里西亚，但被波列斯瓦夫三世击退。之后，波列斯瓦夫三世在 1119 年和 1124 年先后征服了东波莫瑞和西波莫瑞，波兰暂时统一。

波列斯瓦夫三世

分裂的两百年

统一只是暂时的，波兰还是无法达到之前强大时的局面，波列斯瓦夫三世在临去世前也不得不向封建割据的现实低头。1138 年，波列斯瓦夫三世立下遗嘱，将波兰土地分给了他的 4 个儿子，其长子弗拉迪斯拉夫二世除了获得一部分土地外，还继承了大公的称号、大公的大公封邑，以及名义上的全国最高统治权。不过，这个统治权真的只是名义上的。波列斯拉夫三世去世没多久，他的几个儿子就爆发了内战，之后，长子弗拉迪斯拉夫二世被逐出波兰，他的 3 个弟弟开始轮流担任大公。

波兰也正是从这时开始，正式进入封建割据时代，且这一分裂长达 2 个世纪。

在这 200 年中，虽然波兰大公拥有名义上的最高统治权，但实际上各地的大封建主都有特恩权、免税权，他们在自己的封地上也有行政权和司法权，因此形成了一个个小的独立王国。与此同时，外族乘虚而入，其中的主力军就是来自西方的德意志人。从 12 世纪中叶到 14 世纪中叶，大批德意志人移民波兰，他们通过各种方式：有的是武装入侵，当时德意志封建主正推行东进政策，一心要将斯拉夫人的土地日耳曼化，分裂的波兰正好给了他们机会；也有的是被和平招募迁徙而来的。其中前者多是封建贵族、骑士，后者多是手工业者和农民。到了 14 世纪中叶，波兰克拉科夫的城市贵族中近八成都是德国人，甚至很多城市的行政权和审判权也都掌握在德国人手中，这些外国人享有自治权，且不受当地法律约束，这对波兰的民族经济发展以及市民阶级的壮大是一个巨大的障碍，而这两项又都是一个强大的王权所必需的支柱，如此波兰分裂长达200 年也就不足为奇。

当时，在波兰的东北部、维斯瓦河下游和尼曼河之间定居着普鲁士人，他们属于波罗的海民族，信奉多神教。从 12 世纪起，波兰的马佐夫舍王公就一心想要征服他们。当时的普鲁士人还处在阶级形成和早期封建国家形成的初期，统一的国家组织还没有出现，但是英勇善战的他们还是先后击退了 1222 年和1223 年 2 次波兰人的入侵，并成功发动反击，不断进攻马佐夫舍和东波莫瑞地区。无力抵抗的波兰王公转而向条顿骑士团求援，并许诺将赫翁诺地区作为报酬。1233 年，条顿骑士团开始对普鲁士人展开军事行动。尽管普鲁士人进行了英勇抵抗，但是到 1285 年左右，他们还是被骑士团彻底征服了，而骑士团也由此得以在这片土地上建立一个新的强大政权。从此，在波兰的北方就出现了一个雄心勃勃的国家，他们不仅对波兰构成威胁，对立陶宛、罗斯等周边国家也都产生了严重威胁。

此外，当时在波兰西部也有一个德意志诸侯——勃兰登堡公国正在崛起，他们也趁着波兰混乱内战之际不断蚕食波兰领土。当时波兰的累格尼察王公为了打击自己的对手而向德意志马格德堡大主教求援，并许诺将位于奥得河中游和瓦尔塔河中游的卢布什地区的一半作为报酬。1253 年，马格德堡大主教又将这块土地转给了勃兰登堡公国，勃兰登堡公国不久就将整个卢布什收入囊中。就这样，在波兰的领土大波兰和西波莫瑞中间插进来一个德意志人的"楔子"，这也就成为德意志人进一步入侵波兰的跳板。

从 1241 年起，入侵欧洲的蒙古大军也曾 3 次进攻波兰，所到之处皆化为废墟，不过因为当地人民的英勇反抗，蒙古人始终没能在波兰建立统治。

瓦迪斯瓦夫一世

随着封建经济的发展，分裂日久的波兰开始出现一股结束分裂、寻求统一的趋势。首先对统一异常向往的是市民阶级，毕竟一个统一的全国政权、一个安定的国家是发展经济的必要条件。但是，当时波兰大多数城市的主导权都由德意志人把持着，他们不希望波兰统一，毕竟只有分裂的波兰才最符合他们的利益；骑士等中小贵族阶层是另一股支持统一的主要力量，他们被大封建主、大贵族压迫已久，同时也常受外来敌人入侵，因此迫切需要一个强大的王权；教会势力也站在支持统一的一方，因为分裂割据意味着内战频繁，而主教的威信会在内战当中不断降低，同时内战不断也导致封建领主之间的界线变动频繁，所以教会的土地会经常被划到不同的领地当中，不仅不方便管理，教会的收入也常常得不到保障；此外，在频繁内战、外患中饱受摧残的农民阶层在统一过程中也发挥了重要的作用。

重新实现波兰统一的是库亚维亚王公瓦迪斯瓦夫·罗凯提克（绰号"矮子"）。1291 年，捷克国王瓦茨拉夫二世入侵波兰，占据了大片土地；1300 年，他加冕成为波兰国王。1305 年，瓦茨拉夫二世去世，其子继位，是为瓦茨拉夫三世，不过 1 年以后他就在征讨瓦迪斯瓦夫的战争中遇刺身亡了。之后，瓦迪斯瓦夫以维斯利查城为根据地，先是占领了波兰的"心脏"克拉科夫，平定了德意志贵族的叛乱，又巩固了其在小波兰的统治。1314 年，瓦迪斯瓦夫又

瓦迪斯瓦夫一世画像

出兵镇压了控制大波兰地区的贵族们勾结德意志贵族发动的叛乱，进而控制了大波兰。就这样，波兰的两个主要部分大、小波兰皆被瓦迪斯瓦夫控制，这也为波兰的统一奠定了基础。

1320 年 1 月，瓦迪斯瓦夫加冕成为波兰国王，称"全波兰的王公"，又称"瓦迪斯瓦夫一世"。之后，为了对抗利沃尼亚骑士团、捷克等敌人，瓦迪斯瓦夫一世开始选择和匈牙利、立陶宛结成同盟。瓦迪斯瓦夫一世之子卡齐米日三世（1333—1370 年在位，因其身材魁梧，被称为"伟大的卡齐米日"）继承了他父亲的事业。卡齐米日三世先是用外交谈判的手段改善了波兰与捷克和骑士团的关系，又以 2 万格罗什（捷克货币）换取捷克国王永久放弃对波兰王位的要求。1339 年，卡齐米日三世同匈牙利国王订约，如他死后无嗣，王位将由匈牙利的安茹家族继承，而匈牙利也要继续帮助波兰抵御骑士团的侵略。与此同时，卡齐米日三世开始向波兰东南方向的西南罗斯扩张。1340 年，他趁西南罗斯的加利奇 - 沃伦公国出现内乱之机出兵入侵，到 1366 年，他就占领了加利奇的大部分地区和沃伦罗斯的一部分地区。卡齐米日的对外扩张使得波兰国土面积大增，但这也削弱了波兰本就有限的军事力量，对波兰的统一事业造成损害。

1370 年，卡齐米日三世去世，无嗣，匈牙利国王路易依照协议继位，波兰的皮亚斯特王朝结束。

雅盖沃王朝

匈牙利国王路易统治波兰的时候，其重心还是放在本国的，同时他为了维护自己在波兰的统治而采取了讨好波兰贵族的政策，授予贵族种种特权，以维护其利益。他临死前曾指定次女玛丽亚继承波兰王位，但是因其丈夫为德意志诸侯而被波兰贵族拒绝。随后波兰贵族选择了路易的幼女雅德维加，并准备让她和立陶宛联姻以达成两国联盟。

立陶宛人和普鲁士人、爱沙尼亚人、拉脱维亚人一样，属于欧罗巴人种的波罗的海类型。从 6 世纪到 9 世纪，立陶宛的氏族公社开始解体，但还没有形成国家。10 世纪开始，基辅罗斯的大公便经常入侵立陶宛，迫使其称臣纳贡。12 世纪中叶以后，基辅罗斯陷入分裂，立陶宛人趁机发动侵袭，当然，它也曾侵袭过同样分裂的波兰。到了 13 世纪，立陶宛的生产力开始有了较大发展，促进了国家的出现。13 世纪中叶，立陶宛建立了封建国家。14 世纪初，立陶宛成为了东欧较强大的国家之一，甚至占领了本土以外的西南罗斯地区，这也使它得以免于遭受蒙古人的入侵。这一时期，西边的条顿骑士团一直是立陶宛人的隐患，同时东北罗斯境内的莫斯科大公国正在崛起，在共同对付条顿骑士团和莫斯科大公国的基础上，立陶宛和波兰开始逐渐走向联盟。

1384 年，雅德维加继位波兰国王。次年，波兰和立陶宛达成协定，雅德维加嫁给立陶宛国王雅盖沃。随后，雅盖沃出任波兰国王，更名瓦迪斯瓦夫，是为瓦迪斯瓦夫二世（1386—1434 年在位）。这个王朝也因其原名被命名为"雅盖沃王朝"。

波兰和立陶宛的联合初期经历了一段分裂期，这是由雅盖沃的堂弟维尔托夫引起的。两国联合以后，立陶宛的一些贵族害怕自己的权益受损，对联合表示反对，同时条顿骑士团也在其中挑拨离间。1389 年，雅盖沃的堂弟维尔托夫发动叛乱，占据了立陶宛的一些城市。1392 年，双方议和，雅盖沃将立陶宛大公国的管理权交给维尔托夫，维尔托夫就此以波兰王国总督的身份统治立陶宛。后来，维尔托夫被立陶宛大贵族拥立为王，不过在 1399 年对战蒙古人时的惨败却令他意识到了联合的重要性。1400 年和 1401 年，两兄弟再次议和，维尔托夫成为立陶宛终身大公，死后其地并入波兰。至此，立陶宛和波兰开始正式联手对付骑士团。

在经过几次小规模的战斗以后，1410 年 7 月，波兰和立陶宛联军在格林瓦尔德战役（又称"坦能堡战役"）中击溃条顿骑士团，并击毙了骑士团团长

条顿骑士团纹章

乌尔里希·冯·荣金根。次年，双方订立和约。此役意义重大，不仅沉重打击了德意志封建主东侵行动的嚣张气焰，还鼓舞了东欧人民反侵略的斗争信心，波兰、立陶宛两国也由此进入了历史的辉煌期。此后，波兰、立陶宛又和条顿骑士团进行过数次战争，直到 1422 年双方签订《梅尔诺和约》，立陶宛收复失地日姆兹。从 1453 年到 1466 年，波兰和条顿骑士团战争不断，最终骑士团战败，双方因此签订了第二次《托伦和约》。条约规定，维斯瓦河以东的波莫瑞、西普鲁士等地归波兰所有，东普鲁士承认波兰的宗主权。至此，近 200 年的波兰、立陶宛和条顿骑士团的冲突终于画上了一个句号。

1419 年，捷克爆发胡斯运动，这场运动在波兰也产生了巨大影响，波兰的中小贵族和城市贫民、农民分别对胡斯运动中的温和派和激进派表示支持。1327 年，西里西亚爆发起义，要求推翻卢森堡王朝的统治，回归波兰，虽然起义最后失败，但是在波兰的历史上产生了重要影响。胡斯战争以后的捷克国内局势错综复杂，波兰国王也一度卷入捷克、德意志诸方斗争的王位继承问题当中。1429 年，维托尔夫去世。1440 年，雅盖沃幼子卡西米尔担任立陶宛大公，并开始以独立君主身份统治立陶宛，这使得波兰、立陶宛的联合一度中断。1434 年，雅盖沃之子、年仅 10 岁的瓦迪斯瓦夫继任波兰国王（1434—1444 年在位，瓦迪斯瓦夫三世），但大权却掌握在当时的大贵族、克拉科夫大主教奥莱希尼茨基手中。瓦迪斯瓦夫三世和德意志、匈牙利、捷克等国关系密切，并竭力反对胡斯革命运动。1437 年，瓦迪斯瓦夫三世曾有机会继任捷克国王，但因被奥莱希尼茨基阻挠而没有成功。1440 年，瓦迪斯瓦夫三世继任匈牙利国王，称乌拉斯洛一世（1440—1444年在位）。当时，中东崛起的奥斯曼土耳其开始入侵东欧，1443年秋，瓦迪斯瓦夫三世率军击败入侵之敌，并于次年夏天签订和约。但是在教皇的怂恿下，瓦迪斯瓦夫三世却撕毁和约，率军冒进黑海沿岸，最终在保加利亚的瓦尔纳港被土耳其人全歼。瓦迪斯瓦夫三世的战死，使得波兰和匈牙利的联合宣告结束。

贵族统治下的波兰

1447年，立陶宛大公、雅盖沃幼子卡齐米日被迎为波兰国王，是为卡齐米日四世（1447—1492年在位）。他主张立陶宛的独立地位，认为波兰和立陶宛的关系是"兄弟的联盟"。卡齐米日四世在位期间，大力加强王权，其中一个措施便是确立主教由国王任命的原则，使教权低于王权。此外，他还对财政和军队进行了改革。在对外方面，卡齐米日四世趁普鲁士发生起义之机，对条顿骑士团发动了"十三年战争"（1454—1466年）。1466年，波兰和条顿骑士团签订了第二次《托伦和约》，波兰收回沦陷150多年的东波莫瑞和赫翁诺，还得到了普鲁士的马尔博克、埃尔布拉格和瓦尔米亚，但这一部分后来又成为普鲁士王国的一部分。

对条顿骑士团的获胜使卡齐米日四世的野心膨胀，于是他开始介入捷克和匈牙利的王位继承问题当中，此后分别在1471年和1490年让自己的2个儿子当上了两国的国王。此时，雅盖沃王朝统治着波兰、立陶宛、捷克和匈牙利4个国家。

然而，波兰历史发展的一个特点就是始终没有形成强大的王权，尤其是对地方势力形成压倒性优势的王权。在当时的世界，中央集权的国家是相对进步的，集中而强大的王权也是进步的。在波兰当时的政治经济条件下，国王想要加强王权，首先就要取得中等贵族的支持，如此才能同大封建主作斗争，但要取得中等贵族的支持就要给予他们特权，而这对王权又是一个削弱，对市民阶层的成长也是一个限制。这种怪圈也就成了波兰始终没有形成强大王权的一个主要原因。匈牙利国王路易当波兰国王时就极力讨好贵族，给予贵族不少特权，贵族甚至可以免除军役以外的其他义务。而此后的国王，包括瓦迪斯瓦夫二世、卡齐米日四世等都先后以各种形式保障并进一步扩大小贵族的特权，提高他们的地位，这使得到雅盖沃王朝晚期时，波兰国王已是徒有虚名，中小贵族掌握着实权。

波兰和立陶宛两国的关系在 16 世纪中后期有了新的发展。1558 年，利沃尼亚战争爆发，立陶宛和波兰两国受到强大的莫斯科大公国的威胁，决定进一步联合起来。1569 年，波兰和立陶宛在卢布林重新签订了联盟条约，宣布两国正式合并，合并后的两国拥有共同的议会、共同的国王和共同的对外政策；但对内则各自保持自治，拥有各自的行政机关、司法机关和武装力量；而原来归属立陶宛的乌克兰地区则直接并入波兰版图，史称"卢布林合并"。这次合并也使得新生的波兰立陶宛联邦成为东欧的一个封建强国。

1572 年，波兰国王齐格蒙特二世（1548—1572 年在位）去世，雅盖沃王朝终结。在经过近 1 年的空位期以后，波兰贵族们选择了法国贵族、法王查理九世的弟弟亨利为国王。波兰贵族们为了维持他们原有的地位，为新来的国王指定了一系列原则，这些原则被称为"亨利条例"，其中包括国王由贵族们选举产生；国王不经议会同意不得征税、征军、决定外交政策等，这套制度又被称为"自由选王制"。

捷克·斯洛伐克地区

> 捷克，原是捷克、斯洛伐克这两个地区合称时的简称，这两个地区也是西斯拉夫人的居住地，在过去的几个世纪中，当他们联合在一起时，便简称为"捷克"。

萨莫公国和大摩拉维亚国

捷克人、斯洛伐克人和波兰人一样，是西斯拉夫人中的一支，最早生活在易北河和维斯瓦河的上游，大约在 5 到 6 世纪的时候，他们才迁徙到现在的捷克和斯洛伐克地区，当时的他们还处于部落联盟阶段。到了 6 世纪末、7 世

摩拉维亚的斯瓦托普卢克雕像

纪初，在多瑙河中游地区的阿瓦尔人的威胁下，捷克人开始建立自己的国家。623 年，捷克人首领萨莫领导西斯拉夫各部落先击退了阿瓦尔人的进攻，又和西边的法兰克王国展开斗争，最终建立了萨莫公国。但这时的萨莫公国可能还不能称之为国家，大概只能算是以萨莫为首的部落联盟，而且还很不稳固，只存在了 35 年，658 年萨莫去世以后这个国家便瓦解了。

　　7 世纪中叶到 9 世纪初的近 200 年时间是捷克人原始公社解体、国家产生发展的阶段。9 世纪初，在多瑙河中游和易北河上游地区又形成了一个国家，这也是西斯拉夫人最早建立的封建国家，即大摩拉维亚国。建国者是莫伊米尔一世，首都在维列格勒，版图上大体包括摩拉维亚、波希米亚和斯洛伐克等地。大摩拉维亚地处东西欧中间，也因此成为了基督教的两大派别——希腊正教和罗马正教争夺的焦点。当时，为了抵挡西方德意志封建主的东侵（当时东法兰克王国的国王"日耳曼人"路易强行干涉大摩拉维亚的内政，并最终将建国者莫伊米尔赶下台，后扶植他的侄子罗斯提斯拉夫上台），罗斯提斯拉夫求援于东罗马帝国，加强与其交往，想要以此来摆脱日耳曼人的控制。罗斯提斯拉夫还要求东罗马派遣传教士到本国传教。863 年，东罗马派出以西里尔和美多德兄弟为首的传教团前往大摩拉维亚传教。西里尔兄弟是希腊人，也懂得斯拉夫语，他们便以希腊字母为基础创造了一套新的字母体系，这也就是最早的斯拉夫字母。他们用斯拉夫语传教，还将不少希腊文的宗教典籍等翻译成斯拉夫文，这对斯拉夫人的文化发展产生很大影响，最早的一批斯拉夫语文字作品也就是在此时产生的。

870 年，罗斯提斯拉夫之子斯瓦托普卢克在德意志封建主的支持下篡夺了大公之位。他在位期间和罗马教廷关系密切，不过德意志封建主后来也对他产生了怀疑，便干脆将其投入监狱，直接在大摩拉维亚实行高压统治，对东罗马的传教士大加迫害，美多德就曾被逮捕入狱，经受严刑拷打。871 年，大摩拉维亚人民发动起义，给德意志入侵者以沉重打击，迫使他们将斯瓦托普卢克释放。复位的斯瓦托普卢克重新掌控了政权，并站在了人民的一边，将美多德释放。但后来，德意志的传教士又占了上风，东罗马传教团被彻底逐出大摩拉维亚。

斯瓦托普卢克在位期间，是大摩拉维亚国的鼎盛时期，不仅封建化发展迅速，领土也有所扩展，西里西亚、鲁日查和奥波德利等地一度被纳入其版图。但在斯瓦托普卢克去世后，大摩拉维亚的统治阶级开始出现内讧，国家也开始衰落。895 年，波希米亚从大摩拉维亚分离出去。906 年，大摩拉维亚被匈牙利的游牧民族，即马扎尔人灭亡。

捷克公国（波希米亚王国）

大摩拉维亚王国灭亡以后，捷克人开始以波希米亚为中心建立捷克公国，又称"波希米亚国"。捷克公国早期历史的一大特点就是被迫长期依附于德意志，也就是后来的神圣罗马帝国。纵观捷克的百年历史，德意志对其产生的影响是一个避不开的重要话题。

捷克历史上的第一个封建王朝，是以祖先名命名的普舍美斯王朝（867—1306 年）。捷克公国从大摩拉维亚国脱离出来单独发展以后，封建制度得到一定程度的发展。事实上，捷克的封建化过程可以上溯到大摩拉维亚时期，不过 10 世纪是其大发展时期。波列斯拉夫一世统治时，消灭了原有的氏族部落贵族，将强占来的土地分封给自己的亲兵，作为他们的采邑，以此培养了一批封建贵族，这些封地也演变为世袭的领地。教会也从中分到一杯羹，成为了占有大量土地的封建主。此后，大封建主们不断扩张、兼并土地，自由农民纷纷破产，丧失土地，只能沦为依附农民甚至是农奴。封建关系确立以后，捷克的经济有了不小的发展，农业上具体表现为耕地面积扩大，铁制农具普遍使用；在

捷克首都布拉格一隅

其他方面，手工业上的麻纺业和毛纺业都有不小的发展；采矿业上，捷克以采银业为主，因为这里有储量丰富的银矿，随着 12、13 世纪采银业的迅速发展，捷克的白银产量居欧洲之冠，也出现了特西勃尔、古登堡等一批重要的银矿开采中心。手工业、采矿业的发展不仅促进了城市的发展，也促进了商业的繁盛，布拉格逐渐发展为捷克全国的经济中心，比尔森、埃格尔、阿斯特拉瓦等地也都成了繁盛的商业城市。当时捷克的国际贸易也开展了起来，和周边的匈牙利、威尼斯、罗斯以及西欧等地都有贸易上的往来。

捷克和德意志以及神圣罗马帝国的关系错综复杂。11 世纪末期，捷克的内战给了德意志干涉的机会，当时获胜的王公弗拉迪斯拉夫为了巩固自己的统治，曾寻求神圣罗马帝国的支持。1086 年，神圣罗马帝国皇帝亨利四世授予弗拉季斯拉夫二世"波希米亚国王"的称号，但是王位不得世袭，从此捷克公国臣服于神圣罗马帝国。1156 年，神圣罗马帝国皇帝腓特烈一世在远征意大利时，为了对捷克提供的帮助表示感谢，开始准许捷克的王位世袭。到了13 世纪，捷克更是成为了神圣罗马帝国的七大选帝侯之一。

从 12 世纪开始，同波兰的命运一样，德意志开始大规模向捷克地区移民。其中移民的主要部分就是农民，他们最初以垦荒者的身份来到捷克，后来开始向当地的封建主租土地耕种；还有一些手工业者和商人，他们主要生活在城市当中，享有各种特权，很多商人也因此成为了捷克的城市贵族。此外还有德国的封建主，捷克统治者为了换取德国贵族的支持，将大片的土地封赐给德国的封建主，甚至不惜奴役捷克农民。最后是德国的高级教士，他们基本把持了捷克教会和修道院的高层职位，同时还占有大片土地，成为捷克大封建主的组成部分。

大批迁徙而来的德国移民对捷克社会产生了深远影响，德国移民中的上层人士逐渐成为一个享有各种特权的贵族阶级，他们在城市和乡村控制着捷克的政治经济命脉，同时和本地居民之间的矛盾逐渐尖锐。在乡村，德国移民掌握越来越多的土地，本地农民的处境日趋恶化，生活困苦不堪；在城市，德国贵族们掌握大权，他们极力打压以捷克人为主的手工业者和小商人。在采矿业方面，德国贵族控制着矿山，当时捷克的采矿业非常发达，捷克银币通行欧洲，但是捷克矿工们却只能在十分恶劣的环境下劳动，这使得捷克矿工和德国矿主之间的矛盾也很尖锐。教会是另一处矛盾的焦点，当时德国主教和神甫控制了捷克大大小小的教会，而他们本身也是大封建主，打着教会的幌子压榨剥削教众，甚至还设立了宗教法庭，迫害所谓的异端。

德国贵族甚至还可以登上捷克王位：1306 年，捷克国王瓦茨拉夫三世去世，普舍美斯王朝绝嗣，各大贵族们为了争夺皇位而发生内讧。1310 年，卢森堡的约翰被推选为王，他是神圣罗马帝国皇帝亨利七世之子。然而，生性软弱的

圣路加像

这幅装饰画绘制于 14 世纪中期，来自于查理四世在布拉格城外建造的卡尔什特因城堡里的圣十字礼拜堂。现存于布拉格国家美术馆。

约翰为了巩固自己的统治而极力讨好捷克的贵族们，给予他们大量特权，甚至是征税权，这样一来，捷克贵族的领地几乎成为独立王国。到了约翰之子查理一世在位时（在神圣罗马帝国称"查理四世"，1346—1378 年在位），布拉格一度成为神圣罗马帝国的中心。国王以下的捷克封建贵族们也深受德意志影响，逐渐日耳曼化，他们使用德国人的语言，仿效德国人的习俗、服饰，并且以和德国人联姻为荣。

可以说，当时的德国移民在捷克形成了一个特殊的政治集团，他们控制了这里的政治经济命脉，压榨剥削着捷克城乡的劳动人民，因此，他们之间的矛盾既是阶级矛盾，也是一种民族矛盾。到了 14 世纪的后半期，这种矛盾已经发展到一触即发的地步，而宗教恰恰成为矛盾爆发的突破口。

胡斯战争

14 世纪后期，不少捷克传教士开始用捷克语传教，揭露教会的黑暗和腐朽，以及德籍教士的腐化堕落，广受人民欢迎。扬·胡斯就是当时反教会宣传的领袖。扬·胡斯（1369—1415 年）出身贫寒，对社会底层非常了解，他主张进行教会改革，认为教会不应占有财产，教权应当低于世俗政权。1412 年，罗马教皇为了筹措军费而派人到捷克兜售赎罪券，此举遭到胡斯等人的尖锐抨击，布拉格群众也举行抗议示威，但遭到血腥镇压。1415 年 7 月 6 日，胡斯被康斯坦茨宗教会议以异端的罪名处以火刑，进一步激怒了捷克人民，各地由胡斯派教士领导的群众运动开始风起云涌，号召消灭教俗封建主。1418 年，

扬·胡斯纪念碑

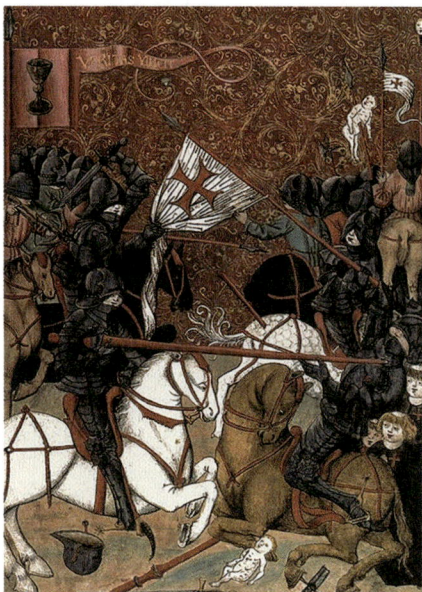

描绘胡斯战争的插画

罗马教皇发布圣谕攻击捷克人民，进一步激化了矛盾，最终导致了 1419 年农民战争的爆发。

1419 年 7 月 30 日，胡斯派教士约翰·哲里夫斯基领导布拉格市民发动起义，接管了市政府，将德意志贵族和教士扔出窗外，附近群众纷纷响应，胡斯战争正式爆发。

农民是该起义的主力军，此外还有大量的手工业者、帮工、学徒、矿工等城市下层平民，以及一部分市民阶级、小贵族和富裕农民等社会中上层人士。到了 1420 年，起义军逐渐形成两大派：一是由农民、平民、矿工和手工业者为主的塔博尔派，他们是胡斯战争中的激进派，主张取消教会的各种特权并没收其财产，废除农民的封建义务，没收封建主的土地，不要国王，建立人民统治的共和国；一是由中产阶级、小贵族、富裕农民为主的圣杯派，他们是温和派，他们提出了《布拉格四条款》，要求摆脱德国人的控制，教会财产还俗归公，但是他们不愿触动封建制度，只是要取消德意志贵族和天主教会的统治地位。

此时，一度被革命风暴席卷而手足无措的德意志和捷克教俗封建主们开始组织反扑。然而，起义军在杰出的军事统帅扬·杰式卡的指挥下，先后击退了教皇和德皇组织的 3 次十字军入侵（分别在 1420 年、1421 年、1422 年）。1424 年，杰式卡不幸牺牲，大小普罗可普兄弟接替了他的指挥之位。1427 年，起义军击退了十字军的第4次征剿。随后，大普罗可普率领革命军主动出击，进军西里西亚、巴伐利亚、弗兰哥尼和萨克森，一度兵临波罗的海沿岸。1431年，罗马教皇发动了第5次十字军征剿，公开叫嚣要"洗劫、烧毁和摧毁捷克"，但是仍被捷克革命军队击溃。反动势力眼见动用武力无法战胜革命军队，转而使用阴谋手段，利用起义军内部的矛盾进行分化瓦解。

胡斯派内部的圣杯派和塔博尔派的矛盾成为反动势力的突破口。1422年，第3次十字军入侵被击退以后，圣杯派的一些要求得到了满足，因此组成圣杯派的中产阶级和小贵族不愿意再在战场上出生入死，他们想和反动势力进行谈判，维护现有成果，结束战争。于是教皇等反动势力便利用这一点，准备将圣杯派拉拢过来，分化瓦解革命队伍。1433年，巴塞尔宗教会议上，反动势力和圣杯派秘密签订了《巴塞尔协定》，反动势力满足了圣杯派在宗教改革上的一些要求，同时规定现在已经被没收的教产"维持现状"，不用归还；教会还出钱支持圣杯派。就这样，圣杯派和反动势力勾结在了一起。

1434年5月，反动势力和圣杯派一起对塔博尔派发动了进攻，塔博尔派战败，大小普罗可普兄弟以下全军壮烈牺牲，圣杯派还屠杀了塔博尔派1万多名伤员和战俘，以及老弱妇女儿童。1436年7月，《巴塞尔协定》公布，圣杯派首领波杰布拉迪的乔治成为捷克国王，封建势力正式复辟。至此，胡斯战争基本结束，塔博尔派的余部则一直坚持斗争到1452年。

轰轰烈烈的胡斯战争最后以失败告终，但是它仍给予反动势力以沉重打击，5次击败十字军并主动出击至波罗的海沿岸的壮举彪炳史册。胡斯战争使捷克一度脱离了神圣罗马帝国，保持了独立的政治地位。同时，胡斯和塔博尔派的思想影响深远，甚至对16世纪的欧洲封建改革和德意志农民战争起到了启蒙作用。

06

阿拉伯帝国的崛起

阿拉伯半岛地处亚洲的西南端，也在世界古老文明的发源地——美索不达米亚平原的西南方，面积达322万平方公里，是世界上最大的半岛。这里大部分地区的自然环境比较恶劣，文明的诞生相对较晚，然而到了7世纪初，这里诞生了一个新的宗教——伊斯兰教。从此，阿拉伯人团结在伊斯兰教之下，并成功建立起了又一个地跨三洲的大帝国——阿拉伯帝国。

伊斯兰教的诞生和阿拉伯帝国的兴起

阿拉伯半岛地域辽阔，半岛上各地自然环境相差较大，因此在伊斯兰教兴起之前，岛上各地的发展情况也相差较大。其中，南部的一部分地区曾产生过相当辉煌的文明，而北方的沙漠地区则尚处在原始社会末期。

阿拉伯地区的早期历史

纵观整个阿拉伯半岛，其实就是一个大高原，大部分地区都是沙漠和草原，土地贫瘠，气候干燥炎热，不适合发展耕种农业。半岛内陆的高地称为"纳季德"，又称"内志"，半岛的西部和西南部则有一部分地区相对较好，气候较为湿润，其中红海之滨的希贾兹（又称"汉志"）地区水草丰美，绿洲较多，适合发展畜牧业。希贾兹以南的阿拉伯半岛西南角是也门地区，这里的环境更好，雨量充沛，土地肥沃，素有"福地"之称。

阿拉伯半岛上的居民是阿拉伯人，是闪米特人（又称"塞姆人"）的一个分支，阿拉伯半岛也是闪米特人的故乡，因此在两河流域、埃及以及东地中海沿岸的以色列、腓尼基等地产生过重大影响的阿卡德人、阿摩利人、阿拉米人、亚述人、迦勒底人、喜克索斯人、迦南人、腓尼基人、希伯来人等，都可能是从阿拉伯半岛迁徙出去或与阿拉伯半岛有着莫大的渊源。在7世纪伊斯兰教兴起以前，"阿拉伯人"这个称呼主要指居住在阿拉伯半岛北部的贝都因人，他们以从事农牧业为主，而不包括在半岛南部、过着定居生活的塞白人。伊斯兰教和阿拉伯帝国兴起以后，阿拉伯人的概念开始扩大，说阿拉伯语、有阿拉伯血统的人都被称为阿拉伯人。到了近现代，这个概念成为一个泛称，以阿拉伯语为本民族语言的都算阿拉伯人，甚至阿拉伯半岛以外也还有阿拉伯人。

在阿拉伯半岛上，各地气候相差悬殊，发展水平相差也很大。在南部气候条件较好的也门地区，很早就出现了文明，在公元前几世纪这里就产生了奴隶制的城邦国家，比如最早的、以也门北部的焦夫为中心的马因国，在公元前12世纪就已经形成。此后，在阿拉伯半岛上先后出现的国家还有萨巴王国、希木叶尔王国、纳巴泰王国、巴尔米拉王国、希拉王国和安萨王国等。不过直到6世纪初期，半岛上的大部分地区还处于原始社会解体、阶级社会产生的阶段。

当时，北方的贝都因人过着放牧的生活，逐水草、按季节迁移，他们的主要牲畜是骆驼和羊，马的数量较少，骆驼是他们生活中不可缺少的一部分，因为它们不仅是主要的交通工具，还是肉制品和乳制品的来源。阿拉伯人另一个不可或缺的东西是椰枣，这是阿拉伯人的主要食物，它的用途广泛，既可以作为骆驼的饲料，椰枣树的树皮也可以制作绳索，树干还可以建筑房屋等。在当时的游牧部族中，已经产生了阶级分化，贵族们占据着较好的牧场和大量的牲畜，战俘和一些还不起债的穷人则沦为奴隶。在恶劣的气候环境下，阿拉伯人的生活经常朝不保夕，一旦遇上旱灾等自然灾害，就会出现饿殍千里的惨景。为了摆脱困境，一些穷苦人不得不去劫掠他人。同时在氏族之间，为争夺牧场、水源、牲畜等爆发战争也时有发生。可以说，当时北方贝都因人的社会处于一种无秩序的动乱状态。

而阿拉伯半岛的南部又是另一番情景。这里处于东西方的交通要道，是古

萨巴头像
这是一件出土于阿拉伯半岛南部萨巴王国的石刻雕像，大约创作于公元前150年。现存于巴黎卢浮宫。

代社会东西方商品的集散地之一，适合发展商业。这里的居民很好地利用了这种地理优势，因此这里的商业很繁盛。从 4 世纪开始，阿拉伯半岛东西方的两个大国——东罗马帝国和波斯的萨珊帝国都想要将阿拉伯半岛上的商路控制在自己手中，它们为此展开了一场争夺，而这也使夹在中间的南阿拉伯文明开始衰落。525 年，在东罗马帝国的支持下，东非的埃塞俄比亚王国出兵入侵也门，灭亡了希木叶尔王国。575 年，萨珊波斯帝国出兵驱逐了埃塞俄比亚人，将也门控制在自己的手中。异族争夺下的阿拉伯半岛南部，农田水利设施毁坏，土地荒芜，商业衰落，城市萧条，大批穷苦人沦为奴隶，阶级矛盾非常尖锐。在这样的情形下，高高在上的阿拉伯贵族们急需要一个强有力的国家机关来镇压下层民众的反抗，重新夺回对商路的控制，并进行对外扩张、夺取新的土地等；而下层民众也希望改变现有的困苦处境，获得牧场或耕地。由此，阿拉伯国家产生的前提条件已经成熟。

穆罕默德创立伊斯兰教

在当时的阿拉伯半岛上，作为商业中心的麦加成为各个矛盾交织的焦点。

麦加位于阿拉伯半岛西部、希贾兹南部，这里的气候虽然不适合进行农业生产，但是交通便利，四通八达，商业比较发达。同时，这里还是希贾兹南部的宗教祭祀中心，城中央有一座克尔白古庙，供奉着一些部落神明。在克尔白古庙的东南墙壁上有一块黑色的陨石，阿拉伯人将其视为天降圣物，顶礼膜拜。每年都会有大批的阿拉伯人到克尔白古庙朝拜，春天他们还会同时进行商贸活动。因此，自 6 世纪后期起，麦加取代了也门的位置，成为阿拉伯半岛的商业中心。

麦加的主要居民是古莱西部落，它们又分成若干个氏族，一些势力较大的，比如玛克苏姆等氏族住在麦加城的中央，被称为"内古莱西人"；与此相对的，是居住在麦加外围的"外古莱西人"。当时，麦加城中的政治经济大权掌握在古莱西贵族手上，他们掌控着对也门和叙利亚的商业活动，从中获取大量利润，同时又对下层本氏族部落的贫苦成员进行压榨剥削，阶级矛盾尖锐。然而，埃塞俄比亚和波斯的先后入侵，沉重打击了也门和麦加地区的经济，昔日繁盛景象不再，一片萧条荒凉。贫苦人民无以为业，挣扎在死亡边缘，上层贵族为了维持自己的既有生活，也加紧了对下层群众的盘剥，而民族矛盾又使半岛的情况雪上加霜。

就是在这种情况下，伊斯兰教诞生了。

伊斯兰教的创始人穆罕默德出身内古莱西人的哈西姆氏族，家世显赫，但他的家族在他出生的时候已经没落。幼年便父母双亡的穆罕默德由他的伯父和祖父抚养长大，早年为人放牧，12 岁起跟随伯父经商，据说他曾经去过叙利亚、巴勒斯坦等地。25 岁时，穆罕默德与一位时年 40 岁的富孀赫蒂彻一起经商，次年与其结婚。这桩婚姻成为穆罕默德一生的转折点，从此，他不仅衣食无忧，还获得了进入上层社会的机会，这种生活也为他创立伊斯兰教提供了物质条件。

此后，穆罕默德继续经商，在叙利亚、巴勒斯坦等地的经历使他对犹太教、基督教有了一定的了解。当时，阿拉伯半岛上的宗教信仰情况比较混乱，原始的多神教信众最多，但也有一种一神教，名为"哈尼夫"（意为"正直的"），其崇拜使者亚伯拉罕反对多神崇拜，穆罕默德受其影响较大。穆罕默德厌恶偶像崇拜，倾向一神信仰，据说他经常会一个人到麦加附近的希拉山洞冥思苦想，直到 610 年的某一天，穆罕默德宣布自己在梦中得到了安拉神的启示，让他作为安拉的使者向世人传播真理：尊奉独一无二的真主安拉，抛弃偶像崇拜。由此，伊斯兰教正式创立。

安拉，原是古莱西部落的主神，穆罕默德将其抬到宇宙间的造物主、独一无二的神的位置。"伊斯兰"是顺从的意思，信仰伊斯兰教的人被称为"穆斯林"，伊斯兰教的经典为《古兰经》。穆斯林认为，《古兰经》是安拉的启示，其中对伊斯兰教的基本信仰、教法、宗教义务和作为穆斯林必须恪守的道德规范都进行了详细的论述。伊斯兰教的基本理论分为宗教信仰和宗教义务两部分。宗教信仰概括起来包括 5 条，分别是信仰安拉、信仰天使、信仰经典、信仰先知、信仰末日（另一种说法是 6 条，加上一条"信仰前定"，即宿命论，一切都已由安拉安排好）；宗教义务是指穆斯林必须要遵行的 5 种善功，即念、拜、斋、课、朝，合称"五功"。

伊斯兰教这种一神教取代了原始的多神崇拜，它用一个共同的宗教信仰打破了原有的氏族部落藩篱，有利于团结民众；同时它主张反对血亲复仇、近亲结婚、高利贷、赌博等行为，提倡赈济贫民、宽待奴隶、保护合法私有财产等行为，也为它赢得了广大群众的支持。因此，穆罕默德一开始传教便获得了广泛的支持。

迁往麦地那和统一阿拉伯半岛

穆罕默德的传教活动为统治麦加的古莱西贵族所不容，因为不承认任何部落神明的伊斯兰教会让麦加失去宗教中心的地位，还会进一步威胁到贵族们的宗教特权和经济利益，因此，以倭马亚家族的艾布·苏富扬为首的贵族们用尽各种手段对伊斯兰教和穆罕默德进行迫害。当时，阿拉伯半岛北方的另一座城市雅特里布在麦加贵族的压榨下苦不堪言，所以一些皈依了伊斯兰教的人便派代表邀请穆罕默德前往雅特里布。穆罕默德先让大部分穆斯林前往雅特里布，自己则在 622 年的 7 月 16 日夜带领少部分穆斯林前往。后来，伊斯兰教将这一事件称为"希吉拉"，意为"出走""迁徙"，汉译为"徙志"。17 年以后，这一天被定为伊斯兰教教历的元年元旦。

"希吉拉"是伊斯兰教、也是阿拉伯帝国历史上最重要的事件之一，它使得穆罕默德获得了一个相对稳定的发展基地。雅特里布在麦加以北 338 公里处，绿洲环绕、农业发达。穆罕默德率领众信徒迁到这里以后，便以此为根据地，发展自己的势力。他将从麦加带来的穆斯林和本地的穆斯林组织起来（麦加带来的穆斯林称为"穆哈吉尔"，一般汉译为"迁士"；本地的穆斯林称为"安沙尔"，一般汉译为"辅士"），组成了一个宗教社团"乌玛"，即穆斯林公社。同时，穆罕默德将雅特里布更名为"麦地那·纳比"，意为"先知之城"，简称"麦地那"，这里也由此成为伊斯兰教的第二大圣城，地位仅次于麦加。乌玛颁布了组织条例，称为《麦地那宪章》，规定了各项规章制度。可以说，乌玛既

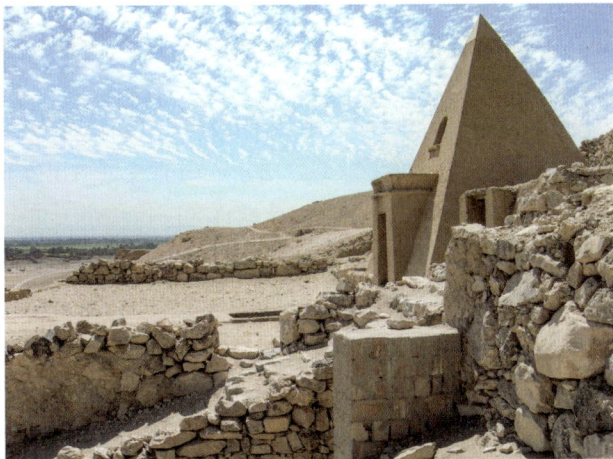

麦地那古城遗迹

是一个宗教社团，也是一个带有军事和行政色彩的组织，后来政教合一的阿拉伯国家即从其中发展而来。此时的穆罕默德不仅是宗教领袖，也是军事统帅、政府首脑，这也为后来的哈里发制度奠定了基础。

穆罕默德在穆斯林的支持下不断对外扩展伊斯兰教的势力。624 年 3 月，穆罕默德率穆斯林武装在麦地那西南的白德尔袭击了麦加古莱西贵族的商队，最终，穆斯林武装以少胜多，重创商队。此战的胜利大大激发了穆斯林的士气，也提高了穆罕默德本人的声望。627 年，麦加贵族卷土重来，以艾布·苏富扬为首的一万大军大举进攻麦地那，穆罕默德利用麦地那的天险环境，在城北挖了一条壕沟灌水，以抵挡敌兵。麦加贵族武装围城一个月也没有攻下，只好撤军，穆罕默德乘势追击，再次大败贵族武装，史称"壕沟大战"。这一战使时人开始相信穆罕默德的胜利是"神助"的结果，伊斯兰教和穆罕默德声威大震，附近的贝都因部落纷纷皈依伊斯兰教，甚至麦加的古莱西部落贵族也开始承认无法消灭穆罕默德的势力。从 628 年起，双方展开谈判。630 年 1 月，穆罕默德率领一万穆斯林武装进驻麦加，麦加贵族迫于形势皈依了伊斯兰教。之后，穆罕默德将麦加定为圣城，将克尔白古庙改为清真寺，将原来供奉的部落神明和偶像清除，只保留黑石作为圣物，这座清真寺也由此被定为穆斯林的朝觐之地，称为"禁寺"。至此，麦加成为新生的阿拉伯国家的宗教中心，但首都仍是麦地那。

此后的几年间，穆罕默德又征服了周边的不少地区，直到 632 年 6 月 8 日，穆罕默德在麦地那去世，此时的阿拉伯半岛已经基本统一在了伊斯兰教之下。

四大哈里发时期

穆罕默德去世以后，阿拉伯帝国的首脑被称为"哈里发"，意为"真主使者的继承人"。在穆罕默德之后，先后有 4 位哈里发是通过穆斯林公社选举产生的，他们统治的 30 年也因此被称为阿拉伯帝国史上的"四大哈里发"时期。

穆罕默德去世以后，各派穆斯林（主要是迁士派和辅士派）就谁来当继承人展开了激烈的争夺。与此同时，本已征服的一些部落也趁机发动叛乱，阿拉伯半岛又陷入了混乱。最后争斗的结果是，穆罕默德的挚友兼他第三任妻子的父亲艾布·伯克尔被推举为继承人，称"哈里发"。艾布·伯克尔是穆罕默德最早的支持者之一，被穆罕默德倚为股肱，有"忠贞的艾布·伯克尔"之称。

他当上哈里发以后，先是平息了南北各部族的叛乱，恢复了阿拉伯半岛的统一，同时又巧妙地调节了穆斯林各派的关系，将阿拉伯半岛上的各股势力整合成一支强大的军事力量。随后，为了满足阿拉伯人对外夺取商路和肥沃土地的要求，他开始对外扩张，分东西两路出兵，先击败了盘踞在叙利亚的东罗马帝国军队，占据了加沙地带，又击败了东方的波斯萨珊帝国。当时，阿拉伯北面的两大帝国——东罗马帝国和萨珊帝国因为长期作战已经两败俱伤，同时两国国内也是矛盾重重，可谓内忧外患，这也给了阿拉伯人乘势扩张的大好机会。阿拉伯军队主要是由贝都因人组成的骑兵，强悍骁勇，能适应各种艰苦环境，同时在"圣战"精神的鼓舞和丰厚战利品的物质诱惑下，阿拉伯军队产生了极强的战斗力。但艾布·伯克尔在位只有2年，634年他就去世了。

艾布·伯克尔去世以后，欧麦尔继任成为第二任哈里发（634—644年在位），他和艾布·伯克尔同为穆罕默德的左膀右臂，被称为"先知的两大辅弼"。欧麦尔继承了艾布·伯克尔的对外扩张政策，635年，阿拉伯人兵分两路，进攻东罗马帝国和波斯萨珊帝国。东路大军由悍将哈立德率领，他号称"真主之剑"。东路军穿过叙利亚以后，在亚穆克河畔大败东罗马军队，歼灭5万人，占领了大马士革。此战的胜利极大地鼓舞了阿拉伯人的士气和扩张欲望，而占领叙利亚也有其重要的战略意义，从叙利亚出发，北上可以进军中亚，东进可以进攻波斯。之后，东路军乘胜进军，637年取得卡迪西亚战役胜利，642年又取得尼哈旺德战役的胜利，此战奠定了阿拉伯军队对萨珊波斯帝国的胜局，此后萨珊波斯帝国残喘了不到10年就灭亡了。与此同时，进军埃及的西路军也是连战连捷，642年，阿拉伯帝国征服了整个埃及。

事实上，欧麦尔的功绩不仅是对外征服的胜利，在内政方面也多有建树。欧麦尔在新征服的土地上建立了一整套的政治、经济制度，将波斯和东罗马两国的王公贵族土地以及逃亡者、战死者的土地收归国有。他还创立了伊斯兰教历（又称"希吉莱历"），以622年（即穆罕默德从麦加迁到麦地那的那一年）为元年。634年，正当阿拉伯对外战争节节胜利之时，欧麦尔不幸被一个基督教奴隶刺杀身亡。

之后，来自倭马亚家族的奥斯曼继任哈里发（644—656年在位）。在伊斯兰教兴起之前，倭马亚家族就控制着麦加城，在很长一段时间内都是穆罕默德的敌人，后来虽然被迫皈依了伊斯兰教，但一直心有不甘。奥斯曼当选哈里发意味着倭马亚家族的重新崛起。奥斯曼继位以后，对外继续扩张，先后征服了呼罗珊、亚美尼亚、阿塞拜疆以及北非的利比亚等地，彻底灭亡了萨珊帝国。

在奥斯曼统治时期，阿拉伯贵族们争权夺利的斗争日趋激烈，他们还在对外和东罗马帝国、萨珊帝国的战争中沾染了其封建贵族奢靡无度的习气，甚至奥斯曼本人也是这样。他在战争中大发其财，在埃及和叙利亚都占有大量的土地，同时他又昏庸无能，任人唯亲，还将欧麦尔制定的制度予以废除，纵容亲信在新征服的土地上肆意盘剥，社会矛盾逐渐激化。随后，以阿里为首的一部分贵族利用人民的斗争进行夺权，他们认为奥斯曼出自倭马亚家族，没有资格出任哈里发，阿里本人才应该继任哈里发。因此，此时的伊斯兰教形成了一个新的政治派别——什叶派（"什叶"为阿拉伯语，意为"派别"，指的是阿里的追随者），与此相对的是正统的"逊尼派"。656 年，奥斯曼被刺身亡。

奥斯曼在位期间曾组织对《古兰经》进行编纂，后世将其称为"奥斯曼古兰经卷"，经卷的编纂对阿拉伯语的统一和伊斯兰教的发展贡献很大。

奥斯曼死后，阿里继位哈里发（656—661 年在位）。阿里是穆罕默德的堂弟，也是穆罕默德唯一的后代法蒂玛的丈夫，在 632 年穆罕默德去世时他就曾被推举做继承人。不过此时阿里的继位还是遭到了穆罕默德的遗孀阿伊莎和叙利亚总督穆阿维叶的强烈反对。穆阿维叶是艾布·苏富扬之子、奥斯曼的堂兄弟，他借口阿里和奥斯曼被刺有关，拒不承认阿里的哈里发地位。阿里在平定了其他的反对者以后，将都城迁到库法，随后在 657 年，与穆阿维叶在绥芬展开决战，阿里占据优势。但此时阿里却选择了和穆阿维叶议和，将双方的分歧交给法庭，而不是将其彻底消灭。就这样，反对议和的一部分穆斯林脱离了阿里，自成一派，这就是哈瓦利吉派的来源，"哈瓦利吉"就是出走者的意思。661 年，阿里被一个哈瓦利吉派信徒杀害，穆阿维叶随后当上了哈里发，建立了倭马亚王朝。

写有奥斯曼名字的书法作品

阿拉伯帝国的兴衰

661 年，穆阿维叶在夺取了哈里发之位以后，将哈里发由选举改为世袭，此时的哈里发已经成为了帝国君主的又一个称谓，阿拉伯帝国由此正式形成。从 661 年倭马亚王朝建立，到 1258 年巴格达被蒙古军队攻陷，阿拉伯帝国走过了近 600 年的历史，而这期间又可以分为倭马亚王朝和阿拔斯王朝两个阶段。

倭马亚王朝

叙利亚总督穆阿维叶继位哈里发（661—680 年在位）以后，将都城迁到叙利亚的大马士革，倭马亚王朝开始。因为这个王朝崇尚白色，因此它在中国史书上被称为"白衣大食"（大食是中国唐宋时期对阿拉伯人、阿拉伯帝国的称呼）。倭马亚王朝建立初期统治并不稳固，阿里之子侯赛因、艾布·伯克尔之孙阿卜杜拉先后被反倭马亚势力推举为哈里发，据地反抗，直到 692 年，倭马亚王朝才最终平定了各地的反叛势力，政权得以巩固。

随后，倭马亚王朝就分东、北两路对外扩张。东路大军的目标是印度和中亚，其中一路大军在 664 年攻占了喀布尔，随后又征服了布哈拉、撒马尔罕和花剌子模等广大地区；另一路大军则攻入印度河流域，征服了信德。在北方，阿拉伯扩张的目标是东罗马帝国，阿拉伯军队数次取道小亚细亚进而围攻东罗马首都君士坦丁堡，但是都被君士坦丁堡城的高墙和秘密武器"希腊火"挡了回来，始终没有得手。而在北非的扩张则相对顺利，阿拉伯军队将东罗马帝国的北非驻军消灭，占领了突尼斯、阿尔及利亚和摩洛哥等北非西部地区，迫使当地的柏柏尔人皈依伊斯兰教，随后又以他们为军队主力，在 711 年从北非跨

倭马亚王朝城堡遗址

过直布罗陀海峡，灭亡了当地的西哥特王国。因为单一的正面攻击始终没有奏效，阿拉伯统治者便试图绕道西欧，从后方对东罗马帝国进行东西夹击。732年，阿拉伯军队翻过比利牛斯山，进攻法兰克王国，却在普瓦提埃战役中被法兰克王国的宫相"铁锤"查理击败，只能退回至比利牛斯山以南。到8世纪中叶，阿拉伯人大规模的对外征服战争基本结束，阿拉伯帝国的版图也基本成形，它东起印度河和帕米尔高原，西到大西洋的比斯开湾，南到北非，北至里海和咸海南缘，地跨三大洲，是当时世界上最大的帝国。

　　倭马亚王朝的统治者对原来四大哈里发时期的政治体制进行了大改革，在原有政教合一的政权基础上，他们仿照东罗马帝国的制度设置了政治机构。哈里发是帝国的政治、军事、宗教的最高领袖，集大权于一身，哈里发以下设宰相辅佐，下一级有各部大臣分管各方面事务。在地方上，实行行省制度，全国划分为若干个行省，行省的总督称"埃米尔"，由哈里发直接任命，掌管一省军政大权，同时设有专管一省税务的税务官，直接对哈里发负责。

　　阿拉伯帝国的封建制度是土地国有制，全国的土地都是"穆斯林大众的土地"，其中直接由哈里发掌管的被称为"沙瓦夫"，掌握在清真寺和一些慈善机构手中的称"瓦克夫"，大贵族掌管的称"伊克塔"，也就是贵族们的采邑，领有者须提供若干战士。以上3种土地主要由被征服的农民进行耕种，并缴纳一定的地租。

　　阿拉伯帝国最初扩张之时，每征服一地便强迫当地居民改奉伊斯兰教，用宗教控制头脑是其维护统治的手段之一。改奉伊斯兰教的非阿拉伯血统的穆斯林被称为"麦瓦利"（单数为"毛拉"）。但是，随着麦瓦利越来越多，政府的税收收入受到影响，所以在哈里发的政权巩固了以后，统治者便不再鼓励被征服的居民改奉伊斯兰教。那些依旧保持原来信仰的人被称为"迪米人"。麦瓦利和迪米人的社会地位都比较低下，不仅要承受更多的税赋，在政治权利上也受到很大的限制。当时的迪米人是阿拉伯帝国内广大农民中的大多数，但日益沉重的税赋使得大量农民被迫逃亡，倭马亚王朝统治者便要求他们必须在脖子下面挂上一个铅牌，上面写着他们的姓名、地址和应纳税额，所以他们的实际地位和农奴是差不多的。

　　当时处在社会最底层的还是奴隶，虽然伊斯兰教反对蓄奴制度，但是在长期的对外征服战争中，还是有大批战俘沦为奴隶。据说在 8 世纪初，非洲总督

倭马亚地面马赛克
出土于倭马亚王朝瓦利德二世时期修建的王宫遗址。画面中，巨大的石榴树下右侧的羚羊被狮子撕咬而受伤，左侧的两只羚羊则毫发未伤，它们分别象征着伊斯兰教中的"战争"与"和平"。

穆萨·伊本·努赛尔就从非洲俘虏了 30 多万人。伊斯兰教法规定，穆斯林不能为奴，但是异教徒却可以，这就给了奴隶制度继续存在的机会。奴隶劳动主要存在于水利建设、矿山生产等繁重劳动中，以及手工业生产和家庭生活当中。阿拉伯帝国的奴隶当中还有不少是"释奴"，即解放奴隶，他们多是一些具备一定文化和技艺的人，一般从事工艺、文化教育、翻译以及行政事务等工作，但地位仍低下，在阿拉伯人眼中他们和奴隶是一样的。从总体情况看，阿拉伯帝国内部虽然存在相当数量的奴隶，但只是旧制度的残余，直接从事生产劳动的只是少数，在整个封建生产过程中不占主导地位。

695 年，时任哈里发阿卜杜勒·麦利克推行货币改革，发行阿拉伯第纳尔和迪尔汗，以取代之前流通的东罗马帝国和波斯帝国货币。后来，他又下令将阿拉伯语定为帝国的官方语言，以取代原来在伊拉克、叙利亚和埃及地区通行的波斯语、希腊语和科普特语。不过，阿拉伯语在上述地区成为通行语言还是经历了一个漫长的过程，一直到 11 世纪初才最终实现。

阿拉伯帝国统一安定的政治环境为经济发展提供了必要条件，在倭马亚王朝前期，农业、商业都很繁荣，统治者也因此获得了大笔的税收，但是这些巨额财富却也都被哈里发们用到了奢靡无度的生活上，比如哈里发叶齐德一世（680—683 年在位）的猎犬脚镯是由黄金打造的；哈里发希沙木（724—743 年在位）组织的一次赛马会要 4000 多匹良马，耗资巨大。为了满足这种穷奢极欲的生活需要，帝国统治者对百姓横征暴敛，麦瓦利和迪米人的境遇也就更加糟糕。统治者的残酷剥削加剧了阶级矛盾、宗教矛盾和民族矛盾，8 世纪前期，在阿拉伯帝国各地，中亚、叙利亚、埃及以及北非等地都先后爆发了反抗压迫统治的人民起义，其中波斯地区的起义最具代表性。

在阿拉伯帝国内部，波斯地区的位置很特殊。首先从教派的角度上讲，波斯是什叶派的核心地区之一，他们从来就没认可过倭马亚哈里发的合法性；另外，很多当地波斯人原本指望改奉伊斯兰教以后可以获得和阿拉伯穆斯林同样的地位，但是事实却是他们仍处于被奴役、被压榨的地位，愤恨的种子早已埋下。此外，相对于从沙漠中走出来的阿拉伯人，波斯是有千年历史的文明古国，他们的文化发展程度远高于作为统治者的阿拉伯人，强烈的民族自豪感也激发了他们摆脱阿拉伯人统治的渴望。747 年，在波斯东部的呼罗珊爆发了释奴麦瓦利艾布·穆斯林领导的起义，响应者众。

当时，反对倭马亚王朝统治的各股势力也利用了人民起义的力量，其中主要的一支是阿拔斯派，其领导人阿布·阿拔斯是穆罕默德的叔父阿拔斯的后裔。

750年，人民起义军的主力打败了帝国军队，攻占了首都大马士革，倭马亚王朝灭亡。随后，阿布·阿拔斯攫取了人民起义的果实，建立起了自己的王朝，史称"阿拔斯王朝"（750—1258年）。

阿拔斯王朝

阿拔斯王朝的建立者阿布·阿拔斯是穆罕默德的叔父阿拔斯的玄孙，当时他是伊拉克的大地主，大约在8世纪20年代形成了自己的政治派别，在波斯东部地区有不小的影响。阿拔斯派从倭马亚哈里发的合法性入手，认为倭马亚家族的历任哈里发都是穆罕默德的仇敌艾布·苏富扬的后裔，却窃取了哈里发宝座，现在应该将政权交还给穆罕默德出身的哈希姆家族。此后，在人民起义遍地开花之时，阿拔斯派也积极参与其中。750年，倭马亚王朝灭亡以后，政权落到了阿布·阿拔斯手中，他将国家定都库法，开始了阿拔斯王朝的统治。阿拔斯王朝和倭马亚王朝正相反，阿拔斯王朝崇尚黑色，因此中国史书将其称为"黑衣大食"或"西大食"。

阿布·阿拔斯一上台就立刻站到了人民起义的对立面，对各种异己势力，包括原来的同盟什叶派、哈瓦利吉派以及波斯起义军的力量都进行了极其残酷的镇压。阿布·阿拔斯将倭马亚家族的贵族们屠杀殆尽，只有王子阿卜杜勒·拉赫曼侥幸逃脱。阿拔斯王朝的第二任哈里发阿布·贾法尔（号称"曼苏尔"，意为常胜者，754—775年在位）是阿拔斯王朝的真正缔造者，他镇压了各派反对势力，包括他功勋卓著的叔父阿卜杜拉和人民起义领袖麦瓦利阿布·穆斯林。为了避开呼罗珊人民的愤怒，曼苏尔决定迁都，他选中了底格里斯河下游的巴格达。762年，阿拉伯帝国正式迁都巴格达。迁都使得阿拉伯帝国的中心从地中海沿岸的叙利亚大马士革东迁到美索不达米亚的巴格达，这里本就是土地肥沃、交通便利的宝地，作为首都以后，巴格达的发展更加迅速，成为当时世界上的几大中心城市之一。东迁以后，帝国的中心离波斯更近，波斯传统的专制主义等制度也对阿拉伯帝国产生了不小的影响。

阿拔斯王朝的建立在阿拉伯历史上不仅仅是简单的王朝更迭，它在几个方面都具有独特之处。首先，帝国的最高统治者不再是作为征服者的阿拉伯贵族，帝国的统治阶层扩大，伊拉克人、叙利亚人、埃及人还有波斯人等都可以进入政权的高层。从哈里发的角度看，和历任哈里发均是纯阿拉伯人的倭马亚王朝不同，阿拔斯王朝的历任哈里发中大多数都是混合血统的阿拉伯人，或者说虽都是穆斯林，但纯血统的阿拉伯人只有 3 人。与此相呼应的是，庞大的帝国内部已经完成了阿拉伯化或者说伊斯兰化，所以是否是阿拉伯血统对人们的社会地位的影响已经不大了。

纵观阿拔斯王朝 500 余年的历史，可以以 842 年为分界线分成前期和后期两部分。从 750 年王朝建立到 842 年是阿拔斯王朝最繁盛的一个世纪，也是阿拉伯历史上的"黄金时期"。阿拔斯王朝参照萨珊波斯的行政体系建立了一套专制主义的官僚机构。哈里发独揽军政宗教大权，自称"安拉在大地上的影子"。官僚机构的最高长官为宰相，权力较倭马亚王朝时更大，其下设有各部大臣，分别掌管财政、驿站、司法、工商等事务，分工详细而明确。地方上依旧为行省制度，全国有 24 个行省，由哈里发任命各地总督，掌管一省除财政大权以外的军政大权，但任期较短、时常调任，同时还要接受哈里发派驻各省的钦差大臣的监督，以防其权力坐大。可以说，前期的阿拔斯帝国中央集权程度明显增强。

此外，阿拔斯王朝放弃了倭马亚王朝时期以阿拉伯部落为基础组成军队的做法，而是征召各族人民入伍后组成正规军和常备军。其中，由波斯呼罗珊人组成的近卫军是阿拔斯王朝军事力量的核心，但这支部队后期则主要由突厥奴隶（即"马穆鲁克"）充当。

阿拔斯王朝前期，即从建立开始的 100 年左右时间是阿拉伯帝国发展的"黄金时期"，在这 100 年当中，帝国的统治者们对内注重发展经济，对外的侵略战争也比较少。统治者兴修水利，使一些传统农业发达地区，比如新月地带、中亚的阿姆河和锡尔河流域、埃及的尼罗河流域等都重新恢复了农业生产。当时，叙利亚大马士革地区、美索不达米亚南部、波斯湾东岸以及阿姆河和锡尔河流域堪称帝国的四大粮仓。

在安定的环境下，阿拉伯帝国的手工业和商业也都有了长足的发展。在手工业方面，纺织业的地位尤其重要，其中亚麻手工业的中心在埃及，波斯东部的朱尔詹和锡斯坦两省是丝绸手工业的中心，地毯手工业则遍布各个城市。至于其他手工业，比如金属加工业、制陶业等也都发展兴旺，大马士革的缎子、叙利亚的玻璃、库法的绢、布哈拉的毛毯等都畅销各地。此外，大概在 8 世纪中叶，中国的造纸技术经中亚传入阿拉伯，首先在撒马尔罕兴起，随后又传入巴格达、大马士革、埃及、摩洛哥等帝国各地，最后传入西班牙，并经西班牙传入欧洲。

农业和手工业的发展为商业的繁盛奠定了基础。阿拉伯商人的足迹遍及欧亚非三大洲，巴格达是当时著名的国际贸易中心之一，从埃及、印度甚至中国运来的货物，包括香料、燃料、丝绸、瓷器、象牙等都在这里进行贸易，巴格达甚至设有专门进行中国商品交易的市场。

然而，阿拉伯帝国的繁荣是建立在对各族人民残酷剥削的基础上的，其民族矛盾和阶级矛盾始终存在，从阿拔斯王朝建立开始，各族人民反抗统治的起义就从未停歇。最早的起义发生在 755 年，阿拔斯王朝的第二任哈里发杀害了推翻倭马亚王朝的起义军领袖麦瓦利艾布·穆斯林。就在这一年，在呼罗珊省内沙布尔爆发了由袄教徒辛巴德领导的起义，他们打着为麦瓦利艾布·穆斯林报仇的旗号，不过该起义只持续了 70 天就被哈里发的军队镇压了下去。此后的 200 年间，比较大规模的起义有 776 年到 783 年发生在河中地区（即中亚锡尔河和阿姆河流域以及泽拉夫尚河流域，包括今乌兹别克斯坦全境和哈萨克斯坦西南部）的蒙面人起义和 816 年到 837 年发生在阿塞拜疆的巴贝克大起义，这些起义都沉重打击了阿拔斯王朝的统治。到了 9 世纪后期，在帝国核心地区伊拉克又爆发了两次大起义——869 年至 883 年巴士拉地区的辛吉起义（"辛吉"在阿拉伯语中是黑人的意思，这次起义就是由黑人奴隶发起的）和 890 年爆发的盖尔迈特派起义。其中，盖尔迈特派起义是阿拉伯帝国史上规模最大、坚持最久、影响也最大的农民起义，起义军曾建立了自己的国家政权，并存在了 150 多年才被塞尔柱突厥人灭亡。

接连不断的人民起义让阿拔斯王朝元气大伤，此时阿拔斯王朝内部也出现了尖锐的矛盾。阿拔斯王朝地域广大，各地发展水平不同，宗教、民族等也都存在较大的差异，因此这个看似庞大的帝国实则并不稳固，各地之间联系松散。9 世纪中叶，饱经人民起义和统治阶层内部权力斗争打击的阿拉伯帝国开始衰落，主要表现为哈里发的权力被削弱，地方封建割据势力增长，驻扎各地的阿拉伯部落军不再听命于中央，哈里发只好重用突厥奴隶军队，而突厥将领们也因此渐渐攫取了政治权力，进而使哈里发成为他们控制的傀儡，可以随意立废。

从 9 世纪 60 年代开始，在帝国的领土上，埃及、叙利亚、伊朗和中亚地区先后出现了一系列割据王朝，如阿拉伯人在北非建立的伊德里斯王朝、艾格莱卜王朝，波斯人和突厥人在波斯、中亚和小亚细亚等地建立的萨曼王朝、伽色尼王朝、布韦希王朝、塞尔柱帝国，在埃及、叙利亚和也门建立的阿尤布王朝，还有最著名的法蒂玛王朝等。到了 10 世纪中叶，阿拉伯帝国的哈里发实际控制的土地仅有巴格达周围的一小块土地了。1055 年，崛起的塞尔柱突厥人攻占巴格达，哈里发彻底失去了所有的世俗权力，只保留了宗教领袖的地位，阿拔斯王朝已是名存实亡。1258 年，西征的蒙古大军在成吉思汗之孙旭烈兀的率领下攻破巴格达，末代哈里发穆斯台绥木被纵马践踏而死，阿拔斯王朝和阿拉伯帝国彻底灭亡。

后倭马亚王朝

最早从阿拉伯帝国阿拔斯王朝分离出去的地区是阿拉伯人在伊比利亚半岛占领的土地。750 年，倭马亚王朝被推翻时，大批倭马亚贵族惨遭屠杀，只有王子阿卜杜·拉赫曼化妆潜逃，幸免于难。他一路经巴勒斯坦、埃及逃到了北非的休达，受到其母舅所属的柏柏尔部落保护，并且他还派人到直布罗陀海峡对岸的安达卢西亚（阿拉伯人对他们征服的伊比利亚半岛南部地区的称呼），获得了倭马亚王朝驻当地军队的支持。755 年末，阿卜杜·拉赫曼率领柏柏尔军队登陆伊比利亚半岛。756 年，他击败阿拔斯王朝驻西班牙总督优素福，攻占了其首府科尔多瓦城，自称"埃米尔"，在千里之外继续倭马亚王朝的统治，史称"后倭马亚王朝"（756—1492 年），他也因此被称为"阿卜杜·拉赫曼一世"。

阿卜杜·拉赫曼一世是一位杰出的君主，他建立了王朝以后，先是彻底清除了优素福的残余力量，又在 763 年击退了阿拔斯王朝派来的征讨大军。在内政上，他兴修水利设施，开凿运河，注重发展农业、手工业、文化教育事业，为王朝发展奠定了基础。不过他的继任者却非常平庸，788 年阿卜杜·拉赫曼去世以后，后倭马亚王朝陷入了内乱和分裂割据状态长达 100 多年，直到 912

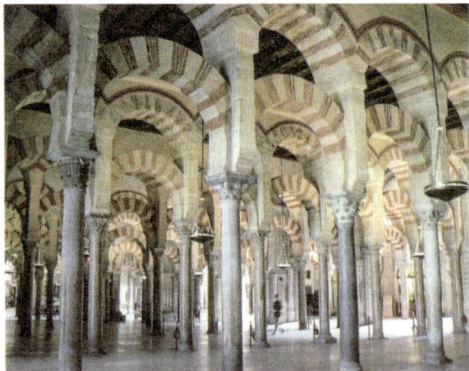

西班牙科尔多瓦清真寺
阿卜杜·拉赫曼一世在位时建于西班牙科尔多瓦的清真寺。

年阿卜杜·拉赫曼三世（912—961 年在位）继任埃米尔。

阿卜杜·拉赫曼三世是第七任埃米尔阿卜杜拉之孙，其父在宫廷政变中被杀，912 年，他继任其祖父之位为埃米尔。当时的后倭马亚王朝正处于割据分裂状态，他所能控制的只有都城科尔多瓦周边地区。阿卜杜·拉赫曼三世励精图治，进行改革，加强了中央集权，又推行雇佣兵制。从 913 年到 918 年，他镇压了各地叛乱，打击了割据势力，逐一控制了失去控制权的省区，使政局趋于稳定。920 年，他开始对外征伐，首先击败了基督教的莱昂王国，将圣·埃斯特班要塞夷为平地；924 年，他又击败纳瓦拉王国，将其首都潘普洛纳摧毁；928 年，他又占领了西班牙南部、控制在西哥特残余势力手中的波巴斯特罗要塞。929 年 1 月，阿卜杜·拉赫曼三世正式称哈里发，自称"保卫安拉宗教的哈里发"，后世也将此后的后倭马亚王朝称为"科尔多瓦哈里发国"。932 年，长期以来的动乱发源地托莱多城被阿卜杜·拉赫曼三世攻占。至此，后倭马亚王朝恢复了对安达卢西亚的统治。此外，阿卜杜·拉赫曼三世还向南方的北非扩张。931 年，他占领了休达，摩洛哥的一些地方首领被迫归顺；随后他又将势力扩张到了阿尔及利亚的提亚雷特。与此同时，阿卜杜·拉赫曼三世还很重视海军建设，他建立了一支强大的穆斯林海军，抑制了埃及的法蒂玛王朝对伊比利亚半岛南部海岸的侵袭，并控制了西地中海的商业霸权。

阿卜杜·拉赫曼三世在位近 50 年，对内统一，对外扩张，功绩显著，政治昌明。在经济上，他重视农业生产，发展经济，使当时的西班牙成为欧洲最富庶的几个地方之一；同时，他还很注重发展文化教育事业，鼓励学术研究活动，一时间大批学者云集科尔多瓦，使其成为当时和巴格达、开罗齐名的伊斯兰世界三大文化中心之一。而缔造这一切的阿卜杜·拉赫曼三世也因此被后世视为后倭马亚王朝的"伟大中兴者"。阿卜杜·拉赫曼三世的继任者哈克姆二世（961—976 年在位）也是一位重视文化事业的君主，他在位期间创办了包括科尔多瓦大学在内的 27 所学校，还兴建了 70 所图书馆，此时的后倭马亚王朝也延续了阿卜杜·拉赫曼三世在位时的强盛状态。进入 11 世纪以后，后倭马亚王朝开始衰落，王室内斗、禁卫军专权等问题导致哈里发更迭频繁，政局又陷入混乱。1031 年，哈里发希沙姆三世（1027—1031 年在位）被废黜，后倭马亚王朝宣告解体，其领土分裂成了 20 多个割据小国。

后倭马亚王朝统治西班牙近 300 年，使这里成为欧洲少数几个繁荣富庶的地区之一，伊斯兰教及其文化在这里广泛传播，对后来西欧兴起的文艺复兴运动也产生了一定的影响。

萨莫拉的圣体容器

这是制作于 965 年左右的一个象牙容器盒,来自西
班牙南部的安达卢西亚。它由一整根象牙雕刻而成,
体现了当时穆斯林统治下的奢侈宫廷生活。现存于
西班牙国家考古博物馆。

灿烂的阿拉伯文化

从 7 世纪开始，阿拉伯帝国兴起，当欧洲的科学文化还处于中世纪的黑暗蒙昧之时，阿拉伯文化就已经放射出了璀璨的光芒。随着阿拉伯帝国的不断扩张，美索不达米亚、埃及、波斯、叙利亚等一系列曾经出现过古老文明的土地先后被纳入了阿拉伯帝国的版图。埃及人、柏柏尔人、波斯人、叙利亚人、印度人、西班牙人等在一个国家内相互融合和影响，共同创造了灿烂的阿拉伯文化。当时，阿拉伯文化有三大中心：巴格达、开罗和科尔多瓦，其中巴格达为中心之中心，阿拉伯人也正以此三大中心为基点向北非、欧洲、中亚、印度、东南亚等地传播自己的文化，对世界历史发展产生了深远影响。

哲学和文学

阿拉伯文化接受了希腊的文化遗产，但是伊斯兰教的背景又使其反对一切违背其基本思想的观点和学说，阿拉伯哲学就是这样，其主要成就是将古代西方最丰富的文化遗产——希腊哲学和古代东方的闪米特人对人类最伟大的贡献——一神教，与伊斯兰教的神学观念相互调和、融为一体，即以伊斯兰教的正统观念为主体，融以理性和科学的因素。阿拉伯哲学的主要代表学者有金迪、法拉比和伊本·西拿等。阿拉伯哲学传入欧洲以后对西方哲学影响很大，很多欧洲人就是从阿拉伯人那里才知道了亚里士多德和柏拉图，才开始了哲学研究。恩格斯就曾明确指出："在罗曼语诸民族那里，一种从阿拉伯人那里吸收过来才得以重新发现的希腊哲学……越来越根深蒂固，为18世纪的唯物主义做好了准备。"

阿拉伯的文学成就可以分为诗歌、散文和故事小说三大类。

事实上，在阿拉伯帝国形成之前就有阿拉伯诗歌作品出现，古代的阿拉伯人有在某个季节进行诗歌比赛的习俗。传世的一部阿拉伯诗歌选集《穆阿莱葛特》(或称《七篇悬诗》)据说就是当年在欧卡兹集市上进行诗歌比赛时，7个获胜诗人的作品。其诗歌语言简洁明快、朴实而又不失犀利，非常彰显阿拉伯人的性格。还有一部21卷的《诗歌集成》，由艾卜勒·费赖吉汇编而成，收录了从阿拉伯帝国形成以前一直到阿拔斯王朝鼎盛时期的诗歌，另附有一些诗人传记及逸事，内容翔实丰富，堪称"阿拉伯诗歌史"。

阿拉伯帝国形成以后，文意优雅、辞藻华丽和善用比喻的波斯散文开始在阿拉伯地区出现并占据了重要地位，当时重要的散文作家有查希兹和哈利里。查希兹著有《动物志》，书中对各种动物特性、分布进行了描述，其中穿插着大量的故事和传说，妙趣横生，生动活泼；他的另一部作品《吝人传》收入了120多篇故事，刻画了许多悭吝人的形象，描写生动，语言诙谐。哈利里则从押韵散文中发展出韵文戏剧故事文体"麦戛迈"，他的著作《麦卡玛特》由韵文和曲调组成，笔触锋利，妙语连珠，生动地再现了当时的社会生活，被誉为仅次于《古兰经》的名著，对后来的意大利和西班牙文学也有不小的影响。

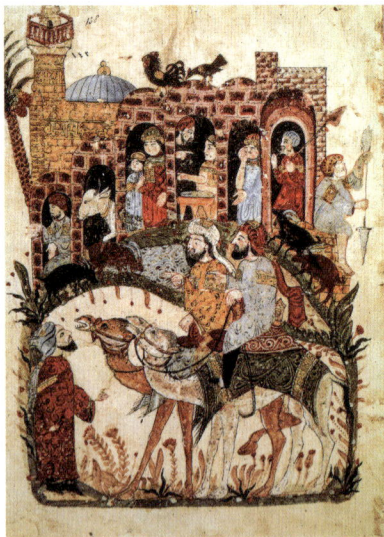

《哈里里故事集》插图
《哈里里故事集》是中世纪阿拉伯地区广为流传的故事集。该插图是根据此书中的一个冒险故事描绘而成的。现存于法国国家图书馆。

故事小说是阿拉伯文学宝库中的瑰宝，其中最著名的是脍炙人口的《天方夜谭》。《天方夜谭》最早由哲海什雅里起草，以6世纪的波斯故事为蓝本，又吸收了印度、希伯来、埃及和阿拉伯等地的民间故事，在10世纪中叶左右初步形成定稿，又经过几百年的不断补充和完善，直到16世纪才最终定稿。《天方夜谭》以分夜讲述的连环故事记为形式，因此又名《一千零一夜》。《天方夜谭》内容丰富，有童话、寓言，也有传奇、轶事，还有历险、恋爱和历史故事等，想象奇特，妙趣横生，反映了当时阿拉伯帝国境内各族人民，以及印度和中国等东方各国人民的生活习俗、风土人情。《天方夜谭》对后世尤其是欧洲文学的发展产生了不小的影响，但丁的《神曲》、薄伽丘的《十日谈》、塞万提斯的《堂吉诃德》等名著在创作上都受到《天方夜谭》的影响。

历史和地理

阿拉伯帝国时期，历史学和地理学研究的代表人物是泰伯里、马苏迪和伊本·艾西尔。

泰伯里的主要著作《历代先知与帝王史》是一部编年体通史巨著，上起远古"真主创世"，下至915年，以阿拉伯帝国和伊斯兰教的历史为主，其他各民族的历史为辅，内容丰富、文字优美，可惜传世的部分只有1/10。

马苏迪有"阿拉伯的希罗多德"之称，他的一生走遍埃及、叙利亚、巴勒斯坦、波斯、中亚、印度、东南亚，以及非洲桑给巴尔等地，通过实地考察获取知识，《黄金草原》是他的代表作。《黄金草原》全称为《黄金草原和珍玉宝藏》，是马苏迪30卷巨著的摘要，共4卷。第1卷是外国历史概要，后3卷为阿拉伯帝国史。《黄金草原》上起伊斯兰教创立，下迄947年布韦希王朝占领巴格达，内容极为丰富，包罗万象，历史、地理、政治、宗教、风俗、文物和典章制度等各个方面均有涉及，堪称"中世纪的百科全书"。《黄金草原》保存了大量珍贵的历史资料，是后世研究当时历史的重要历史文献之一。

在地理学研究方面，阿拉伯学者中有一位杰出的代表花剌子模（全名穆罕默德·本·穆萨·阿尔·花剌子模，约780—约850年），他同时还是一位杰出的天文学家。他在托勒密的《地理学》的基础上，结合自身的实地勘察著有《地形学》一书，这是阿拉伯的第一部地理学专著。《地形学》中附有一幅花剌子模和其他学者一同绘制的地图，标注了537个地名，并且划分了不同的地形

《阿里巴巴和四十大盗》插图

和气候区。书中还阐述了地球偏圆形状的创见，为阿拉伯的地理学发展奠定了基础。除了花剌子模以外，著名的地理学者还有伊本·胡尔达兹比、麦格迪西和雅古特等。

天文学和数学

由于穆斯林需要根据星象来确定礼拜的方向，加之农业和航海的发展需要天文学的指导，阿拉伯的天文学得到了长足的发展。阿拉伯学者们继承并发展了古印度、波斯和希腊的天文学研究基础，在巴格达、大马士革、设拉子、开罗和科尔多瓦等地都设有专门的天文学研究机构，其中巴格达尤其发达，这里的天文台是当时世界上规模最大、设备最为先进的天文台。阿拉伯学者们还使用了不少相当精密的天文仪器，包括天球仪、地球仪、日晷仪、星盘仪、观象仪、象限仪、平纬仪、方位仪等对天象进行观测，校正前人的结论，充实自己的研究。阿拉伯杰出的天文学家有花剌子模、白塔尼、马吉里提等。花剌子模将古代印度、波斯和希腊的天文成果和最新的观测结果相结合，编制了《天文表》，这是阿拉伯最早的天文历表，通行于当时的伊斯兰世界，后被译成拉丁文，成为东西方各种天文表的蓝本。白塔尼对花剌子模的研究进行了一些改进，并且比较准确地确定了黄道、黄道斜度及回归年和四季的长度。他编制的《萨比天文表》从理论上证明了日环食的可能性，后被译为拉丁文和西班牙文，为欧洲学者所重视。可以说，阿拉伯学者对世界天文学的发展做出了突出的贡献，现在所用的不少行星的名字和天文学术语都是来自阿拉伯语。

在古代科学发展当中，数学总是和天文学密不可分，阿拉伯文化也是如此，一些杰出的天文学家同时也是杰出的数学家。例如花剌子模，他最早将代数发展为一门独立的学科，所著的《积分和方程计算法》是第一部代数学专著，一直到 16 世纪还是欧洲各所大学的教科书。比花剌子模时代稍晚的数学家奥马·海亚姆（1048—1122 年）对数学做了进一步发展，他提出了二次方程的几何解法和代数解法，以及各种方程的分类法。数学家阿布·瓦法（940—998 年）则正式提出了正割、余割的概念，还用二次曲线解三次和四次方程式。

阿拉伯人在数学上还有一项重大的贡献，就是"阿拉伯数字"。阿拉伯数字本是印度人的发明，约在 9 世纪前半叶传入阿拉伯地区，当时的大学者花剌子模便开始使用印度数字和零号来代替原来的阿拉伯字母记数法。到了 12

世纪，这种数字又通过西班牙传入欧洲，欧洲人将其称为"阿拉伯数字"，后来通行于全世界。在阿拉伯数字之前，欧洲人使用繁琐的罗马数字，有了阿拉伯数字以后，特别是引入了零号以后，进位大为简化，因此也促进了数学的发展。

医学和建筑艺术

　　阿拉伯学者在医学方面也取得了不小的成就，他们在吸收东西方医学成果的基础上进行发展，为世界医学的发展做出了贡献。现在的不少医学术语也来源于阿拉伯语，比如糖浆、苏打等。阿拉伯医学家中的杰出代表是拉齐斯（865—925 年）和伊本·西拿（980—1037 年）。拉齐斯是巴格达医院的院长，临床外科专家，他发明了外科串线法。其主要著作有《天花与麻疹》和《医学集成》，前者是关于天花和麻疹的最早论著，后者堪称一部医学百科全书，不仅对古代东西方的医学知识进行了总结和修正，又补充了当时新的医学成就，科学水平很高，曾被译成多种语言流传欧洲，对西方医学影响很大，拉齐斯也因此有了"阿拉伯的盖伦""穆斯林医学之父"等美誉。

　　伊本·西拿被欧洲人称为"阿维森纳"，他不仅是一位医学家，还是一位博物学家、哲学家、诗人和文学家，著作达 450 余种之多。他最杰出的医学著作当属《医典》，是一部医学百科全书，代表了当时世界上的医学最高水平。《医典》中论述了医学原理及治疗方法，对脑膜炎、中风和胃溃疡等病理都有精辟的论述，区分了膈障炎和胸膜炎，还提出了鼠疫、天花、肺结核、麻疹等疾病是由肉眼无法看见的病原体造成的"细菌学说"，其中的药学专章，对760 多种药物的性能都进行了分析。《医典》堪称阿拉伯医学的最高成就，先后被译成多种文字，从 12 世纪起就被西方医学界视为权威著作，一直到 17 世纪还是欧洲各所大学的教科书。

　　建筑艺术是阿拉伯艺术发展的最好代表，而遍布帝国各地的清真寺则是阿拉伯建筑艺术最好的呈现方式。清真寺以圆顶大殿为主体，圆顶之下有本堂和回廊，还有半圆形的凹壁和马蹄形的拱门。外侧是正方形或长方形的套院，矗立着用来指示礼拜方向的宣礼塔。伊斯兰教反对偶像崇拜，因此清真寺中没有任何人和动物的画像和雕像，取而代之的是植物和几何图案，清真寺也因此被装饰得华丽壮美，别具一格。高耸入云的宣礼塔、圆顶大殿和弓形的结构成为

麦加禁寺

阿拉伯－伊斯兰风格建筑的标志。建于 705 年的大马士革清真寺和建于 848 年到 852 年的萨马拉清真寺，分别为早期和晚期清真寺的代表建筑。前者带有一定的东罗马风格，后者则受到了印度建筑风格的影响。此外，麦加的禁寺、麦地那的圣寺，以及耶路撒冷的远寺合称伊斯兰教三大清真寺。

　　阿拉伯学者在吸收东西方文化的基础上创造了绚烂的阿拉伯文化，其伟大不仅表现在丰富了世界文化宝库的内容，还表现在其起到的传承、交流的重要作用。阿拉伯帝国兴起、昌盛之时正是西欧的"黑暗"时代，教会把持着文化教育事业，辉煌的古罗马、希腊文化在西欧大地上荡然无存，但是这些文化却被阿拉伯学者保存了下来。他们将这些拉丁文的学术著作翻译、传播，后又传回欧洲，成为欧洲产生研究古典文化气氛并最终诞生文艺复兴的基础。同时，阿拉伯帝国地处欧亚大陆的中央，为东西方文化传播交流做出了巨大贡献。除了"阿拉伯数字"以外，阿拉伯人还将中国的"四大发明"，印度的稻米、棉花、食糖等传入欧洲，对促进欧洲社会发展产生了很大的推动作用。

07

阿拉伯帝国衰落以后的
西亚北非

阿拉伯帝国一度成为地跨欧、亚、非三大洲的
大帝国，不过它和很多靠武力征服的大帝国一样，
强极一时，然后很快走向衰落。阿拉伯帝国在阿拔
斯王朝后期便开始衰落，在其广阔的领土上先后出
现了数十个割据一方的小王朝，他们之间相互征伐、
王朝更替，其中强大者如法蒂玛王朝、塞尔柱帝国
等也是当时世界上的大国。这样的历史直到 14 世纪
初奥斯曼土耳其崛起才告一段落。

北非地区王朝的更替

　　埃及地区大概从 9 世纪中期，即阿拔斯王朝步入后期衰落时，就逐渐开始有了独立的苗头，这里先后出现过两个割据王朝，即图伦王朝和伊赫什德王朝，但这两个王朝存在的时间都不算长，埃及真正成为完全独立的国家还是要从法蒂玛王朝开始算起。

图伦王朝和伊赫什德王朝

　　图伦王朝（868—905 年）的建立者艾哈迈德·伊本·图伦出身突厥贵族，曾在阿拔斯王朝任突厥近卫军统领。868 年，他以埃及总督的助理身份统领埃及军队，不久即代行总督职权，集军政宗教大权于一身。随后，他又从哈里发派来的收税官手中夺取了税收大权，仅将很少一部分上缴中央政府。同时，他还迫使部下宣誓向自己效忠，名义上仍奉哈里发为君主，自称"埃米尔"，但实际上已经成为埃及的实际君主，对哈里发的命令阳奉阴违。877 年，伊本·图伦趁叙利亚总督逝世、巴士拉爆发起义，哈里发无法分身之机出兵占领了叙利亚。

　　伊本·图伦在位 16 年（868—884 年在位），经济政治文化等方面均有所建树。884 年，其子胡马腊韦（884—895 年在位）继位。886 年，图伦王朝和阿拔斯王朝哈里发修好，胡马腊韦承认其宗主权，并向其上缴一定税赋，同时哈里发给予他埃及和叙利亚的"埃米尔"称号。但是胡马腊韦的治国才能远不如其父，其生活也奢靡无度，造成国力空虚。而此后的继位者多资质平庸。904 年，哈里发趁盖尔迈特派进攻叙利亚之机收复叙利亚，随后取道巴勒斯坦进军埃及，次年 1 月攻陷开罗，图伦王朝灭亡。

　　阿拔斯王朝重新统治埃及以后，埃及总督先后由外籍将领担任，而军人当政导致埃及成为一个乱摊子，内忧外患层出不穷。935 年，深受哈里发赏识的突厥将领穆罕默德·伊本·突格吉出任埃及总督，他全力清除前任家族势力，治理颇有成效。939 年，他被哈里发授予"伊赫什德"称号。因此，在承认哈里发宗主权的前提下，穆罕默德·伊本·突格吉割据一方，成为埃及的实际统治者，他建立的王朝被称为"伊赫什德王朝"（935—969 年）。

　　穆罕默德·伊本·突格吉以埃及为基地，吞并了巴勒斯坦和叙利亚南部，控制了麦加和麦地那两座圣城，并以此对抗两个什叶派建立的王朝——占据叙利亚北部、美索不达米亚北部的哈姆丹王朝和马格里布的法蒂玛王朝，成为守卫逊尼派的重要力量。不过，伊赫什德王朝的强盛只是昙花一现。946 年，穆罕默德·伊本·突格吉去世以后，他的两个幼子先后继位，国势急转直下。969 年，北非法蒂玛王朝将领昭海尔率大军攻入埃及，伊赫什德王室不战而降，伊赫什德王朝灭亡。

　　图伦王朝和伊赫什德王朝以及两个王朝中间的几十年，加起来约一个世纪，是埃及地区逐渐脱离阿拉伯帝国的控制、开始走向独立的时期。这两个王朝都表面上承认哈里发的宗主权而实际上独立，离彻底独立只差一步。而真正完成这一步的，是法蒂玛王朝。但法蒂玛王朝却恰恰不是从埃及地区而是在埃及以西的马格里布地区兴起的。

马格里布地区早期的王朝更迭

　　马格里布是阿拉伯人对今天的突尼斯、阿尔及利亚和摩洛哥地区的总称，此词在阿拉伯语中是"日落的地方""西方"的意思。当地的土著是柏柏尔人，长期以来处于异族的统治之下——布匿战争以后，他们为罗马人统治；在日耳曼民族大迁徙以后，这里又成为汪达尔王国的一部分；6 世纪中叶，东罗马的查士丁尼横扫日耳曼诸王国，马格里布又被纳入东罗马版图；7 世纪，阿拉伯人入侵，他们又被哈里发所统治。在阿拉伯人入侵之前，这里的柏柏尔人分为巴拉巴斯人和布特尔人，前者以定居农业为主，多信仰基督教；后者从事游牧业，还信奉原始宗教。伊斯兰教传入以后，什叶派和哈瓦利吉派在马格里布影响较大。

　　阿拔斯王朝推翻倭马亚王朝以后迁都巴格达，对西部诸征服地区的控制有所松弛，柏柏尔人因此获得了独立建国的机会。这里最早期的王朝有 3 个：758 年，哈瓦利吉派的分支伊巴迪亚派首领阿布·哈塔卜在祖伊拉建立了哈塔卜王朝；776 年，伊巴迪亚派的另一首领阿卜杜勒·拉赫曼·伊本·鲁斯塔姆在提亚雷特建立了鲁斯塔姆王朝；同年，哈瓦利吉派的另一个分支苏夫里耶派的首领伊萨·伊本·叶齐德·艾斯瓦德在摩洛哥中部建立了萨述拉马赛王朝。不过，这几个王朝的统治范围都比较小，影响也很有限。

相对影响较大的王朝是 788 年建立的伊德里斯王朝（788—974 年）。伊德里斯王朝由什叶派首领伊德里斯·伊本·阿卜杜拉建立，他在希贾兹发动起义失败后逃亡马格里布，又在柏柏尔人的支持下建立了自己的政权，即"伊德里斯王朝"，其领土东起特累姆森，西到萨累河。在前几位君主的统治下，伊德里斯王朝国势强盛，在伊斯兰世界影响较大。同时，该王朝的文化教育事业也很繁盛。伊德里斯·伊本·阿卜杜拉之子伊德里斯二世新建的都城非斯成为当时什叶派的传播中心，来自希贾兹、安达卢西亚和突尼斯等地的大批什叶派穆斯林迁居这里，加深了摩洛哥的阿拉伯化。王朝后期，推行封建分封制度，导致王室内讧，国势开始衰落。974 年，伊德里斯王朝被后倭马亚王朝的哈里发哈卡姆二世灭亡。

800 年，在马格里布东部的易弗里基叶地区又兴起了艾格莱卜王朝（800—909 年）。艾格莱卜王朝的创始人易卜拉欣·伊本·艾格莱卜出生于突尼斯，795 年任阿尔及利亚扎布地区总督，799 年他又协助易弗里基叶总督平定凯鲁万城叛乱，次年被任命为易弗里基叶总督，成为当地的实际统治者，自称"埃米尔"。

伊德里斯王朝都城遗址

艾格莱卜王朝定都凯鲁万，其版图东到的黎波里，西到阿尔及利亚的安纳巴港。齐亚德·阿拉一世在位时（817—838 年在位）开始对外扩张，他凭借强大的海军对地中海北岸的欧洲国家进行侵袭，从 827 年开始，陆续占领了西西里岛、马耳他岛和撒丁岛。

艾格莱卜王朝是逊尼派的穆斯林王朝，在其统治期间，马格里布地区的伊斯兰教化和阿拉伯化的程度明显加深，甚至西西里岛也为伊斯兰文化所影响。艾格莱卜王朝的统治者鼓励文化事业发展，其首都凯鲁万成为马格里布的文化中心，被视为仅次于麦加、麦地那和耶路撒冷的伊斯兰教第四大圣地。然而，903 年继位的末代埃米尔齐亚德·阿拉二世（903—909 年在位）对内奢靡无度，对外盲目扩张，耗尽国力又加重剥削百姓，导致阶级矛盾激化。909 年，艾格莱卜王朝被阿布·阿卜杜拉·侯赛因领导的柏柏尔人起义推翻，法蒂玛王朝开始建立。

法蒂玛王朝

法蒂玛王朝（909—1171 年）是什叶派的分支伊斯玛仪派建立的王朝。阿拔斯王朝建立以后，一部分什叶派穆斯林为躲避迫害而远迁北非。893 年，也门的伊斯玛仪派传教士阿布·阿卜杜拉·侯赛因在柏柏尔人部落的邀请下来到突尼斯，传播伊斯玛仪派教义，号召人民团结起来摧毁现在的秩序，建立公平正义的伊斯兰社会，他的宣传在马格里布地区影响很大。907 年，伊斯玛仪派的首领赛义德·伊本·侯赛因为逃避哈里发的迫害，从叙利亚乔装逃到突尼斯，同阿布·阿卜杜拉·侯赛因会合，但是不久他就被艾格莱卜王朝的统治者、末代埃米尔齐亚德·阿拉二世逮捕。908 年，阿布·阿卜杜拉·侯赛因领导柏柏

大口玻璃杯
出土于叙利亚地区，一个制作于法蒂玛王朝时期的玻璃杯，杯口印有阿拉伯文，现存于纽约的大都会艺术博物馆。

尔人起义，先是推翻了哈瓦利吉派的政权鲁斯塔姆王朝，又在次年进军凯鲁万城，推翻了艾格莱卜王朝，拥立从监狱中救出的赛义德·伊本·侯赛因为哈里发（909—934年在位），正式建立了法蒂玛王朝。

　　法蒂玛是穆罕默德的女儿，赛义德自称是法蒂玛的后裔，因此他建立的王朝被称为"法蒂玛王朝"，又因其崇尚绿色，因此在中国古籍中被称为"绿衣大食""南大食"，在欧洲则被称为"南萨拉森帝国"。建国之初，法蒂玛王朝定都凯鲁万城，920年迁新都马赫迪亚城。法蒂玛王朝和其他阿拉伯帝国分离出来的割据政权截然不同的一点是，其他政权的统治者大多是在承认巴格达哈里发宗主权的前提下保持事实上的割据一方，而法蒂玛王朝是公开的分庭抗礼。作为什叶派建立的政权，法蒂玛王朝公开否认巴格达哈里发的合法性，称自己才是伊斯兰世界唯一合法的宗教领袖。

　　法蒂玛王朝建立以后，先是以突尼斯为中心进行对外扩张，赛义德多次进攻埃及的尼罗河三角洲地区，海军也占领了地中海上的不少岛屿。到了哈里发卡伊姆（934—946年在位）执政时期，更是加紧了对地中海北岸的法国、西班牙等地的侵袭，甚至一度占领了意大利的热那亚。哈里发穆伊兹（952—975年在位）在位期间的扩张则更加明显。在北非，他先是向西征服马格里布，领土西端直达大西洋沿岸；后又向东进攻占据埃及地区的伊赫什德王朝。969年，大将昭海尔·绥基利率军灭亡伊赫什德王朝，使得法蒂玛王朝版图内又新增了埃及、叙利亚、巴勒斯坦以及阿拉伯半岛的西部。随后，昭海尔·绥基利在古代运河与穆盖塔山之间新建曼苏利亚城。973年，哈里发穆伊兹迁都于此，将其更名为"卡海勒"（阿拉伯语中"常胜"的意思），威尼斯人称其为"开罗"。从此以后，埃及成为法蒂玛王朝的统治中心。

　　哈里发阿齐兹在位期间（975—996年在位）是法蒂玛王朝的鼎盛时期，其版图东至叙利亚、巴勒斯坦、汉志和也门，西到摩洛哥的大西洋沿岸，幅员辽阔，和巴格达的阿拔斯王朝、西班牙的后倭马亚王朝一起在伊斯兰世界三足鼎立。

　　在政治制度上，法蒂玛王朝和阿拔斯王朝基本相同，哈里发同时是宗教领袖和世俗君主。法蒂玛王朝最初的军队多为柏柏尔人，但从哈里发扎希尔（1021—1035年在位）时期开始，突厥人和苏丹人成为法蒂玛军队的主要兵源，此外还有一些来自希腊、意大利以及东欧、南欧斯拉夫地区的雇佣兵。当时，国家掌握大部分土地，雇佣农民进行耕种，农民被束缚在土地上不得迁徙。同时，在哈里发的重视下，法蒂玛王朝的手工业和商业比较发达，在对外贸易方面，法蒂玛王朝和意大利等地中海周边国家保持着频繁的贸易往来，同时加深和印度洋沿岸地区的商业联系，红海因此取代波斯湾成为连接地中海和印度洋之间的贸易通道。

然而，到了哈里发哈基姆（996—1021 年在位）执政时，却改变了原来的宗教宽容政策，对穆斯林以外的信徒进行宗教歧视和迫害，如拆毁包括耶路撒冷的圣陵教堂在内的基督教堂，这也成为十字军东征的借口之一。哈基姆的统治使得法蒂玛王朝的社会矛盾开始尖锐起来，他死后，军事贵族将领们的权力迅速膨胀，成为法蒂玛政坛上的重要力量，左右朝政。柏柏尔军团、突厥军团、苏丹军团相互争权夺利，法蒂玛王朝开始走向衰落。

中央权力的衰落导致地方分裂势力开始增长，叙利亚、马格里布、耶路撒冷、西西里岛等领土先后被塞尔柱突厥、诺曼人等夺走，到了哈里发哈菲兹（1130—1149 年在位）执政时，哈里发的权力更是仅限于宫廷之内。十字军东征使法蒂玛王朝的形势雪上加霜，最终成为导致法蒂玛王朝灭亡的导火索。

法蒂玛王朝时期的金币

开始走向衰落的法蒂玛王朝无力抵挡十字军的入侵，于是开始向叙利亚北部的赞吉王朝求援。赞吉王朝是一个由塞尔柱突厥人建立的穆斯林政权。1164年，当时赞吉王朝的统治者努尔丁派库尔德族将领希尔库率领一支军队驰援埃及，将入侵的十字军击退。次年，法蒂玛王朝的哈里发封希尔库为维齐尔，即宰相，统领军政大权。但是 2 个月以后希尔库就去世了，其侄尤素福·伊本·阿尤布（即萨拉丁）接替了他的职位。萨拉丁对埃及军队进行大刀阔斧的改革，整编军队、加强军纪、学习军事技术，同时提拔本族亲信，扩大个人势力。1171 年，萨拉丁发动政变，推翻了法蒂玛王朝，自立为苏丹，建立了阿尤布王朝（1171—1250 年）。

阿尤布王朝

萨拉丁是逊尼派穆斯林，因此他一改法蒂玛王朝和阿拔斯王朝分庭抗礼的做法，承认阿拔斯王朝哈里发的正统地位。于是，逊尼派恢复了在埃及的统治地位，伊斯玛仪派开始衰落。当时，名义上萨拉丁还臣服于赞吉王朝的努尔丁，直至 1174 年，努尔丁暴卒，萨拉丁趁机率兵北上，宣布阿尤布王朝独立。1175 年，萨拉丁接受了阿拔斯王朝哈里发的册封，他在埃及、叙利亚、巴勒斯坦、阿拉伯半岛西部以及马格里布和努比亚的统治获得承认。1183 年，萨拉丁攻占阿勒颇，灭亡了赞吉王朝。1185 年，他又攻克摩苏尔，在控制了两河流域北部的同时，也实现了埃及、叙利亚、巴勒斯坦、希贾兹、也门以及两河流域北部的统一。当时，在地中海东部存在一些东侵的十字军建立的小公国，萨拉丁此举的政治意义在于形成了对这些十字军各公国的包围，阿尤布王朝也成为仅有的一个奋力抵御十字军东征的穆斯林政权。

1187 年，萨拉丁率领 6 万军队在巴勒斯坦的哈丁发动"圣战"，目标是耶路撒冷王国。哈丁一役，萨拉丁全歼其国近 2 万人，随后乘胜追击，连克贝鲁特、西顿、阿卡、凯撒利亚、雅法、阿斯克伦等地中海东部要塞，最后收复圣城耶路撒冷，只剩安条克、提尔和特里波利还在十字军的控制之下。

耶路撒冷的陷落震惊了欧洲，在教皇等人的煽动下，由德皇"红胡子"腓特烈、英王"狮心王"理查一世和法王腓力二世 3 位君主亲自领兵，发动了第

耶路撒冷一隅

三次十字军东征，最后一直坚持到东地中海的是"狮心王"理查一世。1191
年，十字军攻陷阿卡要塞以后，劳师远征的十字军被迫和萨拉丁签订和约，从
提尔到雅法的沿海地带归十字军，内地和耶路撒冷归萨拉丁，但是基督徒可以
去耶路撒冷圣地朝拜。

1193 年，萨拉丁在大马士革病逝，因为他生前已经将领土分给了自己的弟
弟还有 3 个儿子，所以在他去世后，阿尤布王朝分裂，其弟阿迪莱占有两河流
域上游的卡拉克和邵伯克；长子马利克控制以大马士革为中心的叙利亚南部；
次子阿齐兹占有埃及；三子扎希尔则控制以阿勒颇为中心的叙利亚北部。一时
间，混乱再起，战乱不断。经过 3 年的战争，阿迪莱取得最后的胜利。到 1199
年，叙利亚和埃及都被其征服后，他自立为苏丹，大体上恢复了阿尤布王朝的
统一。

1218 年阿迪莱去世以后，阿尤布王朝再次陷入分裂。其子卡米勒占据埃
及本土，继承了苏丹的称号，其他地区则分属阿迪莱其他诸子，霍姆斯、也门
和哈马则控制在萨拉丁的后裔支系手中。

西欧的基督教世界趁着阿尤布王朝陷入分裂又发动了新的进攻。1219 年，
主要由法国人组成的第五次十字军东征进攻埃及本土，占领了尼罗河入海口处
的重镇达米亚特，随后又溯河而上进攻埃及内地。1221 年，阿尤布王朝发动
反攻，9 月收复达米亚特，将十字军逐出埃及。1228 年，神圣罗马帝国皇帝腓
特烈二世发动第六次十字军东征，而当时控制埃及的卡米勒正在和自己的兄弟、
控制叙利亚的穆阿扎姆作战，十字军利用他们之间的矛盾。1229 年，卡米勒
和十字军缔结和约，将耶路撒冷及阿卡走廊割让给十字军。

1244 年，在中亚花剌子模突厥人的帮助下，埃及苏丹萨利赫（1242—
1249 年在位）收复了耶路撒冷。1247 年，又收复了阿斯克伦。1249 年初，法
王路易九世发动第七次十字军东征，占领达米亚特，并进军开罗。同年 11 月，
埃及苏丹萨利赫去世，其子穆阿扎姆·图兰沙从美索不达米亚回军开罗，继苏
丹位，随后率军击败入侵的十字军，俘获法王路易九世，后在法国缴纳了大笔
赎金以后才将其放回。图兰沙是萨利赫和前妻所生之子，萨利赫去世后，其宠
妃也就是图兰沙的继母舍哲尔·杜尔成为一股重要的政治势力。1250 年 4 月，
舍哲尔·杜尔勾结王朝马穆鲁克卫队的将领艾伊贝克将图兰沙害死，自称"穆
斯林的女王"。当了 80 天的统治者以后，她和艾伊贝克结婚，共同掌握政权。
自此，艾伊贝克当上了苏丹，阿尤布王朝结束，埃及开始了马穆鲁克王朝的
历史。

马穆鲁克王朝

　　"马穆鲁克"是阿拉伯语中奴隶的意思，因此马穆鲁克王朝（1250—1517年）又被称为"奴隶王朝"，这是一个由外籍奴隶出身的将领在埃及建立统治的军事寡头政权。1250年，舍哲尔·杜尔和马穆鲁克将领艾伊贝克合谋将图兰沙害死以后，扶持年仅6岁的艾什拉弗·穆萨登苏丹位，舍哲尔·杜尔成为"穆斯林的女王"。不过女子称王与伊斯兰教规不符，因此舍哲尔·杜尔和艾伊贝克结婚，共掌政权，2年后又将傀儡苏丹废黜，推艾伊贝克担任苏丹，艾伊贝克因此成为马穆鲁克王朝的第一任苏丹。

　　马穆鲁克王朝可以按照苏丹的出身分成前后两个阶段：从1250年到1390年为前期，苏丹都是来自伯海里系马穆鲁克，通常以世袭的方式传位；从1390年到1517年为后期，苏丹来自布尔吉系马穆鲁克，且经推举产生。伯海里系和布尔吉系是马穆鲁克的两大派系，在阿尤布王朝时期，萨利赫苏丹在位时招募的马穆鲁克禁卫军主要是突厥人和蒙古人，他们驻扎在尼罗河中的罗得岛，故而得名"伯海里"，意为"河洲"；到了马穆鲁克王朝的苏丹嘉拉温在位时（1279—1290年在位），大部分禁卫军是来自高加索山以北地区的塞加西亚人，他们驻守在开罗的城堡中，因此被称为"布尔吉"，意为"碉楼"。

　　马穆鲁克王朝前期，先后在对抗西征的蒙古人和东征的欧洲十字军的战争

马穆鲁克玻璃瓶
这件制作于公元13世纪末的玻璃瓶是由埃及和叙利亚工匠共同制作的，是当时伊斯兰世界玻璃制品的杰出代表。现存于纽约的大都会艺术博物馆。

清真寺玻璃油灯
这是一件出土自开罗、瓶颈处刻有《古兰经》
铭文的油灯，大约制作于 14 世纪中期。现存
于大英博物馆。

中取得了不小的胜利，随后迎来了约一个世纪的和平时期，直到 14 世纪末。
马穆鲁克王朝继承了阿尤布王朝对阿拔斯王朝哈里发的承认政策，通过哈里发
的册封来实现自己的统治合法性。1258 年，西征的蒙古大军攻破了巴格达城，
彻底灭亡了阿拔斯王朝，阿拔斯王族阿布·卡西姆逃往大马士革。当时马穆鲁
克王朝的苏丹拜伯尔斯（1260—1277 年在位）将其迎往开罗尊为哈里发，阿
布·卡西姆也顺势将埃及、叙利亚、美索不达米亚上游以及阿拉伯半岛西部的
统治权封给了拜伯尔斯。虽然这样的册封不过是走过场，形势大于内容，但还
是被后来的马穆鲁克苏丹继承下来，马穆鲁克王朝出现过的 16 位哈里发也只
剩下了一项职责，那就是主持新苏丹的就职仪式。

1258 年，西征的蒙古大军攻陷巴格达以后，继续向西进入叙利亚，连下
阿勒颇、大马士革、纳布卢斯、加沙等重要城池，进逼埃及。1260 年，当时
的马穆鲁克苏丹忽都斯·贝尔巴斯（1259—1260 年在位）和当时还是禁卫军
将领的拜伯尔斯率军迎战，经过约旦河左岸贝桑附近的艾因·贾鲁一战，留守
在此的蒙古军队统帅怯的不花阵亡，蒙古人对西亚和北非的入侵也因此被遏制。
此后，蒙古人放弃了叙利亚，马穆鲁克王朝则趁机占领了叙利亚。击败蒙古军
后不久，拜伯尔斯就杀死了苏丹忽都斯·贝尔巴斯，自立为苏丹。之后，拜伯
尔斯东征西讨，屡战屡胜，奠定了马穆鲁克王朝的基础。拜伯尔斯采用灵活多
变的策略，和较远的东罗马和钦察汗国搞好关系，集中力量对付占据着地中海
东岸的十字军势力。1263 年，拜伯尔斯夺取了控制在阿尤布家族手中的卡拉
克，获得了前进的跳板。此后的几年间，他先后攻占凯撒利亚、萨法德、安条

克、希斯尼·艾克拉德等城市，所到之处十字军被俘杀，教堂被毁。拜伯尔斯还在非洲扩展领土，埃及以西的利比亚和以南的努比亚都被他纳入马穆鲁克王朝的版图。

　　1279 年，拜伯尔斯的部将嘉拉温将拜伯尔斯的幼子塞拉米什废黜，自立为苏丹。他击退了蒙古伊尔汗国的入侵，收复了叙利亚失地，随后又对十字军的残余势力发起进攻，并在 1285 年到 1289 年间先后收复麦尔盖卜、的黎波里、贝特伦等要地，在 1290 年准备进攻阿卡城时去世。随后，其子艾什拉弗继承了他的事业，先是占领了阿卡城，灭亡耶路撒冷王国，又连克十字军控制下的提尔、西顿、贝鲁特、安塔尔突斯、阿斯里斯等城市和要塞。至此，十字军在地中海东部的势力被彻底消灭。

　　另一边，马穆鲁克王朝进一步推行军事分封土地制度，将大小不同的土地分封给贵族和将领，受封者获得土地收入的同时承担服役的义务。马穆鲁克王朝前期大力发展生产，经济繁荣，开罗、亚历山大和大马士革都是当时知名的国际贸易中心。与经济同样繁荣的是文化事业，后世的史学家称其是中世纪最后一个"闪烁着伊斯兰文明余晖"的穆斯林王朝。

　　从 13 世纪末到 14 世纪末，马穆鲁克王朝维持了一个世纪的和平。但从

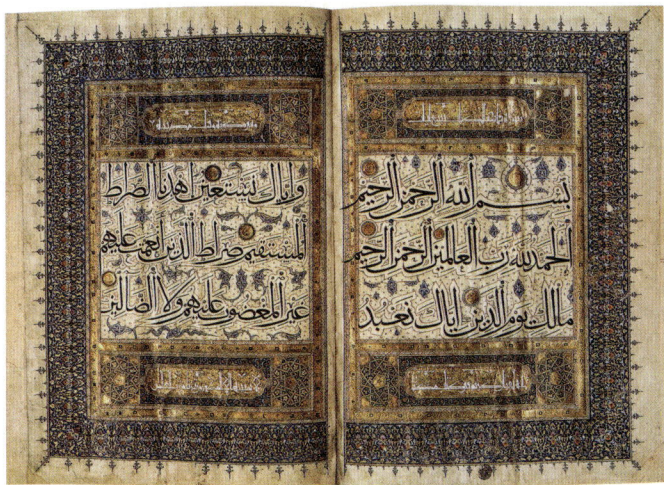

《古兰经》插页
这是马穆鲁克王朝的一位书法家和一位画家共同创作的一份《古兰经》手抄稿。该手稿体积巨大、色彩丰富，极具艺术价值。

1382 年起，布尔吉系马穆鲁克接管了政权，此后的苏丹或是平庸之辈，或是骄横暴戾、挥霍无度之徒，马穆鲁克王朝开始走向衰落。也是在 14 世纪末，西亚崛起了一个新的帝国——帖木儿帝国，在占领了美索不达米亚和小亚细亚以后，它又入侵了叙利亚。1400 年到 1401 年，帖木儿击败马穆鲁克军队，大肆洗劫叙利亚北部，将主要建筑都夷为平地。与此同时人祸未平，又有天灾。1348 年，从欧洲传入埃及的鼠疫肆虐长达 7 年，此后埃及又多次暴发瘟疫，据说在苏丹贝尔斯贝伊（1422—1438 年在位）在位时期爆发的一次大瘟疫曾夺取开罗 30 万人的生命。15 世纪末，新航路的开辟导致埃及不再具有商业上坐享过境贸易的优势，财源枯竭更使衰退的马穆鲁克王朝雪上加霜。

最后灭亡马穆鲁克王朝的是奥斯曼土耳其人。1516 年 8 月，奥斯曼土耳其军队在叙利亚北部阿勒颇附近的达比克草原击败马穆鲁克军队，征服叙利亚。次年 1 月，在开罗城郊，马穆鲁克王朝末代苏丹图曼贝伊（1516—1517 年在位）和奥斯曼帝国苏丹赛利姆一世（1512—1520 在位）展开决战，图曼贝伊兵败被杀，马穆鲁克王朝宣告灭亡。与此同时，从法蒂玛王朝开始的、长达 6 个世纪的埃及独立发展结束，彻底沦为奥斯曼帝国的一个行省。

伊朗、中亚的一些王朝

阿拔斯王朝后期，其版图之内的波斯以及波斯东部的中亚地区等领土上也先后出现了一些大大小小的割据政权，其中产生过较大影响的有伽色尼王朝、布韦希王朝以及强大一时的塞尔柱帝国，当时名义上的最高统治者阿拔斯王朝的哈里发甚至都被他们控制，成为傀儡。

塔希尔王朝和萨法尔王朝

最早出现在帝国之东的割据王朝是 820 年建立在呼罗珊的塔希尔王朝

（820—873 年）。该王朝的建立者塔希尔·伊本·侯赛因祖籍波斯，袭任呼罗珊长官。820 年，他因战功被哈里发封为波斯和东方行省总督，并取得呼罗珊作为世袭领地，统辖巴格达以东的广大地区。822 年起，他下令辖地的穆斯林在聚礼中不再为哈里发而是为自己祝福，并在钱币上去掉了哈里发的名字。一般来说，可以将这一时间定为其宣告独立之始，这也是阿拔斯王朝第一个出现地方割据王朝的时期。阿卜杜拉（828—844 年在位）任埃米尔时，为塔希尔王朝的巅峰时期，他在内政外交上均有一定建树，王朝版图也向东扩展到了印度边境。9 世纪 60 年代以后，塔希尔王朝开始衰落，阶级矛盾激化，人民起义不断。873 年，塔希尔王朝被兴起于锡斯坦的萨法尔王朝灭亡。

　　萨法尔王朝（867—1002 年）的建立者耶古卜·伊本·莱伊斯（867—879 年在位）本是波斯东部锡斯坦的一个铜匠（"萨法尔"），9 世纪 50 年代初他参加了亡命徒组成的军事组织。867 年，他自立为锡斯坦的埃米尔，建立了萨法尔王朝。此后，他不断向外扩张，先是夺取了塔希尔王朝的赫拉特和克尔曼，又挥师向东进攻法尔斯，远至今天阿富汗的伽兹尼。873 年，萨法尔王朝灭亡塔希尔王朝，2 年后占领赖伊（今伊朗首都德黑兰东南郊），又击败齐亚尔王朝。此时，阿拔斯王朝的哈里发不得不册封他，并承认其对上述地区的占领。876 年，耶古卜企图进军巴格达，但被哈里发之弟率军击退。2 年后，耶古卜去世，其弟阿姆尔继位（879—900 年在位），他在位期间是萨法尔王朝的巅峰时期。阿姆尔和阿拔斯王朝哈里发关系不错，不仅承认其权威，还多次入贡。898 年，萨法尔王朝开始向河外及吐火罗地区扩张。900 年，阿姆尔在巴尔赫附近为萨曼王朝击败俘虏，最终被押解到巴格达处死。1002 年，萨法尔王朝被萨曼王朝灭亡。

萨曼王朝和伽色尼王朝

　　萨曼王朝是阿拔斯王朝兴起于中亚地区的一个割据王朝，萨曼是其建立者纳斯尔·伊本·艾哈迈德（874—892 年在位）曾祖的名字，为波斯贵族后裔，820 年左右，其孙艾哈迈德等 4 人因战功被分别封为撒马尔罕等四城的军事长官，后接受塔希尔王朝节制。873 年，塔希尔王朝被萨法尔王朝灭亡，河中地区归艾哈迈德统治。874 年，其子纳斯尔·伊本·艾哈迈德被哈里发任命为河中地区总督，称埃米尔，萨曼王朝（874—999 年）开始。

萨曼王朝的王陵

纳斯尔名义上仍尊哈里发为宗主，向其纳贡，并仿效阿拔斯王朝制定了自己的军政制度。待到纳斯尔之弟伊斯玛仪·本·艾哈迈德（892—907 年在位）即位后，先是入侵了萨法尔王朝，控制了呼罗珊，随后又将中亚不少小邦征服，势力大大扩张。到了纳斯尔二世（914—942 在位）在位时，帝国发展重心从中亚转移到了波斯东部。他和纳斯尔一世都是在内政建设上颇有成效的君主，萨曼王朝也在此时达到了极盛时期，其版图北及咸海，南到波斯东南部，东至阿姆河和锡尔河上游地区，西至里海，是中亚最强大的国家。

10 世纪中期，伊朗西部兴起的布韦希王朝对萨曼王朝的西方边境构成威胁。此外，萨曼王朝的后几位埃米尔都是幼年继位，大权逐渐落入突厥奴隶近卫军手中，各省的分离趋势逐渐明显。同时，兴起于中亚的喀喇汗王朝夺走了中亚部分地区，阿姆河以南地区则被新兴的伽色尼王朝占领。999 年 10 月，萨曼王朝被喀喇汗王朝灭亡，国土被喀喇汗王朝和伽色尼王朝瓜分。

继萨曼王朝之后兴起于中亚的是伽色尼王朝（962—1186 年），因其定都在伽色尼地区而得名。伽色尼王朝的建立者阿尔普特勒是萨曼王朝的突厥奴隶禁卫军首领，961 年任呼罗珊总督，次年夺取伽色尼地区自立为"埃米尔"，建立伽色尼王朝，但他依然承认哈里发的宗主权。阿尔普特勒的继任者苏布克特勒（977—997 年在位）对外开疆拓土，不仅占领了印度的白沙瓦地区，还从萨曼王朝手中夺取了呼罗珊。苏布克特勒之子马哈茂德（997—1030 年在位）的文治武功均很突出，也正是他将伽色尼王朝送上了极盛时期。马哈茂德承认哈里发的宗主权，被封为"苏丹"，还被赐予"国家的右臂"尊号。他多次进行对外扩张，曾 17 次远征印度，占领以拉合尔为中心的旁遮普地

伽色尼王朝遗址

区，使这里从此成为了穆斯林地区。999年，马哈茂德联合喀喇汗王朝灭亡萨曼王朝，以阿姆河为界，瓜分其领土。1006年，他又征服花剌子模，后来又击败布韦希王朝，夺取赖伊等地，伽色尼王朝的版图达到最大——东起北印度，西到波斯西北部，南到锡斯坦，北至阿姆河，是自阿拔斯王朝以来版图最大的帝国。

然而，伽色尼王朝仅是一个通过武力征服建立起来的军事行政联合体，缺乏稳定的经济基础，因此在马哈茂德去世以后，伽色尼王朝就开始衰落、分裂。11世纪30年代以后，呼罗珊、花剌子模先后被塞尔柱帝国夺走；在阿富汗本土，赫拉特地区12世纪中叶新崛起的古尔王朝也对伽色尼王朝构成严重威胁；1149年，其首都伽色尼城被焚毁，被迫迁都拉合尔。此后，白沙瓦、旁遮普地区也先后失陷。1186年，古尔王朝击败并抓住了伽色尼王朝的末代统治者胡斯鲁·马利克，伽色尼王朝最终灭亡。

布韦希王朝

布韦希王朝（945—1055年）因其建立者阿里的父亲名叫布韦希而得名。布韦希是里海西南岸山地德莱木人的酋长，有3子：阿里、哈桑和艾哈迈德。934年，阿里占领法尔斯，此后几年间，伊斯法罕、胡泽斯坦、克尔曼等地先后为该家族所统治，设拉子为其都城。945年，艾哈迈德趁阿拔斯王朝内讧之机进军巴格达，赶走突厥禁卫军，哈里发从此成为布韦希家族的傀儡。之后，阿里兄弟三人都被赐予尊号，长兄阿里掌握大权。949年，阿里去世，其侄、哈桑之子继位，称"阿杜德·道莱"（意为"国家臂膀"，949—983 年在位）。他在位期间，布韦希王朝达到极盛，对内消除了割据势力，实现统一，领土广阔，所辖伊拉克和伊朗西部、南部等地，基本和萨珊波斯时期相同。布韦希家族为什叶派穆斯林，但为了笼络占居民大多数的逊尼派穆斯林，他依然以逊尼派哈里发的名义进行统治，但同时也规定了全国穆斯林都要纪念什叶派的宗教节日。

阿杜德·道莱去世以后，布韦希王朝出现内讧，突厥族和德莱木军人矛盾不断，布韦希家族内部也出现纷争，布韦希王朝迅速衰落。1029 年，布韦希王朝的东方一部分领土被伽色尼王朝夺走。1037 年，塞尔柱王朝建立，随后大举扩张。1055 年，塞尔柱人进军巴格达，推翻了布韦希王朝的统治，并将阿拔斯王朝哈里发控制在自己手中，布韦希王朝灭亡。

塞尔柱帝国

塞尔柱人是突厥乌古斯部落联盟中的一支部族，因其酋长名为塞尔柱而得名，最早居住在突厥斯坦的吉尔吉斯草原。乌古斯是中国隋唐时期的九姓部落联盟，臣属于突厥，后来一部分向西迁徙，被称为"乌古斯"。大约在 10 世纪中叶，乌古斯各部在塞尔柱的统帅下西迁至锡尔河下游的占德地区，985 年（一说 956 年），被编入萨曼王朝的边防军，定居在布哈拉城附近，同时皈依了伊斯兰教逊尼派。后来，伽色尼王朝势衰，塞尔柱趁机崛起。1037 年，塞尔柱之孙图格里勒·贝格（1037—1063 年在位）率部越过阿姆河西进，先后占领了伽色尼王朝的木鹿和内沙布尔，1040 年又夺取了呼罗珊。他在内沙布尔建立了自己的政权之后，继续西进，夺取了米迪亚、赖伊、哈马丹，1051 年占领伊斯法罕后迁都于此，1054 年又征服阿塞拜疆。

1055 年，应沦为布韦希王朝埃米尔傀儡的哈里发请求，图格里勒·贝格率军进入巴格达，推翻了布韦希王朝，随后被哈里发封为苏丹，称"东方和西方之王"，成为阿拔斯王朝新的控制者。

图格里勒·贝格之侄阿尔普·阿尔斯兰（1063—1072 在位）和其子马立克沙（1072—1092 年在位）统治时期是塞尔柱帝国的极盛时期。阿尔斯兰曾多次向东方用兵。1064 年，他占领了东罗马帝国的亚美尼亚行省旧都阿尼；1070 年，他击败法蒂玛王朝的军队，占领了阿勒颇，塞尔柱帝国的势力扩张

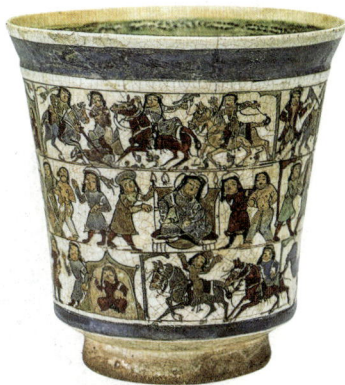

上釉广口杯

这是一个制作于塞尔柱帝国末期的上釉广口杯，杯身上的装饰画是来源于波斯地区的著名长篇史诗《列王纪》里面的爱情故事。现存于美国弗利尔美术馆。

到了耶路撒冷和大马士革，还控制了伊斯兰教的两大圣地——麦加和麦地那。1071 年，在凡湖以北的曼齐刻尔特一役中，塞尔柱帝国又大败东罗马军队，将东罗马皇帝罗曼努斯四世俘虏，占领了小亚细亚的大部分地区。阿尔斯兰之子马立克沙继位后，将首都迁往巴格达。到 11 世纪末，塞尔柱帝国的版图东到中亚和中国接壤，西到小亚细亚和叙利亚，南至阿拉伯海，北和基辅罗斯接壤。

塞尔柱帝国沿袭了阿拔斯王朝的政治制度，苏丹以下由首相维齐尔辅政，阿尔斯兰和马立克沙在位期间的维齐尔尼扎姆·穆勒克就对帝国的繁荣做出了巨大贡献。塞尔柱帝国实行军事采邑制，封邑可以世袭，地方上各省设总督，多由塞尔柱贵族出任。其历代统治者也鼓励文化学术发展，使其一度非常繁荣。

1092 年，马立克沙和尼扎姆·穆勒克先后去世，诸子争位，帝国陷入四分五裂。当时，在叙利亚、呼罗珊、小亚细亚等地又出现了一些小塞尔柱王朝。马立克沙的三子桑贾尔受封于呼罗珊，后成为塞尔柱帝国的继承人，被其他小王朝奉为宗主。他曾击败中亚的喀喇汗王朝和伽色尼王朝，但晚年镇压吐火罗斯坦的乌古斯人起义却失败了，直到他 1157 年去世，大塞尔柱王朝灭亡，国土被花剌子模王国吞并。也是从这一年起，伊拉克塞尔柱王朝继续统治巴格达，直至 1194 年被花剌子模王朝击败，塞尔柱人控制阿拔斯王朝的历史结束（也有一种说法将这一年定为塞尔柱帝国终结的年份）。

在塞尔柱帝国解体后的各个小王朝中，历史最长久的是小亚细亚的罗姆苏丹国。这个小国由阿尔普·阿尔斯兰的堂弟苏莱曼沙建立，1084 年定都于伊

光辉的米哈拉布

米哈拉布，即壁龛。它是清真寺里的设施之一，朝向伊斯兰教的圣地麦加。图中的米哈拉布修建于 1226 年，是现存最大的米哈拉布之一。现存于柏林国家博物馆。

科尼阿姆（今科尼亚），西北和东罗马帝国为邻。11 世纪末，罗姆苏丹国抵挡住了十字军的入侵，保住了小亚细亚的中部地区；13 世纪初，罗姆苏丹国进入巅峰时期，曾对外扩张，占领了地中海岸的安塔利亚和黑海岸的锡诺普，迫使尼西亚帝国等国纳贡。不久以后，蒙古人入侵小亚细亚，战败的罗姆苏丹国沦为蒙古人的藩属。1308 年，其末代苏丹被蒙古人处死。至此，塞尔柱帝国的最后一个分支罗姆苏丹国彻底灭亡。

奥斯曼土耳其的兴起

13 世纪初兴起的蒙古帝国横扫欧亚，对中东地区产生了重大的影响，伊尔汗国、帖木儿汗国等都是这段时期中东历史舞台上的重要角色。蒙古帝国势衰以后，中东地区又有一个帝国崛起，帝国建立者和塞尔柱人一样同属突厥人，但这已经是在塞尔柱帝国的兴盛期后约 2 个半世纪的事了。

奥斯曼帝国的兴起

奥斯曼土耳其人是突厥人的一支，突厥人最早生活在中西伯利亚西部、叶尼塞河的上游地区。在中国秦汉时期，他们向南扩展到贝加尔湖一带，约在 6 世纪中叶建立了强大的政权，势力范围广阔。6 世纪末，突厥帝国分裂为东、西两部，后在 7 世纪上半叶时先后被中国唐朝灭亡。8 世纪，突厥人重新在中亚地区崛起，并接受了伊斯兰教。11 世纪初开始，突厥人大举迁徙，其中的一支便是建立了强大一时的塞尔柱帝国的塞尔柱突厥人。

奥斯曼人是西突厥的一支，属于奥古兹部落联盟中的凯伊部落，最早生活在中亚地区，后来迁徙到波斯东部的呼罗珊地区。13 世纪初，蒙古帝国崛起，迫使呼罗珊地区的凯伊部落迁往美索不达米亚北部，后来其首领苏莱曼在阿勒颇附近被害，凯伊部落遂分成了两部分，一部分回了呼罗珊，另一部分则在苏莱曼之子埃尔图鲁尔加齐的率领下进入了当时在塞尔柱突厥人控制下的小亚细亚。当时统治小亚细亚的是小塞尔柱王朝之一的罗姆苏丹国，埃尔图鲁尔加齐率领部众依附，获得了瑟于特作为封地。瑟于特位于小亚细亚西北部、萨卡里亚河畔，和东罗马帝国接壤，这块土地便也成为了奥斯曼帝国的发祥地。

1281 年，埃尔图鲁尔加齐去世，其子奥斯曼继承其首领之位，奥斯曼不断蚕食东罗马帝国的领土，甚至曾参加围攻东罗马帝国的旧都尼西亚之战。13 世纪末的罗姆苏丹国在蒙古人的侵略下已经衰落不堪，境内割据势力四起，奥斯曼也在 1299 年宣布独立，自称苏丹。进入 14 世纪，奥斯曼多次击败东罗马军队，在小亚细亚的西北部开疆拓土，一跃成为小亚细亚地区的强国之一。1326 年，奥斯曼从东罗马手中夺取了布尔萨（一说奥斯曼在进攻布尔萨时病逝，其子乌尔汗继位后将其攻下），将其作为都城。后来这个国家便以他这个创立者的名字被称为"奥斯曼帝国"，这支土耳其人也被称作"奥斯曼土耳其人"（"土耳其"是"突厥"的另一种音译称呼）。

奥斯曼之子乌尔汗（1326—1359 年在位）继位后，继续对孱弱不堪的东罗马帝国进行蚕食。1330 年占领菲洛克林，1331 年占领尼西亚，1337 年占领伊兹米特，1345 年又吞并了突厥穆斯林的卡拉希埃米尔国，将埃德列米德湾到卡皮达希的地区纳入帝国版图。乌尔汗的另一项功绩是进行军事改革。乌尔汗时期的奥斯曼军队分为骑兵和步兵，骑兵又分为旧式骑兵和新式骑兵，旧式骑兵由领有封邑的军事贵族提供，新式骑兵则是领取薪金的雇用骑兵；步兵部队是在乌尔汗时期开始组建的，主要从改宗伊斯兰教的原基督徒中招募，他们大多武器精良，训练有素。步兵部队和新式骑兵都可以成为乌尔汗组建的新军，他们需终身服役，不得婚配，但因待遇优厚又享有特权，因此具有强大的战斗力，成为奥斯曼对外扩张的主要力量。到 14 世纪中叶，东罗马帝国的势力被乌尔汗彻底逐出了小亚细亚，此时从爱琴海到黑海之间的广大土地都成为了奥斯曼帝国的领土。

征服巴尔干

　　奥斯曼帝国统治者的进一步侵略目标选在了巴尔干半岛。巴尔干半岛一度为东罗马帝国统治，后来斯拉夫诸民族崛起，双方纠缠了几百年，希腊人和斯拉夫人之间民族矛盾重重，外敌入侵时无法形成一致对外的力量，这就为奥斯曼帝国进军巴尔干提供了有利条件。当时的东罗马帝国内忧外患，1341 年又出现"两个约翰"争夺皇位的事情，约翰五世和约翰六世都在寻求外国势力的支持，于是乌尔汗介入，和约翰六世联姻，并在 1349 年出兵援助约翰六世，这也是奥斯曼人第一次踏上欧洲的土地。乌尔汗得到的回报是达达尼尔海峡欧洲一侧的兹姆堡，乌尔汗长子苏莱曼占据了这里。1354 年，苏莱曼又出兵占据了附近的军事重镇加里波利，这两个地方也成为奥斯曼人进军巴尔干的桥头堡。

奥斯曼帝国首领乌尔汗

　　奥斯曼人大规模入侵东南欧是在乌尔汗之子穆拉德一世（1360—1389 年在位）时期。1362 年，奥斯曼占领军事重镇亚得里亚堡，君士坦丁堡和北方诸国的联系被切断，同时奥斯曼入侵东南欧的大门也由此打开。1369 年，奥

穆拉德一世

斯曼迁都至此，并将其改名为"埃迪尔内"。1371 年，在马里查河畔的塞尔诺文，奥斯曼军队大败塞尔维亚、保加利亚、瓦拉几亚和匈牙利的 6 万联军，巴尔干诸国被迫称臣纳贡。当时的东罗马帝国皇帝约翰六世也被迫在次年承认了穆拉德一世的宗主权。1389 年，巴尔干诸国复起，他们在塞尔维亚国王拉扎尔的率领下再次组成联军对抗奥斯曼土耳其。同年 6 月的科索沃平原一战，穆拉德一世和拉扎尔皆战死沙场，但奥斯曼军队还是取得了胜利，这也奠定了巴尔干诸国的命运，巴尔干诸国自此丧失了政治上的独立，除了黑山以外的塞尔维亚领土全部被纳入奥斯曼版图。

穆拉德一世的继承者巴耶塞特（1389—1402 年在位）执政期间继续对外扩张。1393 年，他出兵入侵保加利亚和阿尔巴尼亚，并占领了君士坦丁堡以西的整个色雷斯地区，此举震动了欧洲。于是在 1396 年，匈牙利、捷克、波兰、法兰西、德意志等国骑士又纠合组成了一次十字军，却在多瑙河畔的尼科波利斯被奥斯曼军队大败，近 1 万人被俘，其中只有 300 人被用巨款赎回，其余几乎都被巴耶塞特处死。此役过后，巴尔干半岛基本都处于奥斯曼的统治之下。1390 年，在小亚细亚，奥斯曼军队还拔除了东罗马在这里的最后据点——菲拉德尔菲亚，又吞并了哈米德、艾登、萨鲁罕、门特舍、特克、卡拉曼、伊斯芬迪耶尔等小亚细亚半岛上的小国家。巴耶塞特在位期间，西到亚得里亚海、匈牙利平原，东到幼发拉底河，其间的广大土地都是奥斯曼人的土地，东罗马帝国仅占据着几座孤城。

扩张中的奥斯曼帝国在 15 世纪初遭遇了一个更为强大的对手，那就是 14 世纪末兴起于中亚的帖木儿帝国，两大帝国在小亚细亚发生了激烈的碰撞。

1402 年，帖木儿率军入侵小亚细亚，在安卡拉平原击败了巴耶塞特，巴耶塞特被俘以后忍辱而死。之后，奥斯曼的土地被帖木儿分给了巴耶塞特的 4 个儿子，也正是这 4 个儿子为了争夺苏丹之位而展开内战长达 10 年之久。1413 年，巴耶塞特之子穆罕默德（1413—1421 年在位）先后击败了自己的几个兄弟，结束了奥斯曼的分裂，并重新对外扩张。

1421 年，奥斯曼土耳其苏丹穆拉德二世（1421—1451 年在位）借口东罗马帝国皇帝曼努埃尔二世插手本国内部斗争而出兵围攻君士坦丁堡，迫使东罗马割地纳贡：君士坦丁堡城外所有土地，除了供水区外都割让给奥斯曼，并每年纳贡 3 万杜卡特。1430 年，奥斯曼帝国从威尼斯手中夺取了塞萨洛尼基，随后又占领了大部分阿尔巴尼亚和伊庇鲁斯的土地。1444 年，穆拉德二世先败后胜：年初被以匈牙利军队为主的巴尔干联军击败，被迫签订了 10 年的停战和约。但是匈牙利人等轻敌冒进，重新挑起了战火。11 月，在黑海西岸、保加利亚的瓦尔纳一战，奥斯曼军队击败匈牙利国王弗拉迪斯拉夫率领的欧洲诸国十字军，弗拉迪斯拉夫战死。1448 年 10 月，穆拉德二世再次在科索沃平原击败十字军，巩固了奥斯曼在东南欧的统治，巴尔干诸国也彻底丧失了反击的力量。

奥斯曼水盆

制作于 1547 年左右的一件奥斯曼水盆，体现了当时奥斯曼帝国的高超制陶工艺。

灭亡东罗马帝国及继续扩张

当时的东罗马帝国唯一的首都君士坦丁堡，已被奥斯曼土耳其四面包围。1453 年，奥斯曼土耳其苏丹穆罕默德二世（1451—1481 年在位）率领 20 万大军围攻君士坦丁堡，城中东罗马的末代皇帝君士坦丁十一世奋勇抵抗。53 天的激战之后，君士坦丁堡城陷，东罗马帝国最终灭亡，奥斯曼帝国迁都君士坦丁堡，并将这里更名为"伊斯坦布尔"。

在灭亡东罗马帝国以后，奥斯曼土耳其继续向欧洲扩张，穆罕默德二世先后征服了塞尔维亚、波斯尼亚、黑塞哥维那和阿尔巴尼亚，瓦拉几亚和摩尔达维亚也表示臣服。在东北方向，奥斯曼土耳其还占领了卡法，这是热那亚在黑海地区重要的殖民地和商业城市。另外，从金帐汗国分裂出来的克里米亚汗国也对奥斯曼表示臣服。到了 16 世纪，奥斯曼人进一步扩张，塞利姆一世（1512—1520 年在位）将扩张的矛头转向亚洲和非洲：1514 年，他率军入侵刚刚建国的波斯萨非王朝，攻占其首都大不里士；1516 年，塞利姆一世又向统治埃及的马穆鲁克王朝开战，夺取了叙利亚和巴勒斯坦，次年攻陷开罗，灭亡了马穆鲁克王朝，并且将原属于埃及的汉志以及麦加和麦地那纳入版图。最终，塞利姆一世将奥斯曼帝国的领土从 250 万平方公里扩展到 450 万平方公里。

塞利姆一世之子苏莱曼一世是一位雄才大略的君主，奥斯曼帝国在他在位期间发展达到了巅峰。在对外战争当中，1521 年，他攻占了军事要地、当时为匈牙利控制的贝尔格莱德；1522 年，又占领了地中海上的骑士团重要据点罗德岛；1526 年，在摩哈赤战役中，他又击败匈牙利，占领了巴尔干半岛西部和多瑙河下游地区。此后，苏莱曼一世和奥地利的哈布斯堡王朝展开了对匈牙利的争夺战。1529 年秋，奥斯曼大军兵临维也纳城下，久攻不下后撤军。在

苏莱曼一世的图格拉
图格拉，即花押、签名。在奥斯曼帝国时期，苏丹发布的公文都会加盖一个"图格拉"作为花押。本图就是苏莱曼一世的经典花押。

苏莱曼清真寺

这是苏莱曼一世时期最著名的建筑师米马尔·希南于 1550 年—1557 年间设计建造的清真寺，一般称之为"伊斯坦布尔的最美清真寺"。

东方，奥斯曼人的主要对手是萨非波斯。1534 年，苏莱曼一世入侵伊朗，攻克巴格达，占领了美索不达米亚，又吞并了亚美尼亚和格鲁吉亚的部分地区。1555 年，双方签订《阿马西亚和约》，波斯方面承认了奥斯曼对美索不达米亚等地的占领。1536 年，奥斯曼帝国征服了阿拉伯半岛和也门。在北非，奥斯曼帝国先后征服了阿尔及利亚、的黎波里和突尼斯。到 16 世纪中叶，奥斯曼帝国俨然已经成为一个地跨三洲的大帝国。

苏莱曼一世不仅在对外扩张方面成就卓著，在对内的文治方面也有一定成就。他颁布了《苏莱曼苏丹法典》，对行政制度进行改革，因此，苏莱曼一世也被称为"卡努尼"，意为"立法者"。在苏莱曼一世统治时期，奥斯曼帝国达到了鼎盛期。

08

汉末到明末的中国

　　从东汉到明朝末年，大约 1600 多年的时间，中国经历了漫长的封建社会发展时期。在这一时期，古代封建专制主义达到顶峰，君权空前加强，统一的多民族封建国家得到巩固，中国古代科技文化也取得了辉煌成就，对后世影响深远。

魏晋南北朝时期

　　魏晋南北朝时期是中国从封建分裂走向统一的时期。这一时期经历了三国鼎立、西晋短暂统一、十六国与东晋并立和南北朝对峙四个阶段。这是个政治分裂、政局动荡的时期，但动荡局面中蕴含着统一，各民族出现了大融合局面，也出现了极具时代特征的多样文化。

东汉末年天下三分

　　189 年，汉灵帝死，刘辩即位为帝，史称"少帝"。执政的何太后其兄何进入朝辅政，他不仅密谋杀死了宦官首领蹇硕，更企图杀尽宦官，独揽朝政。但宦官张让、段珪等人先发制人，将何进杀死。中军校尉袁绍得知这个消息后，立即率兵进入洛阳，将宫中的两千多个宦官全部诛杀。不久后，并州牧董卓率兵进入洛阳，废黜少帝，另立年仅 9 岁的陈留王刘协为帝，即汉献帝。独揽朝政之后的董卓，放纵部下四处劫掠，烧杀奸淫，无恶不作，激起了东汉朝臣和地方牧守的反对，使得阶级矛盾和统治集团内部的矛盾日益加剧。

　　董卓进入洛阳后，袁绍逃到了冀州。献帝初平元年（190 年），袁绍纠集后将军袁术、典军校尉曹操以及冀州牧韩馥、豫州刺史孔伷等人组成关东军，讨伐董卓。面对关东军的强大压力，董卓挟持汉献帝由洛阳西迁长安，关东军随之瓦解。初平三年，长安发生兵变，司徒王允和部将吕布合谋杀死董卓，董卓部将李傕、郭汜又将王允杀死，关中顿时大乱。在关东军分崩离析后，各割据势力为了各自利益展开激烈混战，由此拉开了东汉末年军阀混战的序幕。

　　经过一番激战，到 196 年时，全国已被划分成许多割据势力。其中，袁绍占据了冀州、幽州、青州等地，成为北方实力最强的割据势力；曹操则占据了兖、豫二州；韩遂、马腾占据凉州；公孙瓒占据幽州；公孙度占据辽东；陶谦、刘备、吕布先后占据徐州；袁术占据扬州的淮南部分；刘表占据荆州；刘璋占据益州；孙策占据扬州的江东部分；士燮占据交州。在这些割据势力中，势力最强的是袁绍和曹操。关东军瓦解后，曹操占据了中原大部分地区，收编了青州黄巾军 30 万人，编为青州兵，势力大振。建安元年（196 年），曹操将汉献帝迁到许昌，取得了"挟天子以令诸侯"的地位。2 年后，曹操诛杀吕布，迫降张绣，将势力扩大到徐州和南阳地区。

200 年 10 月，袁绍率领 10 万大军南下，向曹操发起进攻。袁绍军迅速占领了黎阳，将白马（今河南滑县东北）团团围住。曹操则采用了声东击西的计策，解除了白马的包围，然后退守到官渡，双方在此相持了半年之久。后来，曹操在原袁绍谋士许攸的建议下，烧毁袁军在乌巢的军粮，动摇了袁军的士气，并乘机向袁军发动进攻，最终以弱胜强，歼灭袁军 7 万多人，袁绍则逃回了河北。至此，官渡之战以曹操的胜利而告终。

官渡之战结束后的第 2 年，袁绍忧愤而死，其子袁谭、袁尚相互争立，出现矛盾。曹操借机攻占了邺城，又相继占领了幽、冀、青、并四州，统一了中原地区。207 年，曹操又打败了乌桓和袁氏联军，基本统一了北方地区。

"摆亮子"曹操发兵皮影戏（局部）
《三国演义》皮影戏剧目《当阳桥》中的一个场面，表现了曹操发兵讨伐董卓时的场景。

　　曹操统一北方后，又乘胜南下，一举消灭了占据荆州的刘表。建安十三年（208 年），曹操率领 20 万大军南下，攻占刘表次子刘琮占领的荆州。刘琮慑于曹操的强大兵力，投降了曹操。刘表长子江夏太守刘琦和驻守樊城的刘备则仍然坚持抵抗曹军。

　　刘备是西汉景帝之子中山靖王刘胜的后代，属于汉朝远支宗室。因镇压黄巾起义有功，曾出任过县丞、县尉等职务，在后来的割据势力混战中，也组织起了自己的武装力量。但因实力较弱，刘备暂时也只能投靠势力强大的割据势力。官渡之战后，刘备投靠了刘表，驻守在樊城。他在樊城一边招兵买马，一边寻找有才之士，壮大自己的力量。曾三顾茅庐把诸葛亮请出山，作为自己的幕僚。此外，此时占据江东的孙权则是孙坚的次子，他的父亲孙坚和兄长孙策在东汉末年的群雄割据中打下了江东的基业。孙权 18 岁时，兄长孙策遭暗杀，他继而掌事，经过一番苦心经营，成为一方诸侯。

　　得知曹操率军经樊城向江陵进发的消息后，刘备兵力单薄，于是向南撤退。为了联合江东的孙权抵抗曹操，刘备派诸葛亮前往柴桑与孙权会晤，商讨对策。诸葛亮抵达江东后，与孙权结盟，组成孙刘联军，共同抵抗曹军。联军以江东周瑜为统帅。曹军在赤壁与孙刘联军相遇，初战失利，于是撤到了长江北岸的乌林。为了使北方的曹军将士适应水上作战，曹操下令将船舰首尾用铁链相连。另一边，在周瑜的指示下，部将黄盖向曹操诈降，然后率领载有膏油干柴的几十艘蒙冲斗舰，向曹操军队的船舰驶去。在靠近曹军船舰时，黄盖下令将蒙冲斗舰点燃，直冲曹营。曹军首尾相连的船舰立即着火，乌林营垒也被殃及。曹军顿时大乱，被烧死和溺死的士兵很多。孙刘联军则借机水陆并进，乘胜追击，曹操只能匆忙率领残部逃掉。

　　赤壁之战失利后，曹操放弃了江陵，将防线布置在襄阳、樊城和合肥地区。紧接着，他又指挥军队西入关中，击败关中陇右地区的军阀韩遂和马腾、马超父子，将统一范围扩大到整个北方，为后来曹魏政权的建立奠定了基础。

　　赤壁之战后，刘备占领了长沙、零陵、武陵、桂阳四郡，随后又从孙权手中借得荆州。建安十六年（211 年），刘备打败刘璋，占领了益州，为建立蜀汉政权创造了条件。

　　赤壁之战后的孙权一边与曹操争夺江淮地区，一边又派兵经略岭南，先后占领交、广等州，将势力扩大到珠江流域。不久，孙权派吕蒙袭杀了防守荆州的关羽，占领了荆州，隔三峡与刘备军相持。至此，三国鼎立的局面基本形成。

草船借箭
这是一幅清末年画，展现了赤壁之战中草船借箭的经典场面。

三家归晋

220 年正月，曹操去世，其子曹丕称帝，即魏文帝，国号魏，定都洛阳，建元黄初。221 年，刘备在成都称帝，国号汉，史称"蜀"，又称"蜀汉"，建元章武。同年，孙权接受魏国的封号，在武昌称吴王。229 年，孙权在武昌称帝，后迁都建业，建立吴国，史称"吴"或"孙吴"。这一时期，南北之间虽然经常有战事发生，但总体而言，力量趋于平衡，鼎足之势维持了 40 多年。

239 年，魏明帝曹叡去世，年仅 7 岁的皇太子曹芳继位，大将军曹爽和太尉司马懿共同辅政。曹爽很排斥司马懿，一直致力于独揽政权，权倾朝野，同为辅政大臣的司马懿则被架空。司马懿失去了参与政令决策的权利，为了等待时机进行反击，他借故生病辞职以避开曹爽，使曹爽放松戒备，不再提防司马懿。在这种情况下，司马懿暗中与儿子司马师、司马昭以及太尉蒋济等人密谋发动政变，夺取曹魏大权。正始十年（249 年）正月，魏帝曹芳到高平陵祭扫明帝陵墓，曹爽随驾前往。司马懿乘都城洛阳此时空虚，迅速发动政变，夺取了曹魏大权，即洛阳政变。不久，司马懿便以阴谋反叛罪，将曹爽兄弟及其亲信投进监狱，最终以大逆不道罪将其处死，并诛灭三族。此后，曹魏军政大权实际上已经全部落入司马氏集团手中。

曹魏后期，司马懿掌握朝中大权。260 年，司马懿之子司马昭杀死皇帝曹髦，立曹奂为帝。263 年，司马昭封晋公，不久又封晋王。265 年，司马昭病死，其子司马炎继为晋王，随后废黜曹奂自立皇帝，即晋武帝，国号晋，史称"西晋"。

　　在三国当中，蜀国的势力最弱，诸葛亮于是采取以攻为守的策略。在平定南中之后，诸葛亮即率军进入汉中，与魏国展开了争夺关陇地区的争斗。234 年，诸葛亮率军进驻五丈原，结果在军中病逝，蜀军被迫撤退。此后，姜维出任蜀军统帅，数次讨伐魏国，但都毫无进展。263 年，魏派钟会、邓艾两路大军攻伐蜀国。钟会率领 10 万主力由斜谷进入汉中，邓艾则率领 3 万军队从阴平道出发，突袭至成都城下。蜀国毫无防备，刘禅出城投降，蜀汉灭亡。

　　晋取代曹魏之后，在长江上游建造战舰，训练水师，为进攻吴进行充分的准备。而此时的吴国皇帝孙皓粗暴骄盈，残酷剥削人民，可谓民心丧尽，吴国内政治黑暗。为了加强吴国对长江上游的防守，孙皓将都城迁往武昌，而广大人民为了统治者逆流转运粮饷财物，劳苦异常，这也使得江南人民起义不断，反抗孙吴的残暴统治。孙皓为保住自己的皇位，只好还都建业，但从此以后，吴国在长江上游的防务也愈加松弛了。279 年，晋调集 6 路大军共 20 多万人南下伐吴。次年 3 月，晋军抵达石头城。在晋军强大的军事攻势下，吴军毫无抵抗之力，孙皓被迫投降，吴国灭亡。至此，三国鼎立的分裂局面宣告结束，全国又归于统一。

司马懿像

"五胡乱华"与"五胡十六国"

司马炎在篡夺曹魏政权后，为了避免其他世族、权臣效法，于是分封了各宗室成员在各地为王，作为维护皇室的力量。但由于魏晋以来世族大家在地方上的影响力逐渐扩大，使得全国又长期处于一个分裂局面。晋武帝于是先后分封宗室郡国并都督诸州，实行占田制、荫客制，限制世族的扩张。290 年，晋武帝死后，爆发了八王之乱，加剧了西晋的危机，也加速了西晋的灭亡。

西晋时期，五胡主要盘踞在西晋北方、西方的边陲地区，对晋都洛阳形成包围之势。在晋惠帝时期的八王之乱后，晋室分裂，朝廷腐败，官员贪污残暴，使西晋的国力迅速衰退。胡人乘机起兵南下，争夺中原地区的控制权，于是中原大乱，史称"五胡乱华"。

五胡乱华开始于氐族和匈奴族。304 年末，氐族领袖李雄占据成都，于 306 年称帝，自称"成都王"，史称"成汉"。同年，匈奴贵族刘渊在离石起兵反晋，称为汉王，史称"前赵"。310 年，刘渊去世，其第四子刘聪杀死兄长刘和即位。311 年 4 月，刘聪部下石勒在苦县宁平城歼灭晋军 10 多万人，并俘杀了太尉王衍等人。不久，刘聪又派大将呼延晏率兵攻打洛阳，刘曜率兵前去会合，最终攻破洛阳，俘虏了晋怀帝。之后，刘曜纵容部下在洛阳城内抢掠，杀死了包括时任太子在内的 3 万多人，史称"永嘉之乱"。

313 年，刘聪将晋怀帝毒死。之后，怀帝的侄儿司马邺在长安登基，即晋愍帝，改元建兴。316 年，前赵刘曜率军攻破长安，俘虏晋愍帝。318 年，晋愍帝被杀，士族王导、王敦等人扶植晋朝远房宗室司马睿在建康登基，即为晋元帝，史称"东晋"。至此，历时 51 年的西晋灭亡，东晋

嵇侍中尽忠死节

八王之乱时，晋惠帝受伤，侍中嵇绍拼死相救，后因保护晋惠帝而死。

开始。

在东晋成立前后，匈奴、鲜卑、羯、氐、羌等 5 个少数民族相继在北方建立了成汉、前赵、后赵、前秦、后秦、西秦、前燕、后燕、南燕、北燕、前凉、后凉、南凉、北凉、西凉和大夏 16 个割据政权，史称"五胡十六国"。这些少数民族政权更迭频繁，民族矛盾尖锐，社会动荡不安。东晋建立后，多次举兵进行北伐，但因东晋政权的软弱和内部权力斗争，历次北伐最终都以失败告终。直到 376 年，前秦苻坚统一北方后，前秦与东晋形成南北对峙局面。

前秦短暂统一北方和再次分裂

前秦的建立者苻健是氐族人，其父苻洪曾被氐族人推为首领，自称护氐校尉、秦州刺史、略阳郡公。333 年，后赵主石虎将氐族人迁徙到关中的枋头。石虎死后，苻洪投靠了晋朝，接受东晋官爵。350 年，苻洪拥兵 10 多万人，势力越来越大，自称大都督、大将军，欲率领众人返回关中。然而还未成行，苻洪就被石虎之前的手下将领麻秋毒死。之后，其子苻健继领其众，自枋头迁回关中，关中氐人纷纷响应，苻健便率军攻占长安，占据关陇。351 年，苻健自称大秦天王，国号大秦，史称"前秦"。次年，苻健改称皇帝，建都长安。355 年，苻健去世，其子苻生继位。苻生荒淫暴虐，最终于 357 年被苻健之弟、苻雄之子苻坚杀死，苻坚随后即位。苻坚即位后，重用汉族士人王猛、李威等人，并在这些士人的辅助下兴利除弊，振兴纲纪，使得前秦势力迅速强大起来。370 年，前秦灭掉了北方的劲敌前燕；376 年，又攻灭前凉和鲜卑拓跋氏的代国；382 年，苻坚又派将军吕光远征西域。至此，前秦基本统一了北方地区。

前秦统一北方后，与东晋在淮水一线相峙，并时刻准备征伐东晋。383 年 8 月，苻坚不顾群臣的反对，亲自率领 27 万骑兵、60 万步兵南下，对东晋发起进攻。东晋谢安临危受命，以谢石为前线大都督，谢玄为先锋，率领 8 万兵马，兵分三路迎击前秦军。9 月，苻坚的弟弟苻融担任前锋，率 30 万大军攻打寿阳。10 月，前秦军前锋渡过淮水攻陷寿阳，俘虏了晋将徐元喜。此时的苻坚自认为能速战速决，并派东晋降将朱序前去劝降晋军。朱序却趁机将前秦

《宣文君授经图》

据说苻坚立国之后，听说太常卿韦逞的母亲宋氏很有学问，还保存了家学《周官音义》，就封她为"宣文君"，让她开班授课。这件事一时传为美谈。

军的情况告诉谢石，称晋军可以利用前秦军还未全部集中之机发动攻击，或许可击溃前秦军。谢石接受了朱序的建议，于 11 月初命前锋刘牢之率领 5000 精兵渡过洛涧迎击前秦军，并取得了洛涧大捷。至此，前秦军死伤 1 万多人，溃退至淮水。刘牢之随即率兵追击，俘虏了前秦扬州刺史王显，前秦军败退到寿阳。东晋在取得洛涧大胜后，大军乘势水陆并进，在淝水东岸屯军，与前秦军队隔水相望。

不久，谢玄派人到符融军营中，要求前秦军稍微向后撤退，以便东晋军队可以渡河与前秦军进行决战。符坚企图乘晋兵渡河之机进行突击，以打垮晋军，于是同意后退。但由汉人及各族被奴役者组成的前秦军军心不稳，许多士卒本就不愿再战，于是在听到撤退的命令后，一时乱了阵脚。这时朱序趁机在阵后大喊：“秦兵败了！秦兵败了！”前秦军阵势顿时大乱，晋兵则乘势渡河猛烈攻击。混乱之中符融想阻止前秦军后退，却在乱军中落马被晋军所杀。前秦军群龙无首，四散逃亡，晋军全力出击，最终大败前秦军。符坚在乱军中也被箭射中，逃回了北方。至此，淝水之战以东晋军的胜利告终。

淝水之战后，前秦元气大伤，原先归附前秦的其他民族纷纷乘机独立。

384 年，慕容垂摆脱前秦的统治，自称“燕王”，废除前秦年号，建立后燕。385 年，羌族姚苌亦叛变前秦，杀死符坚，建立后秦。此后，各族纷纷独立，先后成立了十国，其中有匈奴铁弗氏建立的大夏，在陇右河西走廊先后出现氏族吕氏建立的后凉、鲜卑乞伏部建立的西秦、鲜卑秃发部建立的南凉、汉人李暠建立的西凉和卢水胡沮渠部建立的北凉。

394 年，前秦最后一个皇帝符崇被杀，前秦灭亡。此后，北方地区重新陷入分裂混乱的局面，而东晋则又延续了数十年，直到 420 年刘裕篡位登基，改国号为宋，东晋灭亡。至此，中国南方地区开始进入宋齐梁陈的南朝时期。

南朝宋、齐、梁、陈的更迭

420 年至 589 年间，中国南方地区先后出现了宋、齐、梁、陈 4 个封建王朝，且 4 个政权均建都建康，史称“南朝”。

420 年，原东晋北府兵将领刘裕迫使晋恭帝将帝位禅让给他，正式建立南朝宋，改元永初，定都建康，即宋武帝。因国君姓刘，为了与后来赵匡胤建立的宋朝相区别，故又称"刘宋"。刘裕在建立宋后不到3年就病死了，其子刘义符即位，在位期间好游狎之事。在位3年，为辅政大臣徐羡之等假借太后之名所废，旋即被杀。之后，刘裕三子刘义隆即位，即宋文帝，年号元嘉。宋文帝在位期间，励精图治，政治稳定，开创了"元嘉之治"。此外，宋文帝曾多次进行北伐，但由于准备不足，加上指挥失误，以致国力大减。453年，刘宋统治集团内部发生斗争，宋文帝想废除太子刘劭，结果反被刘劭所杀。紧接着文帝第三子、江州刺史刘骏乘机率军攻入建康，杀死刘劭，夺得皇位，即宋孝武帝。随后，刘宋王室内部争权夺利的斗争愈发激烈，政局动荡，中领军萧道成渐渐掌握了军权。479年，萧道成篡位成功，建立南朝齐，史称"齐高帝"，刘宋政权灭亡。

萧道成登基称帝后，为政节俭，但仅在位4年即去世，其子萧赜继位，即齐武帝。武帝永明三年（485年），南齐富阳爆发了一次由唐寓之领导的叛乱。当时，南齐的庶族地主为了免除赋役，便向官吏行贿，在朝廷的黄籍上伪造父祖爵位，将自己改成免役免税的士族。事实上，从刘宋开始，这种改注籍状，变成仕流的庶族地主就非常多。齐高帝继位后的第二年，还专门设立校籍官和置令史，负责清查户籍。齐武帝继位后，继续高帝的政策，严厉推行"检籍"，那些被认为有假的户籍，都须退还本地，称为"却籍"。核查出户籍造假的，须恢复原来的户籍，继续承担赋役。一般来说，这个政策有利于国家的赋税，却严重侵害了庶族地主的利益，激起他们的强烈不满。富阳的唐寓之就为此起

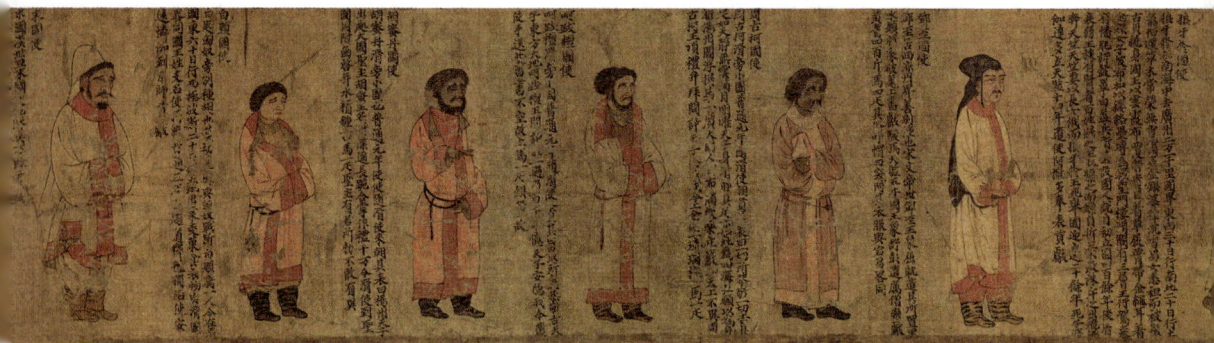

萧绎《职贡图》（宋摹本）
萧绎《职贡图》原作朝贡人物不少于25国，现仅存12国画像，该摹本现存于中国国家博物馆。

兵叛乱，但很快就被武帝平息。这次叛乱虽然失败了，却迫使齐武帝停止了检籍，恢复了以前的户籍原状。尽管如此，齐武帝在位期间为政清明，崇尚节俭，没有与北魏发生战事，安民保境，使南齐的国力大幅增强，史称"永明之治"。

493 年，齐武帝去世，皇太孙萧昭业继位。然而，萧昭业奢侈荒戏，不问政事，国政逐渐由辅政大臣萧鸾掌握。494 年，萧鸾诛杀萧昭业，另立其弟萧昭文为帝。不久，萧鸾废萧昭文，自立为帝，即齐明帝。因为齐明帝是通过政变手段上台的，为了避免历史在自己身上重演，他大肆诛杀宗室诸王，以至于高帝和武帝的子孙几乎都被杀尽。498 年，萧鸾病重去世，其子萧宝卷继立。萧宝卷生性昏庸残暴，杀害顾命大臣，致使各地方纷纷发动叛乱。在平定叛乱后，他又诛杀了平乱有功的雍州刺史萧懿。501 年，萧懿之弟萧衍宣布举兵，并在江陵立其弟萧宝融为帝，即齐和帝。最终，萧衍率兵攻入建康，齐帝宝卷被将军王珍国杀死。502 年，萧衍篡位，改国号为梁，史称"梁武帝"，南朝齐亡。

梁武帝即位后，生活俭朴，勤于为政，开创天监之治，国力逐渐强盛。同时，梁武帝学识渊博，注重学术，使得南朝的文化也有很大的发展。然而在梁武帝后期，他却放纵宗室及官员贪财奢侈，吏治出现腐败。此外，他又迷上了佛教，创立三教同源说，大修佛寺，更是三次舍身同泰寺，声称要出家当和尚。于是，大臣贵族竞相效尤，使佛教在江南地区广泛传播开来。但由于僧侣不用缴纳赋税，以致国内近一半的户口记在寺院名下，国家赋税遭受重大损失，国势开始衰弱。

547 年，东魏大将侯景因为与执政的高澄有间隙，于是投降萧梁。梁武帝

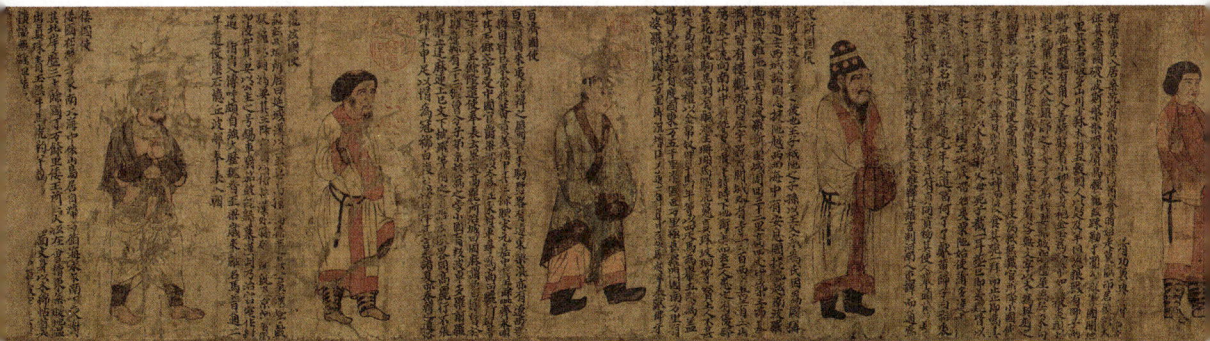

达摩一苇渡江
明宪宗绘制的达摩图。表现了达摩乘坐一只芦苇离开萧梁时的场景。

接受了侯景的投降，同时派侄子萧渊明率兵前去策应，结果失败被俘。侯景同样被高澄打败，只能率领残部向南逃，不久后被梁武帝任命为南豫州刺史。这时，东魏向萧梁发动外交攻势，表示愿用被俘的萧渊明换回侯景，梁武帝同意了东魏的提议。在这种情况下，侯景勾结京城守将萧正德举兵谋反，并迅速占领了建康的石头城和东府城，将梁武帝围困在台城达4个月之久。台城被攻陷后，梁武帝最终被软禁饿死，不久，侯景又将萧正德缢杀，并于551年11月篡位，建国号汉。552年2月，梁荆州刺史萧绎派大将王僧辩攻陷建康，杀死侯景，平息了侯景之乱。之后，萧绎在江陵登基称帝，为梁元帝。与此同时，据守益州的武陵王萧纪也宣布登基称帝，并向江陵发起进攻。于是，梁元帝向西魏求援，西魏便派兵攻陷了武陵王萧纪，占领了益州。554年，西魏军队攻陷江陵，梁元帝被杀。次年，西魏在江陵立萧詧为帝，建立西梁。另一边，梁元帝被杀后，王僧辩和陈霸先在建康拥立元帝之子萧方智为帝，即梁敬帝，而后北齐迎萧渊明南下，击败梁军，王僧辩于是废梁敬帝，拥立萧渊明为帝，但时任扬州刺史的陈霸先却率兵攻入建康，杀王僧辩，废黜萧渊明，复立梁敬帝。随后，陈霸先多次击退北齐的进攻，把持朝政大权。

557年，陈霸先废黜敬帝，登上帝位，建立陈，史称"陈武帝"，南朝梁灭亡。

陈朝是中国历史上唯一一个以皇帝姓氏为国号的政权，且当时已经出现了南朝转弱、北朝转强的局面。陈朝建立之初，各地出现了许多地方割据势力，陈武帝通过武力和安抚相结合的手段，才使形势逐渐稳定下来。陈武帝在位3年后去世，其侄陈蒨继位，即陈文帝。陈文帝继位后，盘踞在两湖地区的王琳联合北齐、北周向建康发起进攻。最终，陈文帝率军击溃了王琳和北齐的联军，封锁巴丘阻止北周的进攻，使局势稳定下来。陈文帝在位期间，励精图治，使江南经济得到了复苏，南朝陈国实力得到恢复。566年，陈文帝去世，太子伯宗继位，即陈废帝。不久，其叔安成王陈顼废帝自立，即陈孝宣帝。陈孝宣帝在位期间，鼓励农民生产，使社会经济得到一定的恢复与发展，国家比较安定，政治也较为清明。582年，陈宣帝去世，太子陈叔宝即位，即陈后主。陈后主是南朝有名的荒淫之君，信用佞臣，致使国政大乱，官吏剥削严重，人民苦不堪言。589年，隋朝军队攻入建康，南朝陈灭亡。

北朝政权的更迭

在南方地区出现宋、齐、梁、陈4个封建王朝的同时，北方则先后出现了北魏、东魏、西魏、北齐和北周5个政权，史称"北朝"。

北魏是十六国时期由鲜卑拓跋氏建立的一个封建政权，前身为代国。拓跋氏最早居住在大兴安岭北部东麓，魏晋时期迁到云中地区，后来又迁到盛乐，成立了一支实力强大的武装力量。338年，其首领拓跋什翼健在繁峙即代王位，初步建立封建国家形式。386年，前秦于淝水之战崩溃后，代王什翼健之孙拓

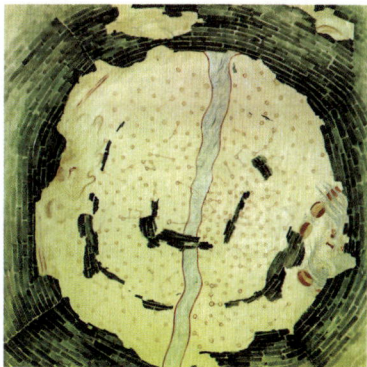

《北魏洛阳元墓星象图》
这是我国已发现的最早的星图之一，生动地表现了银河和恒星等天体系统。

《高润墓举哀图》
高润，北齐皇帝高洋的弟弟。这幅壁画展现的是高润去世后，北齐众多贵族和侍从为他举哀的场面。

跋珪乘机举兵复国，建都盛乐，改国号魏，史称"北魏"。北魏在拓跋珪统治时期，国力不断壮大。397 年，拓跋珪率军攻破后燕首都中山和邺城，隔河与东晋对峙。次年，北魏迁都至平城，拓跋珪在此称帝，即北魏太祖道武帝。可惜的是，道武帝执政晚期刚愎自用，猜忌多疑，最终于 409 年被其子拓跋绍杀死。同年，道武帝长子拓跋嗣杀死拓跋绍继位，改年号永兴，即明元帝。随后，拓跋嗣进攻南朝宋的河南地区，获得胜利。423 年，拓跋嗣因劳顿成疾去世，其子拓跋焘继位，即太武帝。拓跋焘继位后，励精图治，国力大盛，多次南下进攻南朝宋，同时还展开了统一北方的战争。431 年，北魏灭亡大夏；436年，灭亡北燕；439 年，灭亡北凉。至此，五胡十六国时期结束，北魏统一北方，与南朝刘宋形成对峙之势。拓跋焘统一北方后，结束了长达 150 年的中原混战，为后来社会经济的发展以及孝文帝的改革创造了较为稳定的环境。

471 年，拓跋宏即位，即孝文帝。孝文帝为人英明好学，在位时还将都城迁至洛阳。迁都后，孝文帝推行汉化运动，促进了北魏的政治和经济发展。499 年，孝文帝去世，宣武帝即位。这一时期，北魏朝政一片黑暗，国力逐渐衰弱。515 年，孝明帝继位，北方随后发生六镇起义，激烈的阶级斗争使得北魏政权摇摇欲坠，并逐渐走向灭亡。当时的一些鲜卑贵族利用混乱局面发展自己的势力，形成许多军阀，其中以镇守晋阳的尔朱荣势力最大。528 年，胡太后毒死孝明帝，掌控朝政。同年，尔朱荣以替孝明帝报仇为由，率兵攻占洛阳，并在河阴将胡太后及大臣 2000 多人杀死，史称"河阴之变"。此后，北魏内乱不止，直至 534 年，北魏分裂成由高欢控制的东魏和宇文泰掌握的西魏。

隋文帝杨坚

　　东魏建立后，曾与西魏发生过沙苑之战、河桥之战、邙山之战等多次战争，互有胜负。547 年，高欢病死，其子高澄继掌东魏大权。高澄本性凶横暴烈，最终被家奴刺死，其弟高洋继掌东魏大权。550 年，高洋废东魏孝静帝，自立为帝，建国号齐，史称"北齐"，高洋即北齐文宣帝。文宣帝时期是北齐的鼎盛时期，此时的北齐先后击败库莫奚、契丹、柔然、山胡等少数民族，占领了南朝梁的淮南地区。在经济方面，北齐的农业、盐铁业、瓷器业也十分发达。此外，北齐还沿袭了北魏时期的均田制。然而，文宣帝死后，均田制遭到破坏，各地出现了土地兼并之风，北齐国势开始衰落。564 年，北齐武成帝高湛重新颁布均田令，但是收效甚微，北齐国力日渐削弱。577 年，北齐最终被北周灭亡。

　　西魏建立后，抵抗了东魏的多次进攻，稳定了西魏局势。为了增强西魏的实力，宇文泰建立计账和户籍之法，推行"六条诏书"，实行"**不限制荫资，唯在得人**"的选官制度，设置府兵制。这些政策增强了西魏的国力和军事实力。556 年，宇文泰去世，其侄宇文护掌握西魏大权。次年，宇文护废西魏恭帝，建立北周，立宇文泰嫡子宇文觉为帝，即北周孝闵帝，西魏灭亡。

　　北周初年，宇文护掌握朝政大权，专横跋扈，先后废杀了孝闵帝和明帝，并于 560 年立宇文泰第四子宇文邕为帝，即周武帝。周武帝采用韬晦之计，于572 年杀死宇文护，亲掌朝政。周武帝在位期间进行了多项改革，整顿府兵制度，下诏禁断佛、道两教，继续推行均田制和租调制度，使北周的国力不断增强。建德六年（577 年），周武帝率兵东征北齐，并于次年攻克邺城，灭亡北齐，统一了北方。578 年，周武帝去世，其子宇文赟继位，即周宣帝。宣帝荒淫昏庸，政治败坏，且即位不到 2 年就死了。随后，其年仅 6 岁的儿子宇文阐即位，即周静帝，朝政大权落入外戚杨坚手中。

581 年，杨坚篡夺皇位，代周建隋，改元开皇，北周灭亡。588 年，杨坚对南朝陈发动进攻，并于次年攻陷其都城建康，南朝灭亡。至此，南北朝时期结束，中国重归统一。

魏晋南北朝的文化

魏晋南北朝时期是中国历史上的大动乱时期，汉帝国分崩离析，北方游牧民族南下，社会动荡不安，政权更迭频繁。但在文化方面，国内各民族的进一步融合，给原有的文化增添了新的元素，促进了古代文化的发展。

《竹林七贤与荣启期》砖画
由 200 多块古墓砖组成，分为两幅。8 人均席地而坐，各呈现出一种最能体现个性的姿态。

清谈与玄学是盛行于魏晋时期的哲学思想，也是儒家思想和道家思想结合的产物。魏晋时期，很多士人因为政治斗争而招致杀身之祸，于是更多的人为了保全自己，不再参与政事，转而采用东汉时的"清议"形式，口谈玄学。然而与东汉时的"清议"相比，这时的清淡从形式到内容都发生了很大的变化。随着汉帝国的覆亡，儒家一直宣扬的"君君、臣臣、父父、子子"等正统思想遭受沉重打击，于是，一些学者便突破儒家思想的禁锢，努力寻求新的思想家园和新的精神寄托，清谈玄学便应运而生。此外，玄学还广泛吸收了许多佛教教义，不断丰富和完善自己。因此，可以说魏晋时期的清谈玄学是中国传统思想与佛教相融合的产物。

魏晋玄学的奠基者是曹魏正始年间的王弼，他以解读《老子》《庄子》和《周易》为其主要著作，号称"三玄"。他以老子思想解《周易》，阐述自己的哲学观点，在学术上开创了"正始玄风"。王弼崇尚老子的"贵无"，认为"无"是万物之本，万物的"有"是由超事物之上的"无"产生的。王弼的学说综合了儒道两家学说，还借用、吸收了老庄的思想，由此建立起了体系完备、抽象思辨的玄学哲学。

清谈的起源可上溯到晋惠帝元康年间的"竹林七贤"，即以嵇康、阮籍等人为代表的一批人物，他们也是魏晋玄学发展到第二阶段的主要代表人物。清谈内容广泛，宇宙观、历史观、政治、伦理无所不包，并以辨析其中哲理为目的。他们采取撕裂名教的观点，主张达生任性，尖锐抨击名教礼法，但最终嵇康被司马昭所杀，阮籍也一生沉沦，郁郁不得志。

两晋之际的鲍敬言是玄学发展的又一个代表人物。他"好老庄之书，治剧辨之言"，在政治思想上主张无君论。鲍敬言在《无君论》一书中批判了儒家思想中的君权神授理论，他认为君主是产生人间一切祸乱的根源。他幻想一种没有君主和政府的社会，在那里人们没有徭役租赋负担。可以说，鲍敬言的无君思想在中国古代社会思想文化中独树一帜，对于后世的反君主专制主义思潮也有着重要的影响。

魏晋南北朝时期，由于封建统治阶级的信奉宣扬以及中外僧人的来往增多，佛教在中国传播和发展的速度较快，并逐渐与中国文化相融合形成了具有中国文化特征的宗教文化。

法显是魏晋时期最为著名的中国僧人，也是中国第一位到海外取经求法的佛学大师。他在后秦时期便游历了西域各国，足迹遍及今天的印度、尼泊尔、巴基斯坦和阿富汗等国家和地区，取回了许多佛教经卷，前后历时 13 年之久。

《水经注图》书影

此《水经注图》由清代杨守敬与熊会贞编绘，其内容是以郦道元
《水经注》为基础而绘制的一部以水道为纲的历史地理地图集。

回国后，法显写了一部《法显传》，记录了其西行取经途中的旅行经过，成为
今天研究古代中亚、南亚历史、地理、风俗和佛教的重要史料。

范缜是南朝齐、梁时期的一位唯物主义者和无神论者。507 年，范缜撰写
了《神灭论》一文，表达了其反对佛教因果报应论，主张神灭的思想。这篇文
章针对佛教中关于人的灵魂和肉体可以分离的观点，针锋相对地指出人的形
体、精神是不可分离的，即"形者神之质，神者形之用""形存则神存，形谢则
神灭"。范缜认为，精神与形体不可分离，形体存在，精神才存在；形体衰亡，
精神也就会消灭。范缜将形体、精神之间的关系比喻为刀刃和刀刃的锋利一样，
他认为"未闻刃没而利存，岂容形亡则神在哉！"这就有力地证明了精神与形
体之间不可分割的依赖关系，从根本上推翻了佛教教义的立论基础。范缜在形
神关系的论证上，其思想深度和逻辑的严谨度皆超越了在他之前的所有唯物主
义者，大大推动了中国古代唯物主义思想的发展。

此外，魏晋南北朝时期还出现了许多史学著作。《三国志》为西晋陈寿所
著，是记载三国时代的断代史。主要记述了从东汉末年的黄巾之乱到西晋统
一三国的 90 多年的历史。全书原来共分为 4 部分，66 卷，其中《魏志》30 卷，
《蜀志》15 卷，《吴志》20 卷，叙录 1 卷，后来叙录 1 卷阙失。《魏志》《蜀志》

《吴志》三书原本各自为书，单独流传，直到北宋时才合而为一，改称《三国志》。《三国志》内容简略，三书很少重复，南朝刘宋时人裴松之为其作过注，同样有着极高的史料价值。

《后汉书》是一部记载东汉历史的纪传体史书，由南朝刘宋时期的范晔撰写。事实上，范晔仅完成了十纪和八十列传，共 90 卷，后来南朝梁的刘昭把晋朝司马彪《续汉书》中的八志补充进去，并作注，分为 30 卷与其合刊，共 120 卷。《后汉书》记载了从王莽至汉献帝的 195 年历史，是今日研究东汉历史的唯一一部正史著作。此外，在魏晋时期，还有南朝梁沈约所撰的《宋书》100 卷、萧子显所撰的《南齐书》60 卷和北齐魏收所撰的《魏书》131 卷等史学著作。

《水经注》是我国古代地理名著，作者是北魏晚期的郦道元。全书共 40 卷，是为东汉桑钦所撰《水经》一书所作的疏注，详细记载了一千多条大小河流以及有关的历史遗迹、神话传说和人物典故等，是中国古代重要的综合性地理著作。此外，该书还记载了不少碑刻墨迹和渔歌民谣，是山水文学中的上乘之作，有着很高的文化价值。

《洛阳伽蓝记》是一部集历史、地理、文学、佛教于一身的名著，作者是东魏杨衒之。该书详细记载了北魏时洛阳的城市建筑和寺院分布，对

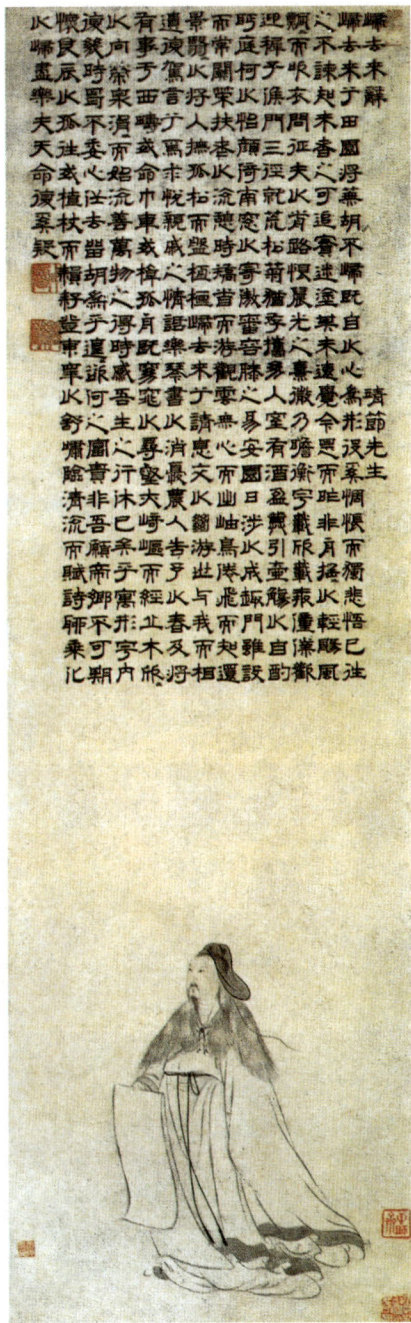

《陶渊明像》轴

明代王仲玉绘，画幅上部隶书录陶渊明辞赋名作《归去来兮辞》全文。

寺院的缘起变迁、庙宇的建制规模以及与之相关的名人轶事、奇闻逸事也都有详细记载。还记述了不少西行取经求法僧人的史料，是今天人们研究洛阳地志和中西交通的重要史料。

《颜氏家训》是北齐颜子推撰写的一部记述个人经历、思想、学识以告诫子孙的著作，全书分为 7 卷 20 篇。该书以传统儒学思想为中心，教育颜氏后辈关于修身、治家、处世、为学等学问，被后人誉为家教典范，是中国历史上第一部内容丰富、体系宏大的家训。

《世说新语》是南朝宋刘义庆所撰，是魏晋南北朝时期"笔记小说"的代表作品。全书分为上中下卷，内容包括"德行""言语""政事"等共 36

《鹿王本生图》

《鹿王本生图》是敦煌莫高窟壁画同类题材中保存最为完整、最完美的连环画和最具代表性的壁画之一。 本生故事是指佛教创始者释迦牟尼生前所经历的许多事迹。"鹿王本生"则是释迦牟尼前生是一只九色鹿王，他救了一个落水将要淹死的人反被此人出卖的故事。

类，主要记载东晋南朝门阀士族的逸闻趣事、生活方式和清谈风气，反映了魏晋时期文人的思想言行和上层社会的生活面貌，具有一定的历史价值。

魏晋时期的文学作品形式多样，丰富多彩。建安是东汉献帝的年号，建安文学指东汉末年至曹魏年间的文学作品。这一时期的文学作品形式多样，内容富有现实主义精神，其中以五言诗歌的成就最大。其主要代表人物有三曹（曹操、曹植、曹丕）、建安七子（孔融、阮瑀、陈琳、王粲、徐干、应玚和刘桢）以及女诗人蔡琰等。

东晋诗人陶渊明是魏晋时期田园山水诗人的代表。其诗歌作品以田园生活为题材，充满泥土气息，代表作品有《归园田居》《归去来兮辞》等。

《文心雕龙》是我国一部著名的文学评论专著，作者为南梁刘勰。全书分为上下两编，每编 25 篇，包括"总论""文体论""创作论""批评论"和"总序"等 5 部分。书中着重论述了文学应反映现实、反对不切实际的浮靡文风，主张实用的朴实文风，是我国古代文学批评史上的一部光辉著作。

在石窟艺术方面，魏晋南北朝时期出现了许多雕塑艺术的代表，其中最著名的有敦煌莫高窟、大同云冈石窟和河南龙门石窟。

敦煌莫高窟，又称千佛洞，位于今甘肃敦煌市东南 25 公里的鸣沙山东麓断崖上，始建于前秦建元二年（366 年）。莫高窟是一座融绘画、雕塑和建筑艺术于一体，以壁画为主、塑像为辅的大型石窟寺，被誉为"世界艺术宝库"。

龙门石窟位于今河南洛阳南郊伊水西岸的龙门山和香山崖壁上，开凿于北魏宣武帝景明元年（500 年），现存 2300 余座窟，10 万余尊佛造像。龙门石窟规模宏大，窟内造像雕刻精湛，内容题材丰富，是世界伟大的古典艺术宝库之一。

云冈石窟位于今山西大同市以西 16 公里的武周山南麓，主要开凿于北魏兴安二年（453 年）至太和十九年（495 年）间。石窟分为东、中、西三部分，现存主要洞窟 45 个，附属洞窟 209 个，佛龛约计 1100 多个，大小造像 51000 余尊。云冈石窟是佛教艺术传入中国后，第一处由皇室显贵主持开凿的大型石窟，是中西文化融合的历史丰碑。

魏晋时期，绘画艺术的主要代表人物有东晋的顾恺之、刘宋的陆探微和萧梁的张僧繇等人。顾恺之多才多艺，被时人称为"才绝、画绝、痴绝"，他的画风格独特，被称为"顾家样"，传世作品有《女史箴图》《列女仁智图》和《洛神赋图》等。陆探微早年师从顾恺之，擅长人物肖像，后为南朝宋明帝时

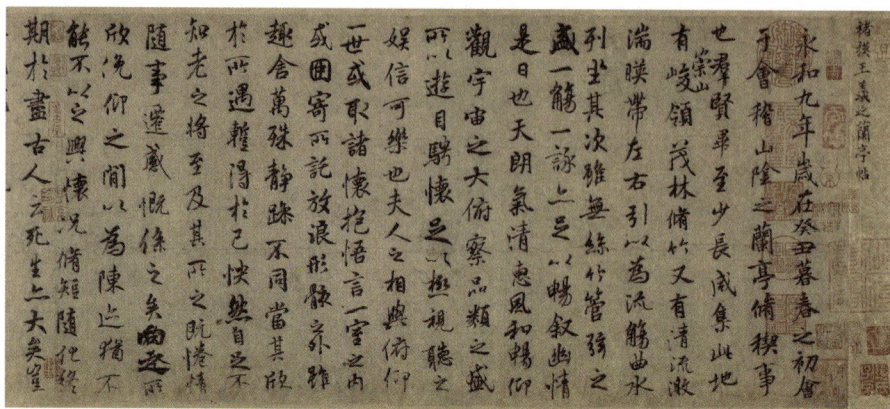

《王羲之行书兰亭序》卷（传唐褚遂良摹本）（局部）
东晋永和九年（353年）三月三日，山阴名士四十一人集于兰亭，修禊祭，宴曲水。即席赋诗，汇为一卷，由王羲之当场作序。这篇序情文并茂，心手双畅，向称"天下第一行书"。

的宫廷画家，作品内容多为帝王、权贵。张僧繇则擅长写真，善于画佛道人物和佛教画，所绘佛像自成样式，有"张家样"之称，主要作品有《五星二十八宿真形图》《吴王格武图》等。在书法方面，代表人物有被誉为"书圣"的东晋王羲之。王羲之曾官至右军将军，所以又被称为王右军，其代表作品有《兰亭序》等。

　　魏晋时期的科学技术成就主要在数学、医学和农学方面。魏晋时期最著名的数学家是曹魏的刘徽，他撰有《九章算术》和《海岛算经》等书。南朝宋的祖冲之则把圆周率 π 值精确到了 3.1415926 和 3.1415927 之间，为当时最精确的数值，比欧洲早出 1000 年之久。此外，他还著有《缀术》一书，汇集了其数学方面的研究成果。在医学方面，西晋名医王叔和将张仲景的《伤寒杂病论》重新编次成《伤寒论》和《金匮要略》两书，被后代从医者视为经典。此外，他还撰写了中国医学文献中第一部专门讲求脉法的著作——《脉经》。在农学方面，北魏贾思勰撰写的《齐民要术》是当时最为著名的一部农书。全书分为 10 卷 92 篇，收录了 1000 多年前中国农艺、园艺、造林、蚕桑、畜牧等农业方法，是中国现存最早、最完整的大型农业百科全书。

隋唐时期

隋唐时期是中国古代政治、经济、文化最为繁盛的时期之一。这一时期，国家统一，政局稳定，封建经济空前繁荣，各民族联系加强，统一的多民族国家得到巩固和进一步发展，对外经济文化交流频繁，科技文化辉煌灿烂。

隋朝统一和开皇之治

隋朝的建立者杨坚出身胡汉关陇世家，周宣帝时拜上柱国、大司马，逐渐掌握了北周朝政。580年，北周宣帝去世，年幼的周静帝即位，杨坚辅政。身为外戚的杨坚控制朝政后，相州总管尉迟迥、益州总管王谦和郧州总管司马消难相继起兵叛乱，但都被杨坚迅速平息了。581年3月，杨坚胁迫周静帝禅让帝位，建国号隋，改元开皇，即隋文帝，北周灭亡。

在建立隋政权后，隋文帝开始了统一中国的军事行动。587年，隋文帝废除西梁后主，西梁灭亡；588年，隋文帝以其次子杨广和大臣杨素为统帅，率领50万大军南下伐陈。次年，隋军攻陷建康，陈后主陈叔宝投降，南朝陈灭亡；590年，占据岭南地区的冼夫人归附隋朝。至此，天下一统，隋朝结束了自东晋十六国以来长达近300年的分裂割据局面，重新建立了统一的国家。

在实现了南北统一后，隋文帝推行了一系列措施巩固统一成果，发展经济、恢复生产。为加强中央行政机构的领导，隋文帝废除了北周的六官，设立了三省六部制。在地方制度方面，他将东汉以来地方机构实行的州、郡、县三级制改为州县两级制，重整地方制度。这些措施削弱了地方势力，巩固了君主专制中央集权体制。为了抑制世袭贵族，隋文帝还下令废除魏晋以来的九品中正制，

赵州桥
赵州桥作为现存最早、保存最好的古代敞肩石拱桥，不仅是工程学上的奇迹，还是隋朝美
学艺术的代表，具有极高的艺术价值。

设立科举制度以公平地选拔人才，到隋炀帝即位时，隋朝正式确立了科举制。这项制度扩大了国家选拔人才的范围，巩固了专制主义中央集权。此外，隋文帝还采用了西魏、北周时期的府兵制并对其进行改革，寓兵于农，府兵在农时耕种、闲时练兵，使府兵制与均田制紧密结合，更具有兵农合一的性质。

在经济方面，隋文帝颁布了均田令，实行均田制、租庸调制以及人口调查，以掌握国家赋税来源，并新铸五铢钱、统一度量衡以整顿贸易环境。均田制和输籍之法使广大人民摆脱了地主的控制，转化为国家编户，促进了隋代农业的发展。隋文帝时期还坚持以农为本，修建了许多水利工程，垦田面积不断扩大。此外，隋文帝又命宇文恺兴修广通渠，以便漕运交通，以此带动一系列修建运河的工程，使南北物资运输和贸易得以迅速发展，手工业和商业得到恢复发展。经过这些改革，隋朝前期政治、经济和社会得到了繁荣发展，仓廪充实，社会安定，出现了欣欣向荣的景象，史称"开皇之治"。

隋末农民起义和唐朝建立

604 年 8 月，隋文帝去世，太子杨广继位，即隋炀帝。隋炀帝执政初期，国家实力仍然兴盛，并对四周国家进行了征讨，试图扩张隋朝版图。然而，隋炀帝残酷暴虐，拒谏饰非，高颎和贺若弼等骨鲠大臣因为直言而被诛杀，反而虞世基、宇文述等一些阿谀奉承之徒得到重用，使得朝政日益腐败。此外，隋炀帝急功近利，穷奢极欲，在营建东都和巡视南方时极尽铺张，挥霍大量人力、财力，不仅加剧了统治阶级内部矛盾，也使阶级矛盾日益尖锐。隋文帝还滥用民力，大兴土木，兴建宫城，频繁征伐高句丽，繁重的徭役、兵役成为广大农民最为沉重的负担，引起国内人民的强烈不满，隋朝趋向灭亡。

611 年，山东、河南出现洪灾，山东邹平人王薄在长白山（今山东章丘）聚众起义，抵制隋炀帝东征高句丽，并作《无向辽东浪死歌》号召民众起来反抗隋朝的残暴统治，也由此揭开了隋末农民大起义的序幕。不过，当时的农民起义主要集中在山东地区，很快就被隋军平息了，直到隋朝大臣杨素的儿子杨玄感在黎阳举兵叛乱，全国各地才纷纷起来叛乱。

613 年，就在隋炀帝第二次征讨高句丽时，礼部尚书杨玄感借机在黎阳举兵叛乱，向东都洛阳发动进攻。此时，远在辽东的隋炀帝急忙率隋军主力回师，镇压叛乱，最终杨玄感兵败自杀。杨玄感起兵虽以失败告终，但却动摇了隋朝的统治基础，推动了隋末农民起义的发展，为隋王朝的灭亡埋下了种子。

当时的农民起义队伍数量繁多，主要有瓦岗起义军、河北起义军和江淮起义军 3 支农民起义主力军。瓦岗起义军兴起于大业七年（611 年），领导人是翟让、李密。大业十二年（616 年），在李密的提议下，瓦岗军攻破要塞金堤关，拿下了荥阳诸县。617 年，瓦岗军又相继攻破了兴洛仓和回洛仓，队伍发展到了几十万人。由于李密有着出色的作战才能，翟让将起义队伍的领导权交给李密，李密便自封魏公，建国魏，以洛口为根据地。可惜的是，后来起义队伍内部出现纠纷，李密杀了翟让等人。618 年，李密率领起义军进攻江都想要弑杀隋炀帝的右屯卫将军宇文化及，结果大败，瓦岗军遭受重创。紧接着，占据洛阳的王世充趁机出军，大败瓦岗军，起义队伍力量损失殆尽。随后，李密率领余部入关投降了唐李渊，任光禄卿之职。618 年底，李密又叛唐，结果被唐军所杀。至此，瓦岗军宣告失败。

河北起义军的领导人是窦建德，他出身农民，曾先后跟随孙安祖和高士达在高鸡泊起义。待孙、高两人阵亡后，窦建德招集余众，领导起义队伍攻占了河北许多州县。由于他善待部下，各地百姓纷纷前来投奔，起义队伍迅速发展到了十几万人。617 年，窦建德在乐寿称"长乐王"，不断扩张领地。次年，他又改称"夏王"，建国号夏，改元五凤。619 年，河北起义军已经占据了黄河以北大部分地区。620 年，秦王李世民率兵包围洛阳，王世充立即向窦建德求援。窦建德率十万大军援救，但却在虎牢被唐军击败，先被俘虏，后被杀于长安。次年，窦建德部将刘黑闼再次起兵，占据窦建德原有的地区，但到武德六年（623 年）被李建成所杀。

江淮起义军主要活跃在东南地区，领导人为杜伏威和辅公祏。613 年，两人在齐郡举兵叛乱，随后南下到江淮地区发展，以丹阳作为起义队伍的根据地。617 年，起义队伍占领高邮，切断了逃到江都的隋炀帝与北方的联系。此时，杜伏威自称总管，以辅公祏为长史，占据江淮广大地区。唐朝建立后，杜伏威亲自前往长安，归降唐朝。但杜伏威临行前让辅公祏留守丹阳，将兵权交给右将军王雄诞，这使辅公祏心生不满。武德六年（623 年），辅公祏杀死王雄诞，在丹阳起兵反唐，建国号宋，自称"宋帝"。次年，起义军被唐军镇压，辅公祏被俘，不久被杀。

而另一边，大业十三年（617 年）5 月，太原留守李渊在晋阳起兵反隋，率大军向关中进发。同年 11 月，李渊攻克长安，拥立炀帝之孙代王杨侑为帝，即隋恭帝。618 年 6 月，在得知隋炀帝在江都被宇文化及杀死后，李渊逼迫隋恭帝禅位，正式称帝，建国号唐，改元武德，为唐高祖，建都长安。

李渊建立唐朝后，以关中为基地开始逐步统一全国。618 年，李世民率军首

唐高祖李渊像

阎立本绘《步辇图》(局部)
图中为唐太宗李世民。

先平定了盘踞金城的薛举和薛仁杲父子。次年，李渊利用凉州李轨集团的内部矛盾将其吞并，占领了河西五郡。620 年，李世民率军击败割据山西的刘武周、宋金刚，实现了对河东的统治。同年秋，李世民又率兵东征河南的王世充，把王世充围困在洛阳城中。王世充于是派人向河北起义军窦建德求援，窦建德率军前去援救，结果被唐军在虎牢狙击，窦建德兵败被俘，王世充最终出城投降。窦建德余部在刘黑闼的带领下再次起兵反唐，唐军先后进行镇压，并最终于 623 年平定叛乱，平定河北。之后，河南、河北和山东等地区相继平定。武德四年（621年），李渊派唐将李孝恭和李靖率兵攻打占据江陵的萧铣，萧铣投降。623 年，辅公祏率领杜伏威余部在丹阳举兵反唐，次年被唐军镇压，江淮、江南地区平定。

在统一天下的过程中，秦王李世民展现了出色的军事才能，率军多次取得关键性胜利。在平定各地的割据势力后，太子李建成与秦王李世民为争夺皇位发生冲突。626 年，李世民在玄武门埋伏兵力，杀死李建成和齐王李元吉，夺得太子之位，史称"玄武门之变"。不久，李渊宣布逊位，李世民即位，即唐太宗。次年，改元贞观。贞观二年（628 年），唐太宗乘突厥衰乱之际，派兵消灭了占据朔方的梁师都。至此，唐朝基本统一全国。

大唐盛世

唐太宗继位后，以隋亡为鉴戒，励精图治，在政治、经济、军事以及民族关系等方面实行了一系列治国措施。在内政方面，唐太宗积极推行府兵制、租庸调制和均田制。在职官制度上，唐继承了秦汉以来的宰相制度，继续实行并完善了隋朝时的三省六部制和科举制度。除内史省改名中书省，内史令改名中书令，门下省长官纳言改名侍中外，其余名称、长官、职能和性质均与隋代相同。此外，唐太宗还虚心纳谏，任人唯贤，重用学士。他不计出身，网罗了一大批精明强干的大臣，比如房玄龄、杜如晦、长孙无忌、魏徵等文臣，尉迟敬德、李靖、侯君集、程咬金和秦叔宝等武将，终成一代明君。

在对外方面，唐太宗对周边少数民族政权采取"爱之如一"、和亲友好、恩威并重和保卫边防等政策，如贞观十五年（641年），唐太宗派文成公主与吐蕃赞普松赞干布通婚，稳定了唐朝和吐蕃的关系。这些措施使唐代边疆地区得到了稳定和发展。唐太宗统治时期，唐朝政治清明，社会秩序安定，经济得到恢复和发展，史称"贞观之治"。

649年7月，唐太宗去世，李治即位，即唐高宗。高宗即位后，继续推行高祖、太宗时期的政策，政治、经济得到持续发展，但随着武则天的入宫，唐朝内政发生了巨大变化。

651年，高宗从感业寺中迎太宗的才人武则天入宫，次年立为昭仪。655年，武则天又被立为皇后。自显庆五年（660年）后，高宗因为健康原因，便将许多朝政交给武则天处理，武则天成为唐朝的实际统治者。683年，唐高宗去世，太子李显即位，即唐中宗。次年，武则天废中宗为庐陵王，改立四子李旦为帝，即唐睿宗，武则天临朝称制。天授元年（690年），武则天在平定李敬业的叛乱后，废睿宗帝号，改唐建周，正式登上皇帝宝座，成为中国历史上第一个也是唯一的一个女皇帝。

武则天当政时期，继续推行均田制，促进了农业生产的发展；她还大开科举，开创了科举制度中的殿试、武举和南选，大力提拔一些科举出身的官员，打击世族势力；在对外战争中，她巩固并开拓国家疆域，派兵深入西域地区，驱逐吐蕃，收复了龟兹、于阗、疏勒和碎叶等安西四镇，巩固了唐在西域的统治地位。在武则天掌权的数十年间，唐朝较太宗时期有了更大的发展，史称"贞观遗风"。然而，武则天任用酷吏，滥用酷刑，对佛教大力推崇，浪费了大量的财力、人力，这也为后世的史学家所诟病。

《明皇避暑宫图》

描绘唐玄宗的避暑宫,华清宫依山而建,庭院深深,风景秀丽,可谓是避暑胜地。该画由北宋画家郭忠恕所绘,现存于大阪市立美术馆。

705年,武则天病重卧床不起,宠臣张易之、张昌宗兄弟阴谋作乱。紧接着,宰相张柬之与大臣桓彦范、敬晖、袁恕己等人便率领羽林军冲入宫中,杀死张易之、张昌宗,拥立太子李显即位,即唐中宗,恢复了唐朝李氏政权,史称"神龙政变"。不久后,武则天病逝。

710年,唐中宗被韦皇后和安乐公主合谋毒死,温王李重茂被立为帝,韦后临朝称制,并欲加害相王李旦。不久后,李旦的儿子李隆基在姑母太平公主的协助下发动政变,诛杀韦皇后和安乐公主等人,拥立李旦复辟称帝,李旦即唐睿宗。睿宗继位后,太平公主又与李隆基发生权力之争,企图杀害太子李隆基,登上女皇之位。712年,唐睿宗让位于太子李隆基,即唐玄宗,又称唐明皇。次年,唐玄宗先发制人,将太平公主势力一举消灭,并改元开元。

玄宗即位后,先后起用姚崇、宋璟、张说、张九龄、韩休等人为宰相,他们各有所长,尽忠职守,玄宗虚心纳谏,因此政治清明、政局稳定,唐朝的发展达到了鼎盛时期,也由此被世人誉为"开元盛世"。

玄宗采纳了张九龄的建议,制定官吏的迁调制度。是为选取京城中有能力的官员外调为都督刺史，以训练和培养官员的处事和行政经验，同时在都督刺史中选出那些有能力者，晋升为京官。官员间经过内外互调，促进了中央与地方之间的沟通。此外，玄宗还将全国分为十五道，并在各道设立采访使，以监督地方州县的官员，考察地方官吏的政绩。在选拔人才方面，玄宗对科举制度进行了改革，对进士科及第的人数进行了限制，以防止出现冗官问题。

在经济方面，为了节省开支，玄宗规定三品以下大臣及内宫后妃以下者，不得佩戴金玉饰物，并遣散宫女；还任命宇文融为括户劝农使，清查全国的逃亡户口及籍外田地，共查出 80 多万户，大大增加了国家的赋税。开元初年，玄宗还将贞观初年设立的义仓改为地税，将唐初实行的户税固定下来，大幅增加了国家的赋税收入。

在军事方面，玄宗改革军制，变府兵为募兵。自唐高宗以后，随着土地兼并的加剧，均田制遭到破坏，农民大量逃亡，府兵制已经完全崩坏。在这种情况下，玄宗采纳张说的建议，实行募兵制，组建宿卫京师的"彍骑"和戍守边防的"长征健儿"，极大地增强了唐朝的军事力量。在此期间，唐玄宗相继在北、东、西南和西北地区设立了 10 个节度使和经略使，使唐朝的势力达到鼎盛，大大拓展了唐朝的疆域。

然而，在开创盛世之后，唐玄宗志得意满，放纵享乐，重用奸佞，懒于政事，没有了开元初年的励精图治精神，致使政治日益败坏。此外，在改革军制以后，节度使势力日益强大，形成了"内轻外重"的局面。但唐玄宗没有意识到此时的危机，反而对外发动了一系列战争。在这种形势下，边境将领为了在战争中立功受赏，肆意挑起对各少数民族的战争，使得边境战乱不断。至此，唐朝初期边境安定的局面被打破，最终导致了安史之乱，唐朝由盛转衰。

晚唐乱世

唐玄宗天宝十四载（755 年）末，身兼范阳、平卢和河东三镇的节度使安禄山趁朝廷政治松懈、重兵大多部署在边境之机，以讨杨国忠为借口伙同部将史思明起兵叛乱，史称"安史之乱"。

当时，安禄山率领 15 万大军从范阳南下，并于 12 月 12 日攻下了东都洛阳。次年 6 月，叛军又攻占潼关，向长安逼近。唐玄宗仓皇出逃，从长安逃往成都，在途经马嵬驿时，禁军发生哗变，把杨贵妃的堂兄宰相杨国忠杀死，又逼玄宗缢死了杨贵妃才继续西行，史称"马嵬驿之变"。不久后，太子李亨率领部分禁军北上，在灵武宣布即位，即唐肃宗。安禄山此时则自称大燕皇帝，年号圣武。肃宗在灵武募兵，封郭子仪为朔方节度使，命其平定叛乱。次年，在郭子仪的推荐下，肃宗封李光弼为河东节度使，两人联合起来进军河北，最终击败了史思明率领的叛军，收复了河北一带。

757 年，叛军发生内讧，安禄山被其子安庆绪所杀。唐军则趁机收复了长安、洛阳，将安庆绪围困在邺城之中。然而，肃宗不信任率军的将领，反而任宦官鱼朝恩为官军统帅，召回郭子仪，结果导致军令不一，军心涣散。当史思明率领叛军支援安庆绪时，唐军迅速溃散。待史思明进入邺城后，杀死安庆绪，自称"大燕皇帝"。761 年，叛军在攻占洛阳和西进关中途中又发生内讧，史思明被其子史朝义杀死。之后，叛军内部分崩离析，一蹶不振。762 年，唐代宗李豫即位，借回纥兵收复了洛阳。之后，史朝义逃往河北，在石头城附近的森林里自缢，叛军将领则相继投降，历时 8 年之久的安史之乱至此平息。然而，北方地区经过这场战乱后，人丁锐减，土地大量荒芜，社会生产严重倒退。从此，唐王朝由盛变衰，一蹶不振。

安史之乱爆发后，唐廷为了早日结束战乱，招抚安史降将田承嗣、李怀仙等人，并将其封为节度使。结果导致全国各地藩镇数量激增，唐朝进入藩镇割据的局面。各藩镇表面上臣服于唐廷，但实际上割据一方，统领地方军事、政务，使中央无法控制地方，形成了严重的藩镇割据问题。

大历十四年（779 年），代宗去世，其子李适即位，即唐德宗。德宗即位后，试图消灭藩镇这个祸害。781 年，成德节度使李宝臣去世，其子李惟岳上表朝廷，要求由自己承袭节度使。但德宗早就有了削藩的计划，想要强化中央集权，于是断然拒绝了李惟岳的请求。于是，李惟岳联合魏博节度使田悦、淄青节度使李正己、山南东道节度使梁崇义发动叛乱，史称"四镇之乱"。德宗随即派兵平叛。翌年，李惟岳、梁崇义先后战败被杀。但后来奉命平叛的卢龙节度使朱滔、淮西节度使李希烈因瓜分成德领地时对朝廷产生不满，于是举兵叛乱，致使叛乱规模越来越大。783 年，李希烈率大军包围襄城，唐德宗赶忙调泾原兵前去支援。然而，待泾原兵途经长安时，却因为犒赏菲薄发生哗变，德宗被迫逃往奉天。之后，泾原兵拥立原泾原节度使朱泚为首领，称"秦帝"。泾原兵将德宗围困在奉天长达 1 个月之久，但后来德宗还是依靠李晟、马燧等将领收复了长安，平定了朱泚等叛军。再之后，李希烈被部下毒死，朱滔等人自动取消王号，表示归顺朝廷。至此，这场由传子制之争引起的藩镇叛乱宣告

唐玄宗像

结束。但是，这些藩镇并没有就此把权力交还朝廷，软弱的朝廷也只能向藩镇妥协，承认他们在当地的统治权。

贞元二十一年（805年），宪宗即位。宪宗在位期间，勤勉政务，中央政府的财力不断增强，于是着手再次削藩。元和九年（814年），淮西节度使吴少阳死，其子吴元济自领军务，并派兵四处劫掠。唐宪宗于是下令发兵进讨。次年，宪宗又下令讨伐与吴元济勾结的成德节度使王承宗。元和十二年（817年），唐军大将李愬在一个雪夜率领奇兵攻入蔡州，生擒了吴元济，平定了淮西。819年，朝廷又派兵消灭了淄青节度使李师道。此后，各地的藩镇都派使节纳贡，以示归顺。但是藩镇割据的局面依然存在。

另一边，安史之乱后，宦官掌握了中央禁军的权力，权势日益强盛，形成了宦官专权的局面，甚至连皇帝的生杀废立也由宦官决定。唐后期的穆宗、文宗、武宗、宣宗、懿宗、僖宗、昭宗均为宦官所立，而顺宗、宪宗、敬宗、文宗又都是被宦官所害。宦官专权骄横，引起了皇帝和朝官的强烈不满，于是朝官和宦官之间不断发生夺权斗争。宰相官署在宫廷以南，称为"南衙"；宦官所在的内侍省在宫廷北部，称为"北司"。因此朝官和宦官的这场斗争也被称为"南衙北司之争"，其中发生在顺宗和文宗时期的两次斗争最为激烈。

805年，唐德宗去世，顺宗即位。顺宗因病无法处理政事，于是任命时任起居舍人和翰林学士的王叔文和王伾处理朝政。随后，顺宗又任用柳宗元、刘禹锡、韦执宜、韩泰、韩晔、陈谏、凌准、程异等人进行政治改革，史称"永贞革新"。改革的内容有免除民间的欠税和各种杂税，禁止节度使向皇室进奉财物，抑制藩镇割据势力，计划接管宦官的神策军兵权等措施。顺宗的改革收到了藩镇和宦官的联合抵制。永贞二年（806年），以俱文珍为首的宦官集团发动宫廷政变，逼迫顺宗禅让帝位，立太子李纯为帝，即唐宪宗，并改元元和。之后，王叔文、王伾等人被放逐，后被杀死。

待到唐文宗即位时，他对宦官的专权深恶痛绝，决心铲除宦官势力。830年，文宗封宋申锡为宰相，致力于铲除宦官，结果反被宦官诬陷，被文宗贬逐。太和九年（835年），文宗又任用朝官李训和郑注等人，再次打击宦官势力。同年11月，李训谎称金吾厅石榴树上夜降甘露，想要在诱骗宦官前往观看时，一举消灭他们。不料事情泄露，宦官抢先一步派禁军诛杀朝官，李训、郑注等人都被杀害，史称"甘露之变"。此后，宦官的势力更大，朝政大事全都处于宦官的监视之下。

事实上，唐朝中后期除了宦官专权之外，朝官内部还出现了朋党之争，其中历时最久、斗争最为激烈的就是"牛李党争"。这次党争主要起源于唐代科举和门荫取仕两种不同途径。牛党是通过进士科进入仕途的官僚集团，以李宗闵和牛僧孺为代表；李党则是通过门荫进入仕途的官僚集团，以李德裕和郑覃为代表。在这场党争当中，双方围绕着科举制度、宦官专权和藩镇割据等问题进行了激烈的交锋。牛李党争从唐宪宗元和三年（808年）开始，一直延续到唐宣宗时期，前后历时近40年。文宗时期，两党势力不相上下，斗争最为激烈；武宗时期，李党得势，牛党首领被贬逐到岭南；到宣宗时，牛党得势，李德裕被贬逐到崖州。至此，长达40年的牛李党争宣告结束。

唐朝后期，藩镇战火不断，土地兼并严重，盐价锐升与不断加重的赋税让平民百姓丧失生计，农民起义不断。大中十三年（859年）12月，在浙东农民裘甫的领导下，农民起义爆发，起义队伍相继攻占了象山、剡县、唐兴等地，队伍发展到3万多人，随后又攻下了上虞、余姚等县。后来，起义军内部出现分裂，裘甫又采取据险自守策略，最终于咸通元年（860年）6月被唐军镇压，裘甫兵败被杀。

咸通九年（868年），戍守桂林的徐州、泗州戍兵发动兵变。队伍在庞勋的率领下结队北返，沿途农民争相加入。到徐州时，队伍已经发展到10万人，占据山东南部、安徽和江苏北部广大地区。次年，唐军发动围剿，起义军终被镇压，庞勋战死。

唐末农民起义的主力军还要属王仙芝、黄巢领导的农民起义。唐僖宗乾符二年（875年），王仙芝率领数千人在长垣发动起义。次年，黄巢发动起义响应，与王仙芝会师，队伍发展到了几万人。起义初期，起义军很快占领了河南、山东和淮南诸多州县，多次击溃唐军的进攻。乾符三年（876年），起义军包围蕲州城，王仙芝在蕲州刺史裴渥的引诱下发生动摇，企图接受朝廷的招降，遭到黄巢等人的坚决反对，于是起义队伍分裂为两支。一支由黄巢率领，北上在今山东南部、河南东部、安徽北部一带活动；一支由王仙芝率领，继续在今湖北和河南南部地区活动。878年，王仙芝在湖北黄梅兵败被杀，残余部队在尚让的率领下北上与黄巢会合。至此，黄巢队伍发展到十几万人，他也自称"冲天大将军"。

同年，起义军南下进入湖北，渡过长江进入江西、安徽、浙江、福建，攻克福州。879年，起义军攻占广州，控制了岭南大部分地区。但由于起义军不适应岭南的气候，队伍中疫病流行，黄巢只能选择再次率军北上。起义军在北上过程中，又相继攻占了长江中下游的十几个州县，兵力发展到20多万人。广明元年（880年）11月，起义军一举攻占东都洛阳。12月，又攻克潼关，唐僖宗逃往成都，起义军顺势进入长安，建立大齐政权。

然而，起义军进入长安后，没有乘胜追击逃往成都的唐朝廷，也没有消灭藩镇势力和中央禁军的残余势力，这使得唐朝廷得到喘息之机，也由此向起义军进行反攻。882年，唐军进攻起义军，包围长安。同年9月，起义军驻守同州的将领朱温叛变降唐，被任命为河中行营招讨副使，赐名全忠。此时的起义军处境愈加困难。883年，沙陀人李克用率军进攻起义军，起义军被迫退出长安，向河南撤退。次年6月，起义军接连失利，尚让叛变降唐，黄巢在泰山狼虎谷自杀。至此，轰轰烈烈的黄巢起义宣告失败。

隋唐时期的文化

隋唐时期，各种宗教文化蓬勃发展。当时，随着对外关系的发展，景教、摩尼教、祆教等外国宗教陆续传入中国，且在统治阶级的大力提倡下，除了唐武宗时期出现过灭佛活动外，其余的皇帝大都信奉佛教。寺院经济迅速发展，佛教在王公贵族和平民百姓中得到广泛传播。此外，由于南北朝以来不断有新的佛经传入，以及对佛教教义的不同解释，隋唐时期便逐渐形成了许多佛教宗派，其中包括天台宗、华严宗、法相宗、禅宗等。在唐代，译经的质量和数量也都大为提高，这也为佛教的进一步发展起到了促进作用。

道教尊老子李耳为教主，因为唐朝的皇帝姓李，所以从唐高祖李渊起就以老子的后裔自居，大力推崇道教，企图借助宗教来巩固皇权。高祖尊老子为太上玄元皇帝，玄宗则尊老子为大圣祖，下令画老子像颁布天下。唐朝时，各地都建有玄元皇帝庙，在长安就有30所。据统计，到中和四年（884年）时，全国共有1900多所道观，道士达15000多人。这一时期，道教提倡炼丹活动，虽然带有迷信的成分，但长期的炼丹活动却也促进了中国古代化学的发展和火药的发明。

景教属于基督教的聂斯脱利派，由叙利亚人聂斯脱利创立，主要流行于波斯。贞观九年（635年），大秦人阿罗本来到长安，景教由此开始传入中国。638年，太宗下诏允许阿罗本在中国传教，他便在长安建寺院、度僧人。到高宗时，景教被允许在各州建寺院，称波斯寺，后改名为大秦寺。唐德宗时，在长安立《大秦景教流行中国碑》，对景教在唐的传教活动进行了记载，成为景教在唐时传入中国的珍贵资料。

摩尼教是波斯人摩尼在公元3世纪创立的宗教，流行于中亚和地中海地区。武则天延载元年（694年），波斯人拂多诞携带摩尼教经典来到中国，摩尼教开始传入。安史之乱时，摩尼教又传入回纥地区，为回纥人所信奉。大历三年（768年），唐代宗允许回纥在长安、洛阳和太原等地建立摩尼寺，此后又分别在荆州、扬州等地建寺。唐武宗灭佛时，摩尼教也遭到打击，后来又有复兴，

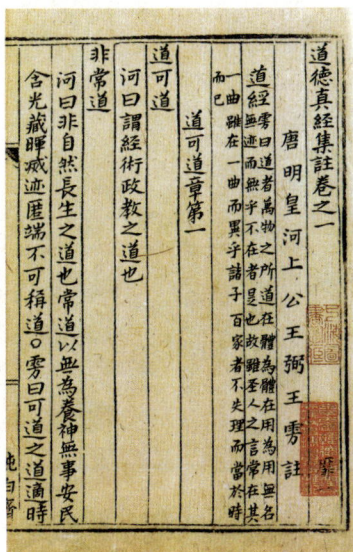

《道德真经集注》书影

且常被农民起义组织利用。

祆教又称拜火教、火祆教，相传是波斯人琐罗亚斯德创立，流行于波斯和中亚各国，北魏时传入中国。唐时，祆教流传较广，唐朝初年设有萨宝府，专门管理祆祠。唐武宗灭佛时，祆教同样遭到禁止。

在哲学方面，隋唐时期唯物主义思想有了较大发展，其唐初代表人物有傅奕和吕才。他们反对佛教理论和迷信说教，主张废除僧尼，提出了"人死寿天，由于自然"和人的"贵贱"与"禄命""葬法"无关等带有唯物主义思想的哲学观点，抨击宗教迷信。唐代后期，柳宗元和刘禹锡等人也从不同角度批驳了孔孟唯心主义的道统和人性论，并提出无神论和人定胜天的思想，力图正确阐述人与自然的关系，将古代唯物主义思想推向了一个新的阶段。

隋唐时期，文学艺术蓬勃发展，尤其在诗歌创作、古文运动、小说等方面有着巨大的成就。初唐时期，著名的诗人有王勃、杨炯、卢照邻和骆宾王，号称"初唐四杰"，他们进一步发展了五言律诗，改革了齐梁以来浮艳的诗风。盛唐和中唐时期是诗歌创作繁荣兴盛的时期，出现了一大批杰出诗人，代表人物有李白、杜甫、白居易、孟浩然等，他们创作了大量脍炙人口的诗歌，流传至今，成为中国传统文化的重要组成部分。晚唐的著名诗人李商隐和杜牧，也有"小李杜"之称。

《文苑图》

该图由五代时期周文矩所绘，描绘了王昌龄、岑参兄弟等四位文人思索诗句的情景。

　　古文运动是中唐时期兴起的一个有着重大意义的文学改革运动。中唐时期，人们为了改变魏晋南北朝以来流行的只重形式、呆板僵死的骈文体裁，便在继承古代优秀散文的传统基础上，开创了一种自由质朴、生动活泼的新型散文，史称"古文运动"。古文运动提倡恢复先秦、两汉的古代散文，实际上是复古其名，创新其实，力图开创一个文学发展的新局面。古文运动的奠基人是唐初的陈子昂，韩愈和柳宗元则是古文运动的主将，后来的刘禹锡也在古文运动方面作出了很大贡献。

　　唐代文学在传奇小说方面也取得了一定成就。唐后期，裴铏著有《聂隐娘》《昆仑奴》等小说，并收入《传奇》一书中。到了宋代，人们便将唐代小说称为"传奇"。贞元、元和年间，出现了大量传奇小说作品，如李朝威的《柳毅传》、元稹的《莺莺传》、陈鸿的《长恨传》、白行简的《李娃传》及蒋防的《霍小玉传》等都较为著名。这些作品的出现标志着中国古典小说开始走向成熟，也对后来戏剧和白话小说的发展起到了推动作用。

　　隋唐时期，绘画艺术题材广泛，人才辈出。隋朝的著名画家就有展子虔、董伯仁等，其中展子虔的《游春图》是国内现存的古名画之一。唐初的著名画家有阎立德、阎立本兄弟，其后还出现了吴道子、王维、李思训、张暄、周昉、韩干、韩滉等画家。其中，盛唐时期的吴道子最为著名，有着"画圣"之称，尤其善于画迎风轻举的衣服，号称"吴带当风"。

　　隋唐时期的书法艺术名家辈出，并出现新风格，成为我国书法史上继往开来的新阶段。隋末唐初的欧阳询、虞世南、褚遂良号称"初唐三大书法家"，他们沿袭了王羲之和王献之的书法风格，促进了唐代的书法艺术发展。盛唐时期的颜真卿融篆、隶、行、楷为一炉，在书法方面有所独创，被誉为"颜体"。中唐、晚唐之际的柳公权与颜真卿齐名，他吸收了欧阳询与颜真卿的书法特点，创立了自己的书法风格，被誉为"柳体"。唐代著名的草书家有孙过庭、张旭和怀素等人。其中，张旭性格豪放，嗜好饮酒，经常大醉后呼叫狂走，然后提笔落墨，一挥而就，因此有了"张颠"的称谓。后来的怀素与张旭齐名，也以草书得名，后世便将其与张旭并称"颠张狂素"。

　　隋唐时期也是中国传统史学进一步发展的时期。隋文帝继位后，为了加强中央集权，禁止私人撰集国史，臧否人物。唐太宗即位后，专门设立史馆，由史官修撰前代及本朝的历史。从此，纪传体正史大都出自官府修撰，并由宰相监修。这是中国古代史书编纂制度上的一次重要改革，对后来的修史制度产生了重大影响。唐代官修的正史有《晋书》《梁书》《陈书》《北齐书》《周书》

《簪花仕女图》（局部）

唐代周昉所绘的这幅仕女图，生动地展现了当时唐朝贵族仕女的生活状态，既养尊处优，又充满情趣。现存于辽宁省博物馆。

《隋书》。此外，还有李延寿私人修成的《南史》和《北史》。

唐代史学最重要的成就是刘知几撰写的《史通》和杜佑编纂的《通典》。《史通》现存 20 卷，49 篇，是我国第一部系统的史学评论专著。刘知几在书中不仅对过去史书的编纂体例、史事叙述、人物评价等方面进行了总结和剖析，提出了自己的修史看法和见解，还强调史学家必须具备才、学、识三长，秉笔直书，反对记述荒诞不经的事，这对后世史学产生了深远影响。

杜佑编纂的《通典》共有 200 卷，是我国第一部记载典章制度的通史著作。全书分为 9 类，分别为食货、选举、职官、礼、乐、兵、刑、州郡和边防。以往关于典章制度的记载，一般附载于正史中的"书""志"当中，并没有专门的撰述，而《通典》则在"书""志"的基础上创立了典制体，开创了典章制度专史的编纂体例，也为后来政书的撰述开了先河。

隋唐时期，生产力提高，经济繁荣，这些都为科学技术的发展创造了条件，其中在天文学、医学、印刷术等方面取得的成就尤其辉煌。

僧一行是唐代最著名的天文学家，精通历象和阴阳五行学说。开元年间，他通过观察黄道游历发现了恒星移动现象，是世界上第一位发现恒星位置变动的天文学家。开元十三年（725 年），他用自己制的"复矩图"，测出了地球子午线的长度，这也是世界上第一次实测子午线。他编制的《大衍历》是当时最先进的历法，也是中国古代的一部重要历书。

隋代医学家巢元方于大业三年（607 年）主持编撰了《诸病源候论》，是我国第一部论述疾病来源和症状的医学著作。唐代孙思邈是中国古代著名的医药学家，他撰写的《千金方》和《千金翼方》共收录了 5300 多个药方，记载了800 多种药物，在中国药学史上有着重要地位，因此后人也尊称孙思邈为"药王"。此外，显庆四年（659 年）唐朝政府颁行的《新修本草》，是世界上第一部官修的药典。

雕版印刷术的出现是唐代最重要的技术成就之一。雕版印刷术开始于何时，人们说法不一，但在中唐时已经开始兴起。现存最早的雕版印刷品是 1966 年在韩国庆州佛国寺发现的《无垢净光大陀罗尼经》，刻于 704 至 751 年间。1949 年在成都东门外一座晚唐墓中出土的印本《陀罗尼经》，则是我国现存最早的雕版印刷品。此外，在敦煌千佛洞发现的刻印于唐懿宗咸通九年（868 年）的《金刚经》，卷首有版面，正文刻字精美，都表明当时的刻印技术已经较为成熟。

五代两宋时期

　　五代十国时期是我国的政治分裂期，但在短暂的分裂后又开始走向大一统。宋朝因前后不同阶段分别定都于北方的开封和南方的临安（今杭州），于是被划分为北宋和南宋两个时期。在宋朝时期，还出现了辽、西夏和金等少数民族政权，各民族政权并立，有战有和，加强了民族间的交流和融合。

唐朝的灭亡和五代的更迭

　　黄巢起义后，唐朝国力大衰，各地藩镇势力日益强大，纷纷割地称雄，相互攻伐。此时，朝廷内宦官和朝官之间的斗争依然存在，并各自勾结藩镇作为外援。901 年，宦官与朝官矛盾加剧，宰相崔胤企图依靠朱全忠诛杀宦官，控制大权。朱全忠乘机率军进入长安，宦官韩全诲转而劫持昭宗逃到凤翔，投靠了李茂贞。天复三年（903 年），朱全忠攻打李茂贞，杀死韩全诲，将昭宗押解回京。昭宗回到长安后，朱全忠派兵将数百名宦官全部杀死，使得晚唐宦官专权的局面至此结束。

　　天祐元年（904 年），朱全忠将宰相崔胤等人杀死，然后挟持昭宗迁都洛阳。同年 8 月，朱全忠派部下杀死昭宗，另立昭宗第九子李柷为帝，即唐哀宗。此时的唐朝已经名存实亡，哀帝不过是个傀儡。905 年，朱全忠大肆贬逐朝官，并在滑州白马驿杀死朝官 30 多人，投尸于黄河，史称"白马驿之祸"。907 年，朱全忠废哀帝，改国号梁，史称"后梁"，朱全忠即梁太祖，改元开平，建都开封。至此，唐朝结束了其 289 年的统治，中国进入五代十国时期。

　　唐朝灭亡后，原唐朝的各藩镇和地方势力纷纷割据独立，建立国家。除后梁外，在中原地区还相继出现了后唐、后晋、后汉、后周 4 个政权，他们也被统称为"五代"。907 年，朱全忠在开封建立后梁后，周围还存在着其他的割据势力，其中以李克用的势力最为强大。李克用是沙陀族人，唐朝时被封为河东节度使，受封晋王。唐朝灭亡后，李克用与朱全忠为了争夺中原地区的统治权，互相攻伐。908 年，李克用去世，其子李存勖继位。朱全忠趁机向李存勖发动进攻，结果在潞州被李存勖打败。910 年，双方又在柏乡发生战争，朱全忠再次被击败。后梁从此元气大伤，一蹶不振。912 年，朱全忠被儿子朱友珪杀死，不久，朱全志第三子朱友贞又杀死朱友珪自立，史称"后梁末帝"。后梁末期，政治黑暗，残酷剥削人民，阶级矛盾日益尖锐。915 年，后梁的魏博镇等河北诸镇归附李存勖，后梁势力缩小到了黄河以南地区。918 年，李存勖南征后梁，后梁惨败，但李存勖的晋军也元气大伤，这使得梁晋之间在一段时期内再没有发生战争。923 年 4 月，李存勖称帝，国号大唐，建都洛阳，改元同光，史称"后唐"。同年，李存勖派兵进攻后梁，后梁末帝自杀，后梁灭亡。

925 年，后唐出兵攻打成都，灭了前蜀。926 年，李克用养子李嗣源在率兵讨伐河北魏博镇的叛军时，被部下拥立为帝，反攻洛阳。最终，李存勖被部下杀死，李嗣源即位，即后唐明宗。李嗣源在位期间，改革政治，朝政逐渐安定，这也是五代时期较为稳定的时期之一。然而明宗晚年，诸子争权，后唐再次出现内乱。933 年，后唐明宗病重，其子李从荣乘机起兵夺位，结果事败被

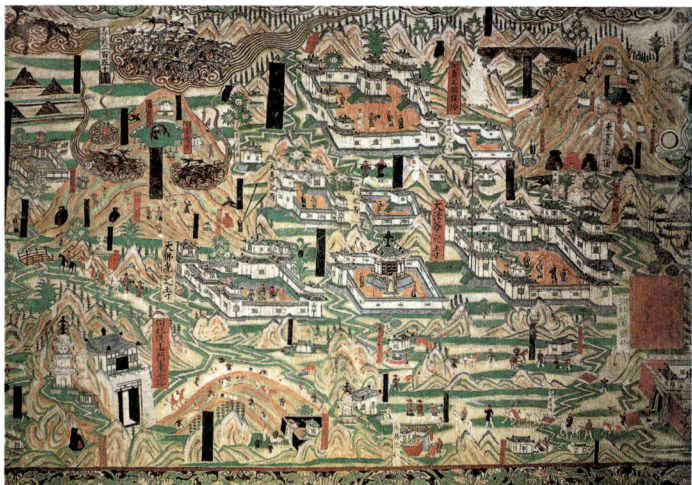

《五台山图》
莫高窟内最大的绘画作品之一，图中含有众多寺庙建筑，是五代时期佛教兴盛的重要展现。

杀。不久，明宗驾崩，幼子李从厚继位，即后唐闵帝。闵帝即位后，采取削藩的政策，结果激起叛变。934 年，凤翔节度使李从珂发动叛乱，攻入洛阳。闵帝在逃往魏州途中被河东节度使石敬瑭俘虏，最后被李从珂杀死。李从珂即帝位，即后唐末帝。

后唐末帝与石敬瑭在后唐明宗时就彼此不合。936 年，后唐末帝下诏把石敬瑭调任，结果导致了石敬瑭的叛乱。后唐末帝派兵进攻太原，石敬瑭转头向契丹国借兵，耶律德光遂率军南下，打败了后唐军队。之后，耶律德光册立石敬瑭在太原建国后晋，是为"后晋高祖"。937 年，晋军与契丹军攻入洛阳，后唐末帝自焚而死，后唐灭亡。

石敬瑭灭亡后唐后，定都开封，将燕云十六州割让给契丹国。942 年，石敬瑭病死，其侄石重贵即位后，便改变了对契丹主耶律德光称臣的态度。耶律德光于是率兵攻入开封，灭亡了后晋。947 年，耶律德光在开封登基，自称"中原的皇帝"，并改契丹国号为大辽，欲长期占据中原。然而，耶律德光执政时期政治黑暗，他放纵契丹士兵四处劫掠，给中原人民带来了巨大灾难，致使中原地区纷纷爆发农民起义。耶律德光看到契丹无法在中原立足，于是率兵从开封北撤，随后在途中病死。

耶律德光北上后，刘知远乘机占领中原。刘知远也是沙陀族人，曾是石敬瑭的部下，担任过后晋的河东节度使。在契丹进入开封以后，他曾率兵驻守四境。947 年 2 月，刘知远称帝，沿用后晋的国号与年号。辽兵北撤之后，他率兵进入开封，始改国号为汉，即后汉。然而，刘知远在位仅仅 1 年即去世，其子刘承祐继位。刘氏父子在位期间均无善政，使得阶级矛盾和统治集团内部矛盾变得非常尖锐。

乾祐三年（950 年），后汉将军郭威率军进入开封，夺取政权，刘承祐在乱战中死于非命。951 年，郭威称帝，改国号为周，年号广顺，史称"后周"。郭威称帝后着手进行了一系列改革。

显德元年（954 年），郭威去世，其养子郭荣即位，因本姓柴氏，是为周世宗柴荣。世宗继承了郭威的事业，对国家进行了全面的整顿和改革。在政治上，他选贤任能，唯才是举，整饬吏治，抑制藩镇，加强中央集权；在经济上，他整顿庄田，招民垦荒，均定赋税田租，兴修水利，发展生产，并禁灭佛教，毁佛像铸造钱币，增加朝廷收入；在军事上，他加强禁军，严明军纪。可以说，周世宗在政治、经济和军事上的改革政策，使后周控制的地区有了很大发展，增强了后周的国力。此外，柴荣即位后便开始了统一战争。955 年，他率兵攻

《写生珍禽图》

现藏于故宫博物院的《写生珍禽图》是五代画家黄筌所绘。该图描绘了麻雀、鸠、龟、禅等二十几种鸟类和昆虫，是一幅极其生动的写生作品。

伐蜀，夺取了秦、凤、成、阶四州之地。从 955 年末到 958 年初，他 3 次亲征南唐，夺得了江北淮南的大片地区。959 年，他又亲自率军大举伐辽，收复了瀛、莫、易三州，以及瓦桥关、益津关和淤口关三关之地。然而，在进军幽州之际，周世宗突然患病，只好撤兵。同年 7 月，周世宗去世。一般来说，虽然柴荣没能完成统一中国的大业，但却为后来北宋的统一奠定了基础。柴荣死后，其年仅 6 岁的儿子柴宗训登基。960 年，殿前都点检赵匡胤发动陈桥兵变，夺得后周帝位，建立北宋，后周灭亡。

十国的兴亡

五代时期，在南方地区出现了诸国并立的局面，相继出现过南吴、南唐、吴越、闽国、南汉、南楚、南平、前蜀、后蜀 9 个国家以及占据在今山西一带的北汉，史称"十国"。

南吴的奠基者是唐淮南节度使、吴王杨行密，都城在扬州。908 年，其子杨隆演建立吴国。吴国建立后，朝政大权落入大臣徐温手中。937 年，权臣徐温的养子徐知诰废黜吴主杨溥称帝自立，后改国号唐，史称"南唐"，建都江宁，吴国灭亡。

南唐建立后，徐知诰自称为唐朝后裔，改名李昪。李昪死后，其子李璟和其孙李煜先后继位。李璟父子均工书画，好填词，却没有能力治理天下，因此南唐国势日渐衰落。975 年，南唐被北宋所灭。

吴越由原唐镇海节度使钱镠建立，都城在杭州。907 年，唐朝灭亡后，后梁封钱镠为吴越王，吴越国建立。吴越在表面上一直向中原王朝称臣，保持藩王的局面。975 年，吴越与北宋联合灭亡了南唐。978 年，吴越为北宋所灭。

南楚为唐武安节度使、潭州刺史马殷所建。后梁建国后，曾封马殷为楚王。927 年，马殷又被册封为楚国王，楚国建立，以潭州为都城，后改名长沙府。930 年，马殷去世，出现诸子争权的局面。951 年，南楚被南唐灭亡。

前蜀由唐末节度使王建所建，都城在成都。907 年，王建不服后梁统治，在成都称帝，建立蜀国，史称"前蜀"。王建死后，继承人王衍残暴昏庸，后唐乘机攻打前蜀。925 年，后唐攻陷成都，前蜀灭亡。

后蜀为后唐节度使孟知祥建立，都城在成都。925 年，孟知祥率兵灭亡了前蜀，之后担任西川节度使，次年进入成都。932 年，孟知祥杀死后唐东川节度使董璋，夺取了东川。934 年，孟知祥在成都建都称帝，年号明德，国号蜀，史称"后蜀"，以区别王建建立的前蜀。然而，孟知祥仅在位 7 个月后便去世，其子孟昶嗣位。965 年，宋太祖发兵攻打后蜀。次年正月，孟昶投降宋朝，后蜀灭亡。

南汉的建立者是原唐清海节度使刘隐。907 年，后梁封刘隐为彭郡王，909 年改封为南平王，次年又改封为南海王。刘隐死后，其官爵由其弟刘龑继承，袭封南海王。917 年，刘龑在番禺称帝，国号大越。次年，刘龑以汉朝刘氏后裔的身份改国号为"汉"，史称"南汉"，以区别于北汉。刘龑及以后的南汉诸帝荒淫残暴，以致政治黑暗，吏治腐败。971 年，北宋灭亡南汉。

南平由后梁荆南节度使高季兴所建，其统治范围最初只有荆州一地，是十国当中势力最弱小的国家。924 年，后唐封高季兴为南平王，建都荆州，史称"南平"。因为方镇名为荆南，后世也称"荆南"。929 年，高季兴死，其子高从诲继位，随后又经历了高保融、高保勖，直到第五主高继冲。963 年，南平第五主高继冲纳地归降北宋，南平灭亡。

闽国为原唐威武军节度使王审知建立，都城在福州。909 年，后梁封王审知为闽王。王审知在位期间，提倡节俭，减轻赋税，使闽地的经济、文化都得到了较快发展。925 年，王审知去世，其子为争夺王位相互残杀，以致闽国大乱。945 年，南唐灭亡闽国。

北汉为后汉刘知远之弟刘崇建立，都城在太原。951 年，后汉被后周郭威灭亡后，刘知远之弟刘崇在太原称帝，国号汉，为区别于南方的南汉，史称"北汉"。为了与后周抗衡，北汉曾向契丹请封，自称"侄皇帝"。979 年，北宋太宗期间灭亡北汉。

宋朝的建立和发展

960 年，赵匡胤代周称帝后，建立宋朝，定都开封，史称"北宋"。北宋建立后，便开始了统一全国的步伐。其战略部署的特点主要是先南后北，即率先攻伐相对弱小而又富庶的南方割据势力，然后北上灭亡势力较为强大的北汉，并收复幽云地区。自乾德元年（963 年）至开宝八年（975 年），北宋先后消灭了南平、后蜀、南汉、南唐等割据势力。976 年，宋太祖去世，其弟赵光义继位，即宋太宗。宋太宗继续进行统一全国的战争。978 年，漳州、泉州的陈洪进和吴越王钱俶相继投降北宋，南方基本实现统一。太宗随后将进攻目标转向北方的北汉割据势力。太平兴国四年（979 年），北汉国主刘继元投降，北宋基本上完成了统一事业，结束了五代十国的分裂割据局面。但是，在当时中

宋太祖赵匡胤像

《雪夜访普图》
由明代刘俊所绘，图中描绘的是赵匡胤雪夜
拜访赵普的场面。赵普是宋朝的开国功勋，
也是赵匡胤最倚重的大臣之一。

国境内，除了北宋政权之外，还有辽、西夏、吐蕃、大理等少数民族政权与其对峙。

在建立北宋后，宋太祖总结了唐末五代十国时期君弱臣强、政权屡更的历史教训，加强了中央在权、兵、钱、法等几个方面的统治，不断巩固中央集权。

在政治方面，宋朝初年，中央政权在形式上大都沿袭了唐朝制度，然而，省、台、寺、监官却没有专门的官员，也没有专门的职责，除了少数部门之外，大多为闲散机构，空有虚名。三省长官也不再担任宰相一职，而是以同中书门下平章事担任宰相职务。此外，又增设了参知政事为副相，也称"执政"，与宰相合称"宰执"。宋朝时，宰相只负责行政事务，最高军事领导者则为枢密院长官枢密使。枢密院和中书门下合称"二府"，共同执掌文武大权。此外，宋朝还设立了三司，主要管辖盐铁、户部、度支三部，是朝廷最高的财政机构，称为"计省"。其长官为三司使，又称"计相"，在朝廷的地位仅低于执政。中书门下、枢密院和三司三个机构各不相干，分别对皇帝直接负责。就这样，原本集政权、财权和军权于一身的宰相权力被一分为三，宰执、枢密使和三司使三者互相制约，皇帝对政权的直接控制得到加强。另外，宋朝还在御史台之外增设谏院，设谏官，谏官除了向皇帝纳谏之外，还有弹劾宰执、大臣的职责，进一步牵制了宰相的权力。

在地方上，北宋初期将全国分为十道，在太宗时改为十五路，之后路的数目有所增加。各路主要设有安抚使司、转运使司、提点刑狱司和提举常平司。安抚使司主管一路的兵民事务，又称为"帅司"；转运使司主管一路的财政赋税，又称"漕司"；提点刑狱司主管一路刑罚和监狱，又称"宪司"；提举常平司主管一路常平仓、义仓、赈灾事务，又称"仓司"。安抚使、转运使、提点刑狱、提举常平的官员同时兼有监督地方官吏的职责，因此四司也被称为"监司"，为中央派出机构。

宋朝在地方上还设有州、县两级行政机构，与州平行的还有府、军、监。府主要在要地设立，比如东京开封府、西京河南府等；军主要设在军事要冲；监主要设在铸钱、牧马、坑冶、产盐地区。州、府、军、监的官员分别称知州、知府、知军、知监。此外，宋朝在州之外还设立州通判一职，以监督知州。县的官员称为知县、县令，另外还有主管户口钱粮的主簿和主管军事、治安的尉。就这样，中央通过监司掌控了地方上的行政、军政、司法、财政，并监督地方官吏，又通过通判制约、削弱了知州的权力，加强了中央对地方机构的控制。

在军事方面，宋太祖深知军权的重要性，因此对这一问题也进行了改革。建隆二年（961年），宋太祖废除了殿前都点检。不久，太祖又在一次酒宴上迫使禁军将领将兵权交出，随后顺势废除了殿前副都点检的职位。在废除殿前都点检后，太祖将禁军的领导机构改为殿前司和侍卫司，分别由殿前都指挥使、侍卫步军都指挥使和侍卫马军都指挥使统领，禁军的权力由皇帝总领。三个指挥使虽然握有重兵，但是没有发兵的权力，以此加强了皇帝对军权的控制。

宋朝还在中央设立枢密院，主管军务，枢密院直接对皇帝负责。枢密院虽然可以调兵遣将，但是不能直接统兵。就这样，宋朝实现了调兵权与统兵权的分离，防止了武官将领拥有过大的权力。此外，当出现军事行动时，统兵将领大多是临时任命，军队实行"更戍法"，每隔几年便改变军队驻地，同时更换统兵将领。其目的是防止军队将领拥兵自重，势力过于强大，防备兵变事件发生。

此外，宋朝还按照"强干弱枝、守内虚外"的政策进行军队部署。宋朝初年，军队主要分为禁军、厢军、乡兵和番兵四种，其中禁军为中央正规军，是北宋的主要军事力量；厢军是各州的镇兵，主要由地方长官掌控；乡兵是根据户籍抽调的壮丁或是招募的地方兵，其职责为防守本地区；番兵则主要由边境地区的少数民族构成，在边疆驻守。与此同时，禁军有一半驻守在京师及其周围，其余的分别戍守在全国各要冲地区，边境地区仅屯驻有少量禁军。这样一来，就保证了中央对地方的军事优势。

唐末五代时期，出现过财政制度混乱的局面，各地藩镇将大部分财政赋税收入充当军费，使朝廷失去大量的赋税。宋太祖认识到这一点，于是建立了由

《科举考试图》
图中描绘的是古代科举考试的场景。考生每人一桌站着答题，
主考官则坐在大堂上负责监督。

中央控制的财政制度。其后，宋朝又建立、健全了转运使、通判、主簿等一系
列地方财政管理机制，由三司负责地方的财政支出，这样就大大削弱了地方机
构的财政权力。

　　五代时期，政治混乱，司法制度形同虚设，藩镇专横暴戾，任意杀伐滥刑。
为了纠治五代时的滥杀之风，恤狱慎刑，宋朝增设司法机构强化对司法的监督，
如在各路设立提点刑狱主管司法，负责在府、州、县的司法审判过程中的检查
监督和弹劾建议。此外，宋朝还规定：凡死刑必须申报中央复审核准，这使得
老百姓的生命安全得到基本保障。也由于宋朝时司法大权掌握在中央手中，司
法制度得到了逐渐恢复。

　　总之，宋朝初年通过实施以上各种措施加强了中央集权，消除了唐末五代
以来藩镇割据的不利局面，促进了社会经济的恢复和发展。然而，这些措施虽
然加强了中央对地方的控制，解决了中央与地方藩镇之间的矛盾，却使得政权、
军权、财权过分集中，也种下了积贫积弱的祸根。

契丹与北宋的对峙

契丹族原来是鲜卑族的一支。344 年，由鲜卑慕容部建立的前燕攻破宇文部，契丹于是从鲜卑族中分裂出来。北朝时，契丹分为八部，唐朝初年，契丹人形成了统一的大贺氏联盟。当时突厥在北方草原称雄，契丹辗转臣服于突厥和唐朝之间。648 年，契丹首领大贺窟哥率领所部内属唐朝。唐太宗于是在契丹部设立松漠都督府，其各部分置十州，授予窟哥为持节十州诸军事松漠都督。696 年至 717 年，因为契丹起兵反唐，松漠都督府曾一度撤销，安史之乱后只剩下一个虚名。730 年，大贺氏联盟瓦解，契丹又建立了遥辇氏部落联盟，首领称"可汗"，依附于后突厥汗国。745 年，回纥灭亡了后突厥汗国，此后的100 年间，契丹便一直处于回纥汗国的统治之下。

唐朝末年，契丹首领耶律阿保机以松漠都督府的辖区为基础，不断发展势力。907 年，耶律阿保机被推为可汗。916 年，耶律阿保机统一了契丹各部，称帝建国，国号契丹，定都上京临潢府。耶律阿保机统治时期，建立了以御帐亲军和宫卫骑军为主力的契丹军队。此外，契丹国在这一时期还创制了成文法律和契丹文字。

到了耶律德光时期，契丹的统治范围扩大到了大漠南北和长城以内的广大地区。947 年，耶律德光改国号为大辽。为了巩固大辽的统治，耶律德光采取了"藩汉分治"的政治制度，在中央设立南面官制和北面官制两种统治制度。南面官沿袭唐朝以来的官制，中央设立三省六部制，官员大多为汉人，以此来统治汉人和渤海人；北面官名称与南面官不一样，职责却大致相同，官员主要由契丹贵族担任，主要统治契丹人及其他少数民族。

墓葬面具
这件出土于内蒙古自治区的镀金青铜面具据说属于 11 世纪早期的一位契丹公主，现存于内蒙古博物院。

契丹在统一中国北方大部分地区后，出现了各民族大杂居的局面，促进了先进生产力技术的传播和经济、文化的交流，社会经济也随之发展。契丹的农业生产以畜牧业为主，同时统治阶级也实行奖励垦荒的政策，鼓励屯田，在辽东一带甚至出现了"编户数十万，耕垦千余里"的景象。契丹的手工业主要以冶铁、纺织、陶瓷等行业为主，其纺织业不仅在南部地区较为发达，在上京、中京地区也有较大发展，且纺织品种类繁多，有绫、锦、纱、罗绮、缎等。契丹的矿冶业也有一定的发展，出现了室韦部、铁利府等冶铁基地。此外，契丹的五京不仅是重要的政治、军事重镇，也是重要的工商业城市。契丹与北宋、西夏、高昌、于阗和回纥等政权都有贸易往来，同时还与日本、新罗、高丽、波斯、大食等国进行通商。

太平兴国四年（979年），宋太宗在灭亡北汉后，亲率大军攻打契丹，包围幽州。后因宋军连续作战，准备不足，在高梁河一带被辽军大败，损失惨重。此后，契丹军队经常南下骚扰宋朝边境地区。

雍熙三年（986年），宋太宗再次兵分三路攻打契丹。战争刚开始时，宋军的中、西两路接连获得胜利，收复了不少地方。但由于宋军之间缺乏协调，指挥不力，宋军东路军在岐沟关被契丹主力击败，宋军将领杨业孤军奋战，最后负伤被俘，绝食而死。在经历了高梁河与岐沟关两场战争后，契丹在军事上占据了优势，不断南侵。1005年，北宋与辽议和，订立"澶渊之盟"。此后，辽

《西园雅集图》
该图是宋代画家李公麟应当时驸马王诜之邀，将王诜及其友人苏轼、苏辙、黄庭坚等人一起游园的场景画下来而创作完成的。

宋之间基本消除了战争，进入了和平相处时期，这种局面一直维持到北宋末年。

西夏和宋朝的对峙

西夏国为党项族所建立。党项族是羌族的一支，主要活动在今青海、甘肃、四川三省交界地区，过着游牧生活。唐朝末年，党项平夏部首领拓跋思恭因参与镇压黄巢起义有功，被封为夏州节度使，赐李姓，封为夏国公，占据今陕北一带的五州地区。五代十国时期，党项乘中原混乱，不断扩充势力，建立了以夏州为中心的割据势力。

宋太祖时，党项曾向宋朝入贡。此后，党项首领李继迁委蛇于宋、辽之间，时叛时降。李继迁死后，其子李德明即位，主动向宋议和。李德明在位期间，不断扩大党项的力量。1022年，党项先后派兵向西攻下了回纥、吐蕃占领的甘州和凉州。1032年，宋朝封李德明为夏王。不久后，李德明去世，其子李元昊继位，继续向回纥、吐蕃进攻，并先后占领了瓜州、沙州、肃州等地。此时党项统治的地区东到黄河，西至玉门，南接萧关，北控大漠，包括夏、银、甘、凉等十几州，同时还控制了河西走廊和河套地区。

1038年，李元昊称帝，国号大夏，建都兴庆府，史称"西夏"。李元昊称帝后，吸收先进的汉文化，仿照宋朝制度建立了中央、地方组织。此外，西夏

西夏木缘塔
西夏时期保存骨灰的葬具，该木缘塔四周写满了佛经咒语，体现了当时的葬俗习惯受佛教影响很大。

还设立藩学和汉学，以培养人才，并仿照汉字创造了西夏文字。

西夏的经济主要以畜牧业和农业为主，同时在采盐制盐、冶炼等手工业生产方面也具有一定的规模和水平。党项族是游牧民族，所以其农业较畜牧业发展较晚。甘州和凉州地区水草丰美，畜牧经济发达。河套地区则以农业为主，主要的农产品有大麦、稻、荜豆和青稞等。西夏的制盐业也相当发达，其中青白盐是其重要的财政收入来源之一。其冶铁技术也有较大发展，制造的兵器较为精良。此外，西夏占有丝绸之路的商业要道河西走廊，所以对外贸易成为西夏重要的经济命脉之一，西夏也通过控制河西走廊以管理西域与中原的贸易往来。由于商业的兴盛，作为流通的货币显得十分重要，所以在1158年，西夏设立了通济监铸造钱币。

元昊称帝以后，要求宋朝承认西夏国的地位，但遭到宋朝拒绝，双边贸易于是中止，宋、西夏之间的关系急剧恶化。从1040年起，西夏便与宋不断发生战争，且北宋在多数战役中遭遇失败，最后被迫选择让步，谋求与西夏和好。而西夏虽然不断取得胜利，但军队在战争中损失严重，再加上长期的战争也影响了西夏国内的社会生产和生活，致使其财力难以继续支持，百姓厌恶战争。此外，当时西夏与辽朝关系破裂，为避免两面遭受攻击，西夏便也同意与宋朝议和。庆历四年（1044年），宋和西夏订立"庆历和议"，规定李元昊取消帝号，对宋称臣，宋朝册封其为夏国主；宋每年给西夏银7万两，绢15万匹，茶3万斤；重新开放边境地区的榷场互市，恢复民间的贸易往来等。

女真的兴起和辽、北宋的灭亡

女真族，隋唐时期被称为黑水靺鞨，唐末五代时称为女真，受渤海国的统治。10世纪初，契丹灭亡渤海国，女真又归附契丹，受辽朝的统治。在辽朝统治时期，女真族分为了熟女真、生女真，其中生女真完颜部的势力较大。11世纪中期，完颜部的势力日益强大，不断向外扩张，逐渐统一了女真各部，形成了以完颜部为中心的部落联盟。1113年，完颜阿骨打成为女真部落联盟首领，领导女真人起来反抗契丹的奴役。1114年，阿骨打率领军队先后大败辽兵，攻占了辽河以东原属辽国的大片地区。1115年，阿骨打称帝，国号大金，建元收国，定都会宁府。阿骨打建立金国后，重用一些熟悉汉人文化的渤海人，吸收先进的汉文化，并仿照汉字创制女真文，使得国力日益强盛起来。1115年秋，阿骨打率军攻打辽朝重镇黄龙府，大败辽军，从此辽朝元气大伤，一蹶不振，无力与金朝抗衡。1116 年至 1120 年，金朝又相继攻占了辽朝的东京和上京，基本控制了东北大部分地区。

金军战胜辽军的消息传到北宋后，宋朝君臣想借此机会联合金朝灭亡辽朝，收回燕云十六州。1118 年，宋徽宗多次派使臣自山东登州渡海与金国谈判，最终于宣和二年（1120 年）与金缔结盟约。双方商定：宋金按照商定的进军路线攻打辽朝，金军攻打长城以北的中京，宋军攻打长城以南的燕京；宋答应灭辽后，将原来给辽的岁币转送金国，金则答应将燕云地区归还宋朝，且双方均不得单独与辽讲和。因为双方使节都由海上往返谈判，所以这次谈判也称"海上之盟"。

1121 年底，金国大军向辽朝大举进攻，一路所向披靡。次年正月，金军攻占辽中京，4 月又攻下西京。辽朝天祚帝只能率领少数残余部队撤退到沙漠地区。与此同时，在金朝的催促下，宋军派宦官童贯等人率军两次攻打燕京，但都被辽军击败了。宋军只好请求金军一同夹攻燕京。12 月，金军自居庸关南下，攻占了燕京。金军占领燕京后，不愿意践行盟约，将燕京归还宋朝。后经双方交涉，宋答应每年以 100 万贯钱作为代价，附在当年的"岁币"中一起交给金朝，金才同意将燕京及所属六州（蓟、景、涿、顺、檀、易）归宋。随后，金军将燕京城内的财物和人口掳掠一空离去，留下一座残破不堪的空城给宋。1123 年秋，阿骨打在返回上京的途中病死，其弟完颜吴乞买继位，即太宗。1125 年 3 月，完颜吴乞买派兵西进，在应州擒获辽天祚帝，辽朝灭亡。

在灭亡辽朝后，北宋统治集团还对金朝抱有幻想，没有加强边境地区的军事力量。但金朝统治者则从灭亡辽的交战中了解到北宋政权的腐朽，于是计划

王重阳绘纥石烈
该图描绘了金朝贵族纥石烈为全真教创始人王重阳出游送行的画面。当时的金朝统治者为了巩固自己的统治，往往和宗教上层人士交往密切，该图就展现了纥石烈与王重阳的友谊。

南下灭宋。1125 年 10 月，金分兵东、西两路南下，东路军从平州向西南攻燕京，西路军则从云中南下攻太原，两路军计划会师开封。之后，西路军在太原遭到北宋军民的顽强抵抗，无法前进；但在东路军方面，北宋燕京守将郭药师则投降金军，并担当金军向导，使得金军顺利南下，逼近开封。消息传到开封后，北宋君臣惶恐不安。宋徽宗急忙下令各地军队勤王，并传位给其子赵桓，即钦宗。12 月底，金东路军相继攻下相州、浚州，抵达黄河北岸。宋军不战自溃，金军顺利渡过黄河，宋徽宗逃往镇江。钦宗也想南逃，但在主战大臣李纲等人的劝阻下留了下来。

靖康元年（1126 年）正月，金东路军包围开封。李纲被任命为亲征行营使，主持开封防务。在广大军民的支持下，宋军击败攻城的金军，挫败了金迅速灭亡北宋的企图。然而，宋钦宗和宰相李邦彦、张邦昌等人则畏惧金军，主张向金军求和，以保全自己的统治地位。金军乘机向宋提出苛刻条件。徽、钦二帝昏庸无能，一心求和，于是同意割地赔款给金国，同时罢免了李纲等主战派大臣。1126 年秋，金兵再次分兵东西两路南下，对开封形成合围，并最终攻陷开封。1127 年，金军撤兵北上，掳走了徽、钦二帝和宗室、大臣 3000 多人及大量财物，史称"靖康之难"，北宋由此宣告灭亡。

南宋的建立与抗金斗争

金军在灭亡北宋后，将开封的北宋宗室全都俘虏至燕京，仅有宋徽宗第 9 子康王赵构因在外地而幸免于难。1127 年 6 月，康王赵构在南京应天府继皇帝位，即宋高宗，改年号为建炎，史称"南宋"。

宋高宗在位初期，有意抵抗金朝的入侵，收复河山，便重用李纲等主战派大臣。李纲执政后，举荐主战派人物宗泽镇守开封，积极备战，又以张所为河北招抚使，傅亮为河东经制副使，联合两地民众抗击敌军。此后，宋军多次大败金兵，使局面暂时稳定下来。然而，宋高宗并没有真正对抗金朝的决心，反而听信亲信大臣黄潜善、汪伯彦等主和派的建议，对李纲、宗泽等主战派为抗金而采取的积极措施进行阻挠和破坏。结果，李纲仅做了 75 天的宰相就被罢免，他所采取的抗金措施也被废除。1127 年底，宋高宗听说金军再次南下，立即南逃扬州。宋政府南逃后，金军分路南下。与此同时，北方地区则出现了八字军、红巾军等抗金义军的活动。东京留守宗泽也积极联络北方义军抵抗金兵的入侵，但他的抗金活动一直未能得到高宗的支持，最终忧愤成疾，与世长辞。

宗泽死后，主和派杜充继任东京留守，破坏原有的抗金措施，致使各地义军先后离去。1128 年 10 月，金军乘虚渡河南下。次年正月，金将完颜兀术领兵攻占徐州，向扬州进逼。宋高宗狼狈逃到临安，并派人向兀术求和，遭到拒绝，高宗只好逃到海上避难。金兵入海追击，结果遭遇大风，只好作罢。

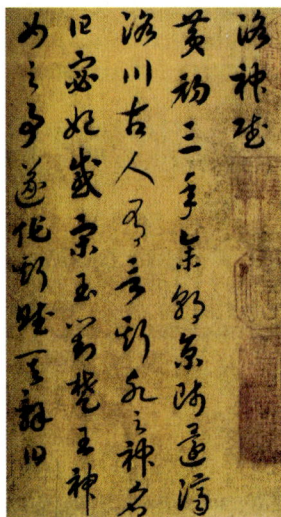

宋高宗草书《洛神赋》局部
宋高宗赵构在位 36 年，政治上昏庸无能，但精于书法，善行书、草书。该草书《洛神赋》现存于辽宁省博物馆。

1130 年初，金将兀术在对临安大肆劫掠后北归。经过建康东北的黄天荡时，受到宋将韩世忠率领的军队堵截。韩世忠率领 8000 名精兵，利用黄天荡的有利地形与金军展开激战，金军大败。随后，兀术向韩世忠乞求过江，并称愿意归还劫掠来的财物，但遭到拒绝。金军在黄天荡被围 48 天，最后通过凿渠狼狈北逃。此后，金军不再轻易渡江南下。金军在退回江北后，立原宋济南府知府刘豫为帝，国号齐，史称"伪齐"，统治河南、陕西地区。这一时期，南宋局势日趋稳定。1132 年正月，宋高宗定都临安，形成与金对峙的局面。

在南宋与金对峙期间，岳飞、韩世忠等爱国将领排除了以宋高宗、秦桧为首的主和派设置的各种障碍，与金进行了艰苦卓绝的斗争。1134 年，岳飞率军北伐伪齐，相继收复了襄阳等地；韩世忠则率军在扬州西北的大仪镇击败金兵的淮南诸军。1136 年初，刘光世、张俊又向淮上进军。宋军经过几年的反击，极大地削弱了金军的实力，战争形势朝着有利于南宋的方向发展。1137 年，金对南宋采取诱降策略，宋高宗、秦桧等主和派不顾南宋军民的强烈反对，与金订立和约。1139 年初，秦桧代高宗拜受金诏书，双方议和，南宋收回了包含开封在内的河南、陕西地区，但须向金称臣纳贡。

1139 年夏，金统治集团内部发生政变，反对与宋议和的兀术掌握了军政大权，决定再次南侵。1140 年 5 月，兀术率大军兵分四路向南宋发动进攻，开封、洛阳等地相继陷落。6 月初，兀术亲率 10 万大军攻打顺昌，结果被宋将刘锜率领的 1 万多宋军击溃，金军退回开封。与此同时，韩世忠、吴璘等宋军将领也在各个地区大败金军，有力阻挡了金军的南侵。

6 月下旬，岳飞大举北伐，在各地义军的配合下一路势如破竹，逼近开封。7 月，兀术率精锐向驻扎在郾城的岳飞部发动进攻。岳飞率军迎战，给金军以重大打击。岳飞乘机进兵朱仙镇，收复了黄河以南一带。然而，就在岳飞准备收复开封之际，高宗下令岳飞班师回朝，岳飞只能撤军。宋军南撤后，已收复的土地再次落入金军手中。

绍兴十一年（1141 年），宋高宗、秦桧等人一心想向金议和，于是解除了韩世忠、岳飞等将领的兵权。同年 9 月，秦桧诬告岳飞谋反，将岳飞及其子岳云、爱将张宪投入监狱。秦桧在谋害岳飞的同时，又加紧与金议和。11 月，南

年画中的岳飞
岳飞作为中国最具知名度的古代历史人物之一，在民间声望很高。他的事迹被写进或画入各种各样的作品之中，该年画就是其中之一。

宋与金签订和约：宋向金称臣，皇帝由金册封；划定疆界，东以淮河中游，西以大散关为界；宋每年向金纳贡银 25 万两，绢 25 万匹，史称"绍兴和议"。至此，南宋以向金国纳贡称臣为代价，换回了对江南半壁江山的统治。1142 年初，在和议签订后不久，宋高宗、秦桧便以"莫须有"的罪名杀害了岳飞父子及张宪，制造了宋代历史上最大的冤案。

1149 年，金海陵王完颜亮发动政变，杀死金熙宗，自立为帝。1161 年，经过 12 年的准备，完颜亮率军分兵四路南侵。金军在南下的过程中，遭到南宋军民的坚决抵抗，同时，北方地区反抗金朝的活动也是此起彼伏，金朝东京留守完颜雍也乘机称帝。同年底，完颜亮率大军从采石渡江，结果被南宋军民打败，金军退到扬州。不久，金军内部发生内讧，完颜亮被部将杀死，金军北归。1162 年，宋高宗禅位于养子赵昚，即宋孝宗。宋孝宗起用抗战派将领张浚，主持北伐。但南宋军很快就被金军击溃，北伐失败，主和派又占上风，宋、金之间再次进行和谈。1164 年 12 月，宋金双方签订"隆兴和议"，将原本向金称臣改为叔侄关系，金为叔，宋为侄；岁贡改为岁币，绢贡献由 25 万减至 20 万，岁币也减至 20 万银两；维持绍兴和议时期的疆界。

到了宋宁宗时（1194—1224 年在位），金不断受到蒙古的侵扰，内部矛盾也十分尖锐。1206 年 5 月，南宋宰相韩侂胄主张乘金势力削弱之机进行北伐，于是宋宁宗下诏伐金。最初，宋军取得了一些胜利，收复了泗州等地。不久后，一些宋军将领开始叛变投敌，韩侂胄因缺乏军事指挥才能，最终被击溃，北伐失败。之后，礼部侍郎史弥远等主和派杀死韩侂胄，以此向金求和。嘉定元年（1208 年），宋与金签订"嘉定和议"，将双方改为伯侄之国，增岁币为银 30 万两，绢 30 万匹，维持原来边界。"嘉定和议"之后，南宋和金的统治皆日趋腐朽衰落，势力日益衰减，都无力再发动战争，而此时漠北的蒙古势力则开始不断壮大。

两宋时期的文化

从汉代开始到隋唐时期，由于受到今文经学和古文经学的影响，儒学偏重于儒经注疏、章句训诂。进入宋代以后，汉唐时期的儒学出现了变革，融合了佛、道的思想，发展出具有思辨哲学的新儒家学说，后世称为"宋学"。北宋时期，胡瑗、孙复、石介三人是宋学的先驱者，此后的李觏、欧阳修、范仲淹、

朱熹画像

王安石及司马光等人也都提倡新说，促进了宋学的发展。

理学最初是宋学中的一支，因其以"理"作为哲学思辨结构的最高范畴，所以被称为"理学"。理学的思想体系以儒家礼法、伦理为核心，同时融合了佛、道思想，区别于原始儒学，因此又被称为"新儒学"。

两宋时期重要的理学家有北宋的周敦颐、程颢、程颐兄弟及南宋的朱熹、陆九渊等。北宋中叶的周敦颐为理学的奠基人，代表作有《通书》《太极图说》。周敦颐继承了《易经》以及道教思想，融会道教于儒家，提出宇宙生成论体系，首次将"无极"一词引入儒家理论，称"无极而太极"，"太极"一动一静，产生阴阳万物。

程颢、程颐兄弟早年一同求学于周敦颐，两人并称"二程"。兄弟二人的学说有"二程学派""二程儒学"之称，推动了理学的发展，发挥了周敦颐的性理之学，建立了以"理"或"天理"为核心的理学体系，提出了"万物皆只是一个天理"的命题，认为理是永恒存在的，是创生万物的基础；理不仅是自然界的，也是社会的最高原则，封建伦理道德也是"理"的体现；理先于气而存在，理是第一性的。此外，二程还提出"灭私欲，明天理"的命题。从二程开始，"理"或"天理"就被当作古代哲学的最高范畴使用，同时也作为世界的本体。

张载也是理学的奠基人之一，同时也是关学的开创者，但他的思想和二程的思想有很大的不同。张载认为，世界的本源是"气"，而不是"理"。气是万物的本源，一切存在都是由物质性的气构成的。通过气的概念，张载构建了"一元论"的哲学体系，具有朴素的唯物主义哲学思想。

　　朱熹则是宋代理学的集大成者，他继承和发展了二程等人的思想，并发展了张载关于"气"的学说，建立了客观唯心主义哲学体系。朱熹认为，"理""气"不相离，但"理在先，气在后"，"理"是物质世界的基础和根源。朱熹一生专心儒学，致力于办书院、讲学，是中国古代社会重要的哲学家之一。

　　陆九渊也是南宋时期著名的理学家，因讲学象山书院，世称"象山先生"。陆九渊还是"心学"的创始人，他融合了佛教禅宗思想和儒家学说，主张"明心见性""心即是理"，认为"心"是天地万物的本源。此外，他还认为伦理纲常是人所固有的本心，因此提出了"存心""去欲"的修养方法。明代王阳明赞赏陆九渊的学说，也发扬了陆九渊的"心学"，因此后人也称他们为"陆王"学派。

　　而以薛季宣、陈傅良、叶适为代表的永嘉事功学派和以陈亮为代表的永康学派则对理学进行了批判。他们反对空谈义理性命，以唯物主义观点批判了朱熹、陆九渊的唯心主义思想。他们认为，道不能离开物而存在，强调道在事物之中。而这种道不离物的观点是典型的唯物主义思想。他们讲究事功实效，反对理学家们空谈"道德""义理"，认为道德、义理应该在事功中表现出来。假如不见事功，道德、义理只不过是虚妄。这些观点在当时的思想界也产生了很大的影响。

　　宋朝时，史学有了较大发展，官修、私修的史学著述很多，其中以《资治通鉴》《通志》《通鉴纪事本末》尤为著名。

　　《资治通鉴》是北宋史学家司马光主持编撰的一部编年体史书，共294卷，耗时19年。其记载的历史上起周威烈王二十三年（前403年），下迄后周世宗显德六年（959年），计跨16个朝代，共1362年的历史。《资治通鉴》史料翔实，考证严谨，文笔简洁，大部分篇幅与历代治乱成败相关，兼及制度、文化、地理、民族等方面内容，是中国古代一部极好的编年体通史。

　　《通志》是南宋史家郑樵撰写的史书，共200卷，是典志体史书的代表作之一。此书以记述典章制度为主，分为本纪、年谱、略、世家、列传。"二十略"为全书的精华所在，其中氏族、六书、七音、都邑、昆虫草木等五略为旧史所没有，因此有很高的史料价值。

　　《通鉴纪事本末》是中国第一部纪事本末体史书，由南宋史学家袁枢编撰。以往的编年和纪传二体史书各有缺点——纪传体史书叙事零乱，难辨主次；编年体史书述事不连贯，不成系统。于是，袁枢在两者的基础上创立了"纪事本末体"，对《资治通鉴》进行改编。他将史书中统一或相关的内容辑在一起，编成 239 篇，上起三家分晋，下至周世宗征淮南，每事有始有终，按时间排列，因此得名"纪事本末"。

两宋时期私家修史的风气很盛，出现了许多史学著作，其中较突出的有：李焘编的《续资治通鉴长编》，现存 520 卷，主要记载北宋九朝的历史事件，是研究北宋历史的重要史学著作；李心传的《建炎以来系年要录》，共 200 卷，主要记述了宋高宗时期的历史事件；李心传的《建炎以来朝野杂记》，共 40 卷，主要记述了南宋前期的典章制度；徐梦莘的《三朝北盟会编》，共 250 卷，主要记述了宋徽宗、钦宗、高宗三朝与金和战的历史事件，有很高的史料价值。

两宋时期的文学也取得了巨大的发展，其中以词、话本小说、绘画方面的成就最为突出。

词是一种诗歌艺术形式，是中国古代诗体的一种，起源于南北朝时期的南

《苏轼题竹图》
由明代杜堇所绘。苏轼爱竹，经常咏竹、画竹，也常常将咏竹之诗题于竹上。

朝梁，唐代时开始形成，在宋朝时达到顶峰。宋代词人很多，创作了大量的作品，其中最著名的有北宋的柳永、苏轼，北宋末南宋初的李清照，南宋的陆游、辛弃疾等。

柳永是北宋时影响最大的词人之一，其作品多描绘城市风光和歌妓生活，有着浓厚的市民气息，作品多以慢词长调为主。其词语言通俗、音律谐婉，盛行一时，对宋词的发展有着很大的影响。

苏轼既是北宋时期的大文豪，也是宋词豪放派的创始人。其在诗、词、赋、散文方面均有着极高的成就，而且善于书法和绘画，是中国文学艺术史上的杰出大家。苏轼的词富有浪漫主义色彩和雄浑博大的意境，开创词坛"豪放派"之风，改变了唐末五代以来的浮艳词风，推动了词的革新和发展。

李清照是南宋初年著名的女词人。她的词委婉含蓄、风格清新，善用白描手法，在词坛中独树一帜，是宋代婉约词派的代表人物之一。

陆游是南宋著名的诗人和词人，也是中国古代一位著名的爱国志士。陆游创作的诗歌数量极多，现存有9000多首，主要抒发其政治抱负，反映人民疾苦，风格慷慨雄浑。陆游创作的词没有诗歌多，但同样充满了壮志未酬的爱国主义精神，对人民生活疾苦进行了深刻的描写。

《清明上河图》（局部）
北宋画家张择端绘。

泉州海船模型
指南针用于航海后，宋朝的远洋贸易获得迅猛发展，当时的港口城市泉州一跃成为国际性大港口。该模型现存于厦门大学博物馆。

　　辛弃疾也是南宋时期著名的爱国志士和豪放派词人。他的词继承和发展了苏轼的豪放风格，作品题材广泛，风格多样，以豪放为主，善于用典，也善于白描。辛弃疾现存词 626 首，是两宋现存词最多的词作家，后人将辛弃疾与苏轼并称为"苏辛"，他也被誉为"词中之龙"。

　　在宋代，随着城市的不断发展，出现了一些以"说话"为生的艺人，称为"说话人"。说话人讲唱内容的底本，即称为"话本"。宋代话本的内容主要包

括说经、讲史及小说，其中以小说影响最大。宋代话本流传至今的有《大唐三藏取经诗话》《三国志平话》《五代史平话》《大宋宣和遗事》以及《京本通俗小说》等。可以说，宋代话本对元明时期章回小说的形成和发展有着重要影响。

宋朝也是中国绘画艺术发展的顶峰时期，其统治者尤为重视绘画，甚至在宫廷设立了翰林画艺局、翰林图画院与画学。宋朝的绘画作品可分为山水画、人物画、花鸟画三大类，其中善画山水的有李成、范宽、郭熙、米芾、米友仁、李唐、马远、夏圭等；工于花鸟的有宋徽宗赵佶；以画马和宗教人物故事闻名的是李公麟；善画宫室和风俗、人物画的有张择端；专工人物画的还有李嵩、刘松年等。他们的作品各具特色，对后世影响很大。其中，张择端的《清明上河图》是宋代风俗画的杰出代表。

宋朝也是古代中国历史上科技进步最快的时代，主要成就有活字印刷术的发明，火药、指南针的最后完善，以及天文历算、医学、农学的发展进步。

北宋庆历年间，布衣毕昇在雕版印刷术的基础上发明了活字印刷术。这种方法比雕版印刷省时省力，成本较低，很快便推广开来，不久后传入日本、朝鲜、越南等国。可以说，活字印刷术的发明是古代中国对世界文明的重大贡献。

火药发明于唐朝末年。两宋时期，火药、火器的制造技术提高到了一个新的阶段。北宋初年，曾用于制作火箭、火球等，以抵抗辽军的入侵。后来，北宋官府又在开封设立了专门制造火药和火器的手工业作坊。宋仁宗时期，曾公亮等人主持编撰的《武经总要》中，就记载了大量的火器介绍与火药配制方法。北宋末年，已经可以制造燃烧性和爆炸性的火器。南宋时，不仅发明了铁火炮和管状火器，又发明了用铁或铜作筒的火铳。此外，在南宋时，火药还经海上传入阿拉伯地区。

两宋时期，指南针已得到普遍应用，人们也掌握了使用天然磁体进行人工磁化的技术。此外，指南针的使用方法也有了很大改进。当时主要有四种放针方法：一是水浮法，将指南针放到盛水的容器中指示方向；二是置指甲法，将指南针置于手指指甲上指示方向；三是置碗唇法，将指南针放在碗沿上指示方向；四是缕悬法，将指南针用丝线悬空指示方向。后来，第一种方法逐渐演化成水罗盘，第二种演化为旱罗盘。宋朝时，指南针也已广泛应用于航海之中，促进了古代中国远洋航海事业的发展。

宋朝时，医学也有了很大的发展。宋朝政府十分重视医学的发展，不仅设立了太医局与翰林医官院，还官修了《太平圣惠方》等医方。其中，官修的《开宝本草》比《唐本草》增加了100多种新药，北宋末年编印的《政和经史证类本草》也新增了 600 多种药品。宋朝时，中医的分科由唐朝的四科增加到了九科，妇科与儿科也是在宋朝时正式成形的。

宋朝突出的医学成就为针灸学。北宋针灸学家王惟一总结了历代针灸家的经验，设计铸造了两个铜人模型，在上面刻画穴位，标注名称。他还写成了《新铸铜人腧穴针灸图经》3 卷，使学习针灸者能正确掌握针灸的实际操作方法。另外，药学、病因学、法医学也有所发展，诞生了北宋曹孝忠主编的《圣济总录》，南宋宋慈撰写的《洗冤集录》等著作。其中，《洗冤集录》系统地论述了检验尸体的各种方法，是世界上第一部司法检验专著，对后世法医学的发展有着重要影响。

北宋时期，在天文、历法及数学等方面也有不小的成就。两宋时对历法进行了 19 次更改，是中国历史上历法改革最为频繁的朝代。在神宗之前，主要使用的是楚衍所编制的崇天历；神宗至徽宗时期，改为以姚舜辅编制的纪元历；南宋时期，则主要使用的历法是杨忠辅编制的统天历。统天历定一回归年的长度为 365.2425 日，比实际周期仅差 26 秒，和现代国际通用的西历格里历完全一致，但却比后者早了 400 多年。

宋代的天文仪器制造业也取得了较大成就。科学家燕肃在天圣八年（1030年）发明的莲花漏，大幅提高了计时的精准性；天文学家苏颂在元祐七年（1092 年）发明了世界上第一座结构复杂、自动运转的"天文钟"——水运仪象台；该仪象台通过水力发动，有节奏地按时转动，可以将报时和观象、测天显示出来。此外，苏颂还写成了详细的《新仪象法要》，记述了水运仪象台的全部结构。

宋朝时期，我国的传统数学也取得了很大的成就与进步，出现了北宋的贾宪，南宋的秦九韶、杨辉和金朝的李冶等著名数学家。秦九韶在数学著作《数书九章》中，记载了有关高次方程正根的数值解法和一次同余方程组问题的解法，在当时被称为"大衍求一术"，他也是世界上最早提出这一解法的人。此外，李冶的《测圆海镜》、杨辉的《杨辉算法》等也都是世界闻名的数学著作。

北宋时期最重要的科技著作要属沈括所著的《梦溪笔谈》，共 30 卷，609条，对宋朝时的科技成就进行了全面总结，内容涉及数学、天文、物理、化学、生物、地理、地质、气象、医药和工程技术等广泛领域。

元朝时期

蒙古族建立的元朝是中国历史上一个由少数民族建立的朝代，它实现了中国的大一统，统一的疆域也远远超过了汉唐盛世。在这一时期，各民族迁徙频繁，出现了民族大融合的局面，且西藏地区和台湾地区正式归属中央政府管辖，成为中国不可分割的一部分。

蒙古的兴起和灭亡西夏、金朝

"蒙古"本来只是蒙古草原上一个部落的名称，直到铁木真统一蒙古各部之后，才成为蒙古各部的共同称谓。蒙古人早先居住在额尔古纳河的东部地区，为东胡的一支，后来逐渐向西扩展，在蒙古高原的广大土地上生活。蒙古部在唐朝的史书上就有记载，《旧唐书》称蒙古为"蒙兀室韦"。蒙古族的经济生活以狩猎和游牧为主，直到11、12世纪时仍过着"黑车白帐，随水草放牧"的生活。然而，当时的蒙古族阶级分化已经十分明显，出现了一些大小不同的部落。各部落间互相混战，夺取对方的牲畜、牧场，奴役被征服的部落和俘虏。那时，蒙古各部落间互不相属，也没有牢固的部落联盟。

在部落战争中，蒙古部出现了一位杰出的人物，那就是铁木真。12世纪初，铁木真曾祖合不勒统一尼伦部，形成了蒙古部集团。到了12世纪末，漠北高原上形成了蒙古、塔塔儿、克烈、蔑儿乞和乃蛮等多个强大部落，但都受到金朝的统治。之后，铁木真顺应民族发展和统一的形势，先后征服了各部，统一了蒙古高原，于是"蒙古"便成为大漠南北地区的统称。1206年，铁木真在斡难河畔召集各部落的贵族举行大会，会上，各部落首领推选铁木真为全蒙古的大汗，尊称"成吉思汗"。至此，统一的蒙古国家宣告成立。

成吉思汗家族
成吉思汗的儿子们都为建国立下赫赫战功，然而这也为后期彼此的兵戎相见埋下了隐患。

　　成吉思汗建国后，又建立了领户分封制和怯薛制等一整套政治、军事制度，随后便开始对外扩张。

　　1205 年至 1209 年，蒙古大军对西夏发起了数次进攻，迫使西夏称臣，与蒙古订立城下之盟，最终蒙古军于 1210 年撤退。从 1211 年初起，成吉思汗又率大军向金朝发动进攻。1214 年春，金宣宗被迫向蒙古求和。不久，金朝将都城迁往开封。随后，成吉思汗又任命木华黎为国王，对占领地区进行统治。

　　1211 年，哈喇鲁人投降蒙古。同年，乃蛮太阳汗之子屈出律夺取了西辽的帝位。此后，屈出律对伊犁一带的哈喇鲁人不断发起进攻。1218 年，成吉思汗派哲别率大军攻打西辽，先后攻占了八剌沙衮、喀什噶尔等地，屈出律战败被杀，西辽灭亡。

　　1224 年，蒙古借口西夏妄图反对自己，再次进攻西夏，并攻克银州。1226 年秋，成吉思汗再次向西夏发动进攻。1227 年，蒙古灭亡西夏，成吉思汗也在征程中病逝。

成吉思汗死后，幼子拖雷监国。次年，窝阔台继任蒙古国大汗，他积极联系南宋共同攻打金国。1234 年，蒙、宋联军联合攻打蔡州，金哀宗战败自杀，金朝灭亡。

三次西征

蒙古在南下的同时，先后发动了三次大规模西征。第一次西征从 1219 年开始，到 1225 年结束，成吉思汗攻入了中亚大帝国花剌子模国，占领了整个中亚，一直打到伏尔加河流域，兵锋所及，达到今俄罗斯、乌克兰境内。第一次西征结束后，成吉思汗将占领地区分封给了自己的 3 个儿子——长子术赤封于钦察、花剌子模及康里国故地；次子察合台封于西辽及畏兀儿故地，后来称为"察合台汗国"；三子窝阔台封于乃蛮故地，后来被称为"窝阔台汗国"。依照蒙古国惯例，幼子拖雷会在成吉思汗死后获得蒙古本部地区。

第二次是拔都西征。1235 年，窝阔台决定远征欧洲，于是派术赤之子拔都率军西征。从 1236 年至 1242 年，蒙古军横扫今保加利亚、波兰、匈牙利等东欧地区，占领了俄罗斯的广大领土。1242 年，蒙古大军班师，拔都则率本部留在了钦察草原，建立了第一个元朝宗藩国——钦察汗国。

第三次是旭烈兀西征。窝阔台死后，贵由、蒙哥相继为汗。1252 年，蒙哥派旭烈兀西征，目的是征服伊朗，最终蒙古军征服了今伊朗、伊拉克及叙利亚等国家和地区。1259 年，在埃及军的反攻下，蒙古军撤离了叙利亚，旭烈兀则率部留在了新占领的地区，建立了伊利汗国。经过三次西征，蒙古国几乎征服了半个世界，并建立了钦察、察合台、窝阔台和伊利四大汗国。四大汗国与中央保持藩属关系，直接向大汗负责。

建立元朝和南下灭宋

蒙古在与南宋联合灭金后，转头就对南宋发动了长期战争。但蒙古军在进攻南宋时，却遇到了南宋军队的顽强抵抗，蒙古军统帅忽必烈见一时无法灭亡南宋，于是就采取了迂回包抄的战术。1253 年，忽必烈率军从宁夏经甘肃进入四川，然后进攻云南的大理国，灭亡了大理政权，在南面对南宋形成威胁。

《巴格达之围》

1258 年，旭烈兀西征围攻阿拉伯帝国阿拔斯王朝的首都巴格达。

1257 年，蒙古在灭亡大理后，对南宋发动了全面军事进攻。蒙哥汗率领蒙军主力进攻四川，结果遭到南宋军民的顽强抵抗。1259 年，蒙哥汗被宋军炮石射中，死于军中，蒙军被迫撤退。

蒙哥汗死后，忽必烈为了争夺汗位，急于北返，于是与南宋权相贾似道达成议和条件，撤兵北归。1260 年，忽必烈宣布即大汗位。同年，忽必烈的同母胎弟阿里不哥也宣布即大汗位。最终，忽必烈在汉族地主阶级和部分蒙古贵族的支持下，于 1264 年击败了阿里不哥，夺得了蒙古的最高统治权。随后，忽必烈改变了蒙古传统的选汗制度，采取了汉人立皇太子的办法确定帝位继承人。1264 年，忽必烈建都燕京，改年号为至元。1271 年，忽必烈依照中原的传统，改国号为大元，并建都大都。忽必烈建立元朝后，沿袭辽、金的政治制度和机构，将政治中心逐渐转移到中原。

1267 年冬，元军围攻襄阳和樊城，两城守军坚守城池达 6 年之久。1273 年，樊城被元军攻破。不久，襄阳的宋军将领也投降了元朝。元军攻占樊城、襄阳后，南宋门户大开，形势急转直下。随后，元丞相伯颜率大军顺汉水而下，进入长江。南宋守将毫无斗志，纷纷不战而降，长江沿线的重镇相继落入元军之手。1275 年，宋宰相贾似道在朝野的压力下被迫出兵应战，但宋军很快溃败。贾似道兵败逃跑被贬废，在途中被杀。1276 年初，元军攻占临安，俘虏了南宋恭帝、太后以及宋室官吏等，并将其全部挟持北上。

自元军大举进攻以来，一些南宋爱国志士纷纷组织义军抵抗元军的进攻，文天祥就是其中的一位杰出代表。元军迫近临安时，文天祥以赣州知州的名义招募义军北上增援。1276 年，文天祥以右丞相之职奉命与元军议和，结果被挟持北上，后来在路上成功逃脱。从元军手中逃脱后，文天祥与张世杰、陆秀

八思巴觐见忽必烈
八思巴，藏传佛教萨迦派第五代首领。图中忽必烈居左，八思巴居右，两人的相见为后来元朝以藏传佛教为国教奠定了基础。

夫等人拥立益王赵昰为帝，继续抗击元军。1278 年底，文天祥兵败被俘，被囚禁在大都 3 年，元朝多次劝他投降，但都被他严词拒绝，后从容就义。与此同时，南宋流亡政权在元将张弘范的追击下，走投无路。1279 年，陆秀夫背着少帝赵昺在崖山投海而死，南宋灭亡。

元朝的统治

元朝建立后，元世祖忽必烈为了巩固统治，顺应形势的发展，有意识地保留了中原的一些封建制度，实行汉化政策，大量任用汉人，采用汉法。元朝的这个政策，加快了蒙古封建化的进程，使蒙古统治者得到了汉族地主阶级的支持。

元世祖为了进一步贯彻汉法，加强中央集权，在中央设立了中书省、枢密院和御史台。中书省为中央最高的行政机构，总理全国行政事务，其下设有吏、户、礼、兵、刑、工六部；枢密院掌管兵权，下设同知枢密院事、枢密院副使、金书枢密院事等；御史台掌管监察，所辖机构有殿中司及察院。中央除中书省、枢密院和御史台外，还设立了主管各方面事务的机构，如宣政院、通政院、将作院、太史院等，分别负责佛教僧徒及吐蕃事务、驿站、工匠、天文历法等。

在地方上，元朝又设立行中书省，简称行省。各行省的结构均仿照中书省，设丞相、平章政事、右丞、左丞、参知政事等，处理全省军政事务。行省下又设有路、府、州、县。元朝时，全国共设 10 个行省，此外还有中书省直辖的"腹里"。元朝的行省制是中国政治制度史上的一个重大变革，从政治上巩固了国家的统一，对后世影响很大。元朝以后，行省的名称便一直沿用下来。

在军事上，元世祖实行军民异籍、军民分治的政策，使军职不得干预民事。元朝保留了军职世袭制，但军队的调遣、军官的任命，都由枢密院直接掌握。元朝军队分为蒙古军、探马赤军、汉军和新附军等。

元朝统治者为了削弱各族人民的反抗，维护蒙古贵族的特权，在元朝建立之初就采取了民族压迫政策。将全国人分为四等：第一等为蒙古人，第二等为色目人，第三等为汉人，第四等为南人。这四等人在政治上的待遇、法律上的地位和经济上的负担都有不同的规定，带有十分明显的民族歧视色彩。如在法律上规定，蒙古、色目和汉人犯了罪，分属不同的机关审理；在地方政府机构中，蒙古人担任正职，而汉人、南人只能充当副职。元朝统治者在实行民族歧视、压迫政策的同时，又拉拢各族上层阶级，给予他们更多的特权，以巩固蒙古贵族的统治。可以说，元朝推行的双重民族政策，体现了其政权的实质，即以蒙古贵族为核心、包括各族上层分子在内的封建统治阶级联合专政。

另一边，窝阔台汗后裔海都因不满忽必烈夺得大汗位，于 1269 年发动叛乱，并建立了窝阔台汗国。随后，他又与察合台汗后裔笃哇勾结在一起，侵扰西北地区，元朝多年征剿仍然无法平息叛乱。1287 年，海都又煽动东部诸王后裔乃颜、势都尔、哈丹等人发动叛乱。元世祖闻讯，亲率两路大军前去镇压，平息了东部诸王叛乱，但海都仍然不断骚扰西北。1289 年，海都攻打和林。元世祖决定亲率大军北上征讨。海都抵挡不住，率部远逃。到元世祖去世时，海都势力已被逐出阿尔泰山以北地区。1295 年，元成宗即位，继续征剿海都。1301 年，海都与笃哇的联军越过阿尔泰山，再度进兵蒙古，结果被击败，海都伤重不治，死于退军途中。1306 年，其子察八儿率部归顺元朝。西北诸王的叛乱最终被平定，多民族国家的统一局面得以巩固。元朝在平定叛乱后，设置了辽阳行省，并在叛乱地区设内置万户府，用以削弱藩王的权力。

《元世祖出猎图》
此画由元代刘贯道绘于 1208 年，描绘了元世祖忽必烈外出骑马打猎的场面。

《元朝官员下棋图》
绘于山西洪洞广胜寺。

    1247 年，喇嘛教萨迦派领袖萨班代表西藏地方势力与蒙古建立了宗藩关系，西藏正式划归蒙古管辖。1260 年，元世祖忽必烈即位后，封萨迦派领袖八思巴为国师，并任命他为总制院第一任长官（总制院后来更名为宣政院）。元朝政府还在西藏设立乌思藏等地方机构，并设置驿站、征收赋税和屯戍军队。总之，从元朝开始，西藏正式成为中央政府直接管辖的地方行政区域。

    元朝还在云南设置行省，行省下设了路、府、州、县，同时又设置若干军民总管府，回人赛典赤·赡思丁成为云南行省的第一任行政长官。从此，云南与中原地区的联系也更加密切了。

    此外，元朝中央政府还在澎湖设立了巡检司，主要管辖澎湖、台湾以及周边岛屿，巡检司隶属福建泉州府。这也是中央政府在台湾地区正式建立行政机构的开始。

元朝的文化

    元朝时，在蒙古统治阶级的支持下，理学思想得到了继承和传播。1234 年，诸多儒士被蒙古俘至燕京，受到忽必烈的重用，在燕京设立太极书院，讲授程朱理学，培养了许多理学家。其中，理学家许衡、刘因、吴澄被称为"元朝三大理学家"。三家基本上继承了宋代理学，许衡、刘因偏重朱熹理学，吴澄则调和朱熹、陆九渊两家学说。三家虽然互有偏重，但基本观点完全继承了宋代理学，在思想上并无多少新创。儒学作为维护封建统治的官方哲学，在元朝时同样受到统治者的利用。元朝时，儒学被定为"国是"，以程朱理学的朱熹为主，理学被确立为正统的官学。

在理学继续传播的元朝，出现了一些反对理学的思想家，邓牧就是其中突出的一个。邓牧著有《伯牙琴》一书，对封建专制统治进行了猛烈抨击。他指出，帝王是最大的掠夺者和剥削者，与盗贼没有什么区别。他又认为，官吏都是吃人的豺狼，比盗贼还危险。邓牧在反对专制统治的同时，也对理学进行了批判。此外，他还幻想建立一个乌托邦式的国家，那里的皇帝和官吏全由民选，而不是特权阶级，在理想国里没有战争，人人劳动，自食其力。

在宗教方面，元朝采取了比较宽容的态度，只要不危及蒙古的统治，都予以保护和利用。当时影响最大的宗教有佛教和道教。此外，伊斯兰教、基督教、摩尼教、婆罗门教和犹太教在元朝时也都有了一定的传播。

元朝时，佛教最为盛行，尤其是喇嘛教。喇嘛教是佛教传入西藏后与西藏原有的苯教相互影响、融合而形成的一个教派。自元世祖开始，元朝历代皇帝都尊喇嘛为帝师，从他们授佛戒。因此，喇嘛教在各方面都受到特别的尊崇和优待。除了在政治上拥有特权，喇嘛在经济方面也享有免田税、商税、差役的特权。当时，内地的佛教各宗派也十分兴盛，刻印了佛教经典大藏经，成为后世修纂佛教经典的基础。

色目人俑

元朝把疆域内的人民划分为蒙古人、色目人、汉人和南人四种位阶。其中，色目人的地位仅次于蒙古人，他们也在元朝的商业活动中发挥了重要作用。

元朝时，除了张天师的嫡系正一教之外，道教还有全真教、大道教、太一教等流派。这些流派中以全真教势力最大、流传最广。成吉思汗西征时，就曾召见全真教教主丘处机，封他为国师，赐号"长春真人"，总领道教。丘处机曾应成吉思汗之召到过中亚，其弟子李志常据实写了一部《长春真人西游记》，成为研究中西交通史的珍贵资料。

基督教在元朝称为"也里可温"，即信仰基督之人。元朝时，基督教有两派，一派是聂斯托利派，由波斯商人传入；另一派是天主教的圣方济各派，由意大利传教士约翰·孟高维诺传入。当时，基督教在全国各地都有信徒，在长安、杭州、镇江、泉州等地也都建有教堂。

元朝时伊斯兰教也很兴盛。伊斯兰教由阿拉伯人、波斯人和突厥人传入中国，散处各地，又被称为"回回"。其中多数人从事商业活动，也有传教士，被称为"答失蛮"。在大都、长安、泉州等地也都建有礼拜堂。此外，在唐宋时传入的摩尼教、婆罗门教、犹太教在元朝时也有所传播。

在史学方面，元朝时的史学著述主要有《文献通考》《资治通鉴音注》等。《文献通考》作者为马端临，饶州乐平人。他仿照《通典》的体例写成《文献通考》，是一部着重叙述历代典章制度沿革的分类通史，共 348 卷，24 门类，起自上古，终于南宋嘉定年间。它虽以《通典》为蓝本，但在选材范围和规模上都超过了《通典》。《文献通考》也与杜佑的《通典》、郑樵的《通志》合称"三通"。《资治通鉴音注》是胡三省为司马光《资治通鉴》所作的注释，共 294 卷。《资治通鉴》内容繁多，需要训释之处较多，可以说《资治通鉴音注》是后人读《资治通鉴》必不可少的一部参考书。此外，元朝的官修史书除了本朝编纂的《实录》外，还有《宋史》《辽史》《金史》以及《大元大一统志》和《经世大典》等。

元杂剧舞蹈俑

《富春山居图》(局部)
元代画家黄公望所作，是中国十大传世名画之一。

　　元朝文学最突出的成就是元曲，包括剧曲和散曲两种。剧曲又称杂剧，包括唱、白、表演等内容，以唱曲子为主，在元朝极为盛行。据统计，元朝时有姓名可考的剧作家有 80 多人，剧本 500 多种，保存至今的也有 160 多种。在元朝以前，中国传统的文学体裁以诗歌和散文为主，而从元朝开始，文学作品的体裁出现了有说有唱的戏剧。

　　元朝时，城市经济繁荣，民族和阶级矛盾尖锐，再加上儒家封建道德思想的松弛及蒙古统治者对歌舞戏剧的喜好等因素，都为杂剧的兴起创造了有利的条件。元朝时出现的著名剧作家有关汉卿、白朴、马致远、郑光祖，世称"元曲四大家"。关汉卿的代表作是《窦娥冤》，白朴的代表作是《梧桐雨》，马致远的代表作是《汉宫秋》，郑光祖的代表作是《倩女离魂》。此外，王实甫的《西厢记》也是一部闻名遐迩的著作。这些作品不同程度地反映了当时的社会现实，歌颂了人民的反抗斗争，有着深刻的思想内容和强烈的生活气息。

　　散曲和杂剧中的曲牌一样，是没有念白和折子的歌曲，也是元朝的民歌。散曲还包括成套的套数和小令，出现了许多优秀作品。据不完全统计，元朝时可考的散曲作家有 180 多人。

　　元朝时，在南方地区还流行一种以南曲调演唱的温州杂剧，后发展成为南戏，又称"传奇"。元朝出现的著名南戏有《荆钗记》《白兔记》《拜月亭记》和《杀狗记》，被称为"四大南戏"。

　　元朝时期，在音乐、绘画艺术领域也取得了较大的成就。蒙古早期的音乐较为简朴，仅有锣、鼓、拍、胡琴等乐器；到蒙哥汗执政时，开始采用中原音

乐；元世祖以后，在祭祀时也开始采用宋代的雅乐。元朝的乐器有从阿拉伯等地传来的风琴，也有从波斯传来的火不思，此外还有箜篌、琵琶、胡琴、云锣等。在绘画方面，元朝出现了许多著名的画家。元初的绘画以山水画为主，主要有赵孟頫、钱选等大家。元朝中叶则出现了黄公望、王蒙、倪瓒、吴镇等著名画家，又被称为"元四家"。他们在笔墨技法上有所创新，成为山水画的典范，也影响了明清山水画的发展。

此外，元朝还兴修了大量寺观宫殿，壁画艺术也发展较快，出现了朱玉、李时、刘元等壁画家和雕塑家。

在自然科学方面，天文学家郭守敬在宋代统天历的基础上，主持编修了更先进的《授时历》。《授时历》以 365.2425 日为一年，与地球绕太阳的周期实际相比只差 25.92 秒，是中国古代推算最精确和使用时间最长的历法。此外，郭守敬为了测验天象，还创造了简仪、仰仪、高表、候极仪、玲珑仪、景符等多种天文仪器。

元朝时，数学也取得了重大的成就。数学家朱世杰著有《四元玉鉴》，对多元高次方程组的解法、高阶等差级数和有限差法的研究做出贡献，是中国宋元时期数学成就的又一个巅峰。在元朝还产生了珠算，替代了旧时筹算，使我国数学进入了以珠算为主要工具的时代，对社会经济、文化的发展也产生了积极影响。

元朝统一中国后，忽必烈于 1280 年派都实到黄河源进行勘察。都实历时 4 个月到达河源地区，完成考察任务。同年冬，都实回到大都，将考察情况绘图上报。1315 年，潘昂霄根据都实的调查写成《河源志》，对黄河上游干支流的情况作了详细记载，这也是我国现存最早的河源勘察报告。元朝地理学上的其他重要成就，还有朱思本的《舆地图》、周达观的《真腊风土记》和汪大渊的《岛夷志略》。其中，《舆地图》比较全面和精确地反映出元朝的疆域形势；《真腊风土记》记载了元朝与真腊国的往来，以及真腊国的风土人情；《岛夷志略》则记载了当时中国与东南亚以及阿拉伯地区的海上交往，是研究中国古代中西交通的重要史料。

元朝时，还出现了《农书》《农桑辑要》《农桑衣食撮要》三部重要的农学著作。《农书》的作者是王祯，全书约 13.6 万字，有插图 281 幅，分为《农桑通诀》《百谷谱》《农器图谱》三大部分。它总结了古代中国农业发展的全貌，记述了各种农作物栽培的方法及农具、水利机械、手工业工具等内容，是元朝最重要的一部农业学科学著作。元朝官修的《农桑辑要》，则是中国古代农业生产的经验总结。鲁明善所著《农桑衣食撮要》，则按月令记载了各民族的农事活动。

元朝的医药学则在骨科、伤寒科、营养学、针灸学等方面取得了很多成就。元朝医学家危亦林在所著的《世医得效方》中，就有关于麻醉药的使用记录，是现在世界上已知的最早记录全身麻醉的医学著作之一。中医金元四大家之一的朱震亨著有《格致余论》《局方发挥》等医学著作，他主张临床时用药

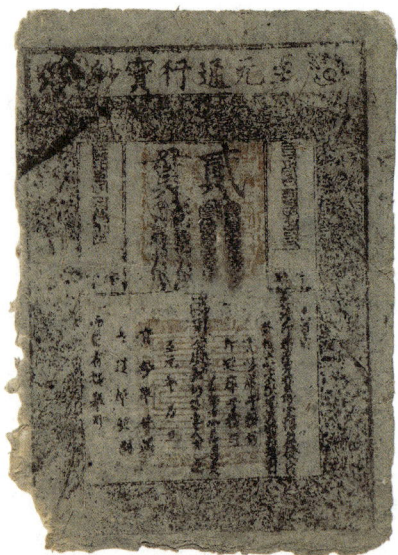

至元通行宝钞

要灵活，反对泥守局方的做法。其学说传入日本后，形成了日本汉医中的丹溪学派。元朝太医忽思慧编著的《饮膳正要》，是一部专门论述营养与食疗的著作，对养生、避忌、食忌、营养疗法、食物卫生等都进行了论述。此外，元朝政府还设置了广恩司，又在大都和上都设立回回药物院，翻译出《回回药方》等医药专书。

明朝中前期

明朝是中国历史上最后一个由汉族建立的封建王朝。明朝早期，国家统一，封建君主集权空前强化，经济文化在历史上也属于较发达的阶段。也是从明朝开始，西方的传教士开始频繁地来到中国进行传教活动，促进了东西方文化交流。

元末农民战争与明朝的建立

元朝后期，统治阶级骄奢淫逸，生活糜烂，赏赐无度，贪污之风愈演愈烈。政府卖官鬻爵，各级官吏贪污勒索，巧立名目。为了弥补国库亏空，统治者滥发纸币，结果导致恶性通货膨胀，物价飞涨，社会陷入严重的经济危机当中。随着政治日趋腐朽，各个政治集团之间的斗争也频繁发生。元朝的统治已经处在崩溃的边缘。

为了满足私欲，蒙汉地主阶级大肆兼并土地，加重剥削，使得佃农受到残酷的封建奴役和压榨。沉重的赋税、军役，统治集团之间频繁的内讧和战争，官吏的贪暴，以及自然灾害等都在迫使广大劳动人民破产流亡。

元朝末年，韩山童通过白莲教宣传、组织群众，准备发动起义。在准备起义的过程中，韩山童结识了安徽阜阳人刘福通。1351 年，朝廷强征 15 万民众修筑黄河堤坝，老百姓怨声载道。韩山童、刘福通决定利用这一有利时机，发动起义。随后，他们四处宣传"弥勒佛下生，明王出世"的教义，同时编造"石人一只眼，挑动黄河天下反"的民谣，大肆传播，并暗地里凿了一个独眼石人，在其背上刻了"石人一只眼，挑动黄河天下反"几个字，埋在河道中。当石人被挖出来后，人们奔走相告，人心浮动。发动起义的条件已经成熟。

1351 年，韩、刘二人乘机在颍州颍上县发动起义。起义爆发后，元地方政权立即派兵镇压，韩山童不幸被俘，随即被杀害。刘福通则率领残余力量突围，重新组织起义力量，一举占领了颍州。起义军因头裹红巾，又被称为"红巾军"。刘福通在颍州起义成功后，各地纷纷起兵响应。其中影响较大的有北方的"北琐红军"和"南琐红军"，濠州的郭子兴等起义；在南方进行反元活动的则有湖南、湖北、江西一带的彭莹玉、徐寿辉，浙东的方国珍和江北高邮的张士诚等。

1355 年，刘福通拥立韩山童之子韩林儿称帝，称"小明王"，国号大宋，改元龙凤。大宋政权一时领导了各地的红巾军。1357 年，刘福通决定分兵东、中、西三路进行北伐，其中中路军占领了大同、上京等城市，极大地打击了元朝的腐朽统治；而在北方红巾军北伐的同时，刘福通又率军于 1358 年攻占了汴梁，随后把都城迁到汴梁，北方红巾军进入全盛时代。

另一边，从 1357 年开始，在北方以察罕帖木儿、孛罗帖木儿、李思齐等为首的元军将领开始对北方红巾军展开反攻。之后，各路北伐军接连失利，汴梁被元军包围。1359 年，汴梁失陷，韩林儿、刘福通撤退到安丰。1363 年，降元的张士诚攻打安丰，刘福通战死，韩林儿投奔朱元璋，随后被杀，龙凤政权宣告失败。

至正十二年（1352 年），出身贫苦、曾为游方僧的朱元璋参加了濠州郭子兴的起义。1355 年，郭子兴去世，朱元璋成为这支起义军的领袖。当时朱元璋势单力薄，不得已归附了大宋政权。同年夏，朱元璋率领起义军渡江南下，夺取了太平路一带的大片地区。1356 年，朱元璋率军攻占了集庆路（今南京），并改名为应天府。之后，朱元璋便以此作为根据地，不断发展势力。

朱元璋采纳了朱升提出的"高筑墙、广积粮、缓称王"的建议，下令屯田，保障军粮供应，恢复社会生产。在此基础上，朱元璋不断对周边的元朝残余势力发动进攻，最终消灭了东南一带的元军据点。1363 年至 1367 年间，朱元璋通过鄱阳湖大战等诸多次战争，先后征服了陈友谅、张士诚和方国珍等势力，统一了江南地区。至正二十四年（1364 年）正月，朱元璋自立为吴王，设置百官。1367 年，朱元璋在应天府称帝。次年正月，改元洪武，定国号为明，以应天府为都城。

1368 年，朱元璋平定福建的陈友定后，占据广东的地方武装何真投降明

明太祖衮龙袍像

朝。洪武四年（1371年），明军攻打四川，割据四川的明升投降归附明朝。洪武十四年（1381年），朱元璋派大军进攻云南。次年，明朝大将蓝玉、沐英攻下大理，平定了云南。至此，明朝基本统一了南方地区。

1367年，朱元璋派徐达、常遇春率25万大军北伐。1368年，元顺帝放弃大都北逃。同年，徐达率军进入大都，统治中国近百年之久的元朝至此灭亡。明军占领大都后，徐达、常遇春率军继续征剿元军在北方的残余势力。到洪武二十年（1387年），占据辽东的元残余势力投降明朝，明朝最终统一了全国。

明朝初年的统治

朱元璋建立明朝后，为了加强君主专制和中央集权，对政治制度进行了改革。明朝建立初期，中央和地方大都沿用元朝旧制，中央设中书省，设左、右丞相，下辖吏、户、礼、兵、刑、工六部；在地方上设行中书省，设平章政事、左右丞、参知政事等官，总领地方事务。

1377年，朱元璋设通政使司，主管章奏，削弱相权。1380年，丞相胡惟庸专权谋反案爆发，朱元璋杀胡惟庸，并以此为借口废除中书省及丞相一职，且规定以后子孙不准再设丞相。朱元璋废除中书省和丞相后，抬高六部的地位，六部尚书直接对皇帝负责。经过这样的改革，明朝中央大权集中到皇帝手中，大大加强了君主专制主义。

明太祖废除丞相后，需要处理的事务多了起来，于是设立华盖殿、武英殿、文渊阁及东阁等殿阁大学士，协助其处理政务。明成祖以后，阁臣的权力逐渐加强，形成了内阁制度，实际上担负起了宰相的职权。

此外，明朝在中央还设立了监察和特务机构。监察最初称为御史台，后来改为都察院，专职弹劾百官；下设十三道监察御史，弹劾地方官员；还设立纠察六部的六科给事中，负责纠察六部的奏章；又设立特务机构——锦衣卫，专管皇帝下令审察的案件，进一步加强对官吏和百姓的控制。

在地方制度方面，洪武九年（1376年），朱元璋改革行中书省，废除行省名号，设立承宣布政使司，主管一省的行政、财政；设立提刑按察使司，掌管刑法；设都指挥使司，掌管军事。三司各自独立，互相监督，防止地方割据势力过于强大。

明朝初年，由大都督府管辖中央和地方军队。洪武十三年（1380年），改大都督府为五军都督府，分管京师和地方军队。都督府仅掌管兵籍和军政，不直接统帅军队出征，由兵部掌握军官的选授权，军队最高指挥权则由皇帝掌握，出征前由皇帝给将领印信，战后将领交还印信，士兵则回到原来的驻地。

在军队编制方面，明朝实行卫所制度。各府县卫所由各省都指挥使司管辖，各都司指挥使又归中央五军都督府管辖。京都的卫军分为两种，一种为京军三

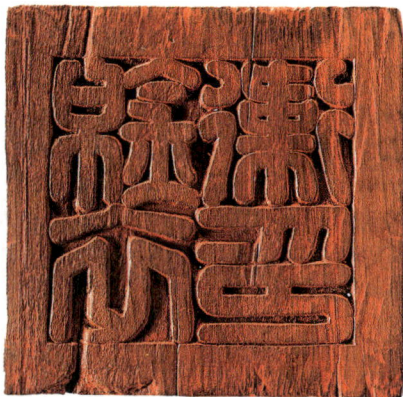

锦衣卫印
作为黄帝侍卫的军事机构，锦衣卫可以逮捕任何人，并进行不公开的审讯。

大营，是军队中的精锐力量，一种是皇帝亲军。前者由五军都督府掌管，后者常由太监统领直接听令于皇帝。其中，京军三大营是五军营、三千营和神机营的合称。

洪武六年（1373 年），明朝以唐律为蓝本，编定《大明律》。洪武七年，《大明律》正式颁布，共 30 卷。按中央六部编制，共七律，加强了维护君主集权的内容。《大明律》对维护社会稳定，保持社会生产有着积极的意义。为了具体解释《大明律》，明朝政府自洪武十八年以后又陆续将当朝官民犯罪和处罚情况进行编册，称《大诰》及续篇，共三篇。明代时，还实行廷杖制度，用以震慑官吏，有危及皇权危险的官吏，常在殿堂上遭受廷杖的惩罚，以维护皇帝的专制大权。

明代的中央学校称"国子监"，生员有官生和民生，官生即功臣、官员和少数民族子弟，民生即民间推荐。地方上，则有府州县学和民间社学作为主要的教育形式。明代学校的学习内容主要是四书、五经及《大明律》等。国子监结业后，生员可以直接做官，府州县学以下的生员则需要经过科举考试方能取得做官资格。明朝科举考试三年一科，分为乡试、会试和廷试三级。考试以四书五经命题，以朱熹注解的四书五经为依据，文章格式定为八股文。参加考试者，必须是府州县学的生员。各级正式考试，考中者即可取得做官资格。明朝中叶以后，国子监名存实亡，官员全以科举取人。

明朝建立初期，明太祖在应天府收罗地主阶级到南京做官，竭力扩大统治基础。但明太祖在破格提拔地主阶级的同时，又多次下令将地主富豪从本乡迁徙到外地，使这些地主富豪失去原有的社会基础和政治势力。明朝建国后，还大搞文字狱，以血腥手段摧残知识分子，一时狱案迭起，其中最大的狱案就是"胡蓝之狱"。

明太祖还非常重视吏治，严禁官吏蠹政害民，尤其严厉惩治贪官。洪武五年（1372 年），太祖颁布《铁榜文》，规定权臣谋反处以极刑，其他罪犯三次即取消官职，四犯与民同罪。明朝对公卿犯法杀戮之多，在明初有许多记载，除了胡、蓝等人之外，还有李善长等人，并且很容易一个案子就牵连数千上万人。这些措施虽然起初对稳定社会秩序，促进经济发展有一定意义，但长期推行之后，却暴露出了很大的弊端，毕竟从另一方面来看，它也钳制了人们的思想，扼杀了文化的发展。

靖难之役与仁宣之治

明朝建立初期，明太祖认为元朝覆灭的很重要的一个原因，就是各地群雄并起时，元朝没有地方的有利屏藩。于是，洪武三年（1370 年），明太祖实行分封制，分封诸王。

明代藩王虽然在封国内无行政权，却有相当大的军事权，藩王势力不断膨胀。洪武三十一年（1398 年），明太祖驾崩，建文帝朱允炆即位。朱允炆即位后，采取了削藩的措施。建文元年（1399 年），建文帝先后削湘、齐、代、闽四王。同年，燕王朱棣在北平起兵反抗，自称"靖难之师"，故史称这场战争为"靖难之役"。建文四年（1402 年），经过 4 年的征战，燕王朱棣率军进入南京。靖难之役以朱棣的胜利而告终。

靖难之役结束后，燕王朱棣登皇帝位，即明成祖，年号永乐。明成祖是明代历史上一位卓越的政治家和军事家，他即位后继续实行削藩政策，铲除威胁中央的藩王势力，建立内阁制度，加强了君主集权。

永乐七年（1409 年），明成祖在东北地区设置奴儿干都司，加强对东北地区的控制。永乐八年（1410 年）至二十二年（1424 年），明成祖亲自率军 5 次北征，巩固了北方边防。永乐十九年（1421 年），明成祖迁都北京，加强了对边防和北方广大地区的控制。

1405 年，明成祖派郑和出使西洋，扩大了明王朝的国际影响，在中外关系史上写下了壮丽的诗篇。到了仁宗和宣宗统治时期，明朝采取宽松治国和息兵养民的政策。他们在位期间（1424 年至 1435 年）也是明代历史上少有的吏治清明、社会稳定、经济发展的时期，史称"仁宣之治"。

明中叶社会矛盾的加剧

明朝自宣宗以后，政治日趋腐败，统治集团内部出现了激烈的斗争。在明太祖、明成祖统治期间，高度强化专制主义，尤其是废除丞相，皇帝统管朝政事务，也因此出现了协助皇帝处理事务的内阁。内阁出现于明成祖时期，到宣宗时正式定制，但一直不是执政机构。

明英宗继位时年仅 8 岁，太后听政，具体政务由内阁处理，也由此出现了明朝内阁的"票拟"制度，即内阁大学士先把大臣给皇帝的奏章提出处理意见，

郑和铸铜钟

青铜钟下部为一周铭文："大明宣德六年岁次辛亥仲夏吉日，
太监郑和、王景弘等同官军人等，发心铸造铜钟一口，永远
长生供养，祈保西洋回往平安吉祥如意者。"此钟为郑和第
七次出使西洋所铸，旨在祈求出海航行平安。

再交皇帝裁夺，称为"票拟"。这一时期，内阁的权势进一步加大。后来，内阁又设立首辅、次辅、群辅，以首辅主管"票拟"，统领内阁。同时，内阁大学士兼任六部尚书，首辅的权限不再局限于"票拟"，实际上具有了丞相的权力。从此，大臣们为了争夺大学士，尤其是首辅之职，发生了激烈的斗争。这场争斗持续了数十年，到明世宗继位后的"大礼议"事件时达到高潮。

1521年，明武宗去世无嗣，其堂弟朱厚熜继位，即明世宗。明世宗在立庙时，在如何称呼生身父母的问题上，与以首辅杨廷和为首的官员们发生争议，即所谓的"大礼议"之争。最终，杨廷和被免职，追随杨廷和的官吏同样受到惩处。此后，张璁、夏言和严嵩等人相继担任首辅一职，大臣之间的斗争愈加激烈。其中，严嵩任首辅长达15年，在其当政时期政治极为黑暗。到明穆宗时，徐阶、高拱和张居正先后入为首辅。

明朝初期，明太祖朱元璋鉴于汉唐宦官专权的弊病，在强化专制集权的同时，严厉禁止宦官干涉朝政。然而，明成祖朱棣继位后，又开始重用宦官，不仅委以宦官出使、专征、监军的权力，同时还设立特务机构"东厂"，由宦官掌管，直接对皇帝负责，这也成为明朝宦官干涉政治的开端。

从明英宗开始，宦官逐渐控制了朝权。当时，宦官有24个衙门，其中专权的方式主要有批红、插手司法和军事三种。其中，司礼监宦官掌管奏章机要，代皇帝用红笔批阅奏章，裁夺票拟意见，称为"批红"。久而久之，宦官成为皇帝的代言人，甚至可以修改皇帝的命令。明英宗继位时才8岁，还不懂事，对宦官王振言听计从，称其为"先生"而不称名。当时，王振执掌司礼监，依仗皇帝对自己的宠信，权力在内阁之上，政治日渐败坏。

明英宗像

明朝太监像
该图展现的是《明人宫装图》中的太监
形象，而且是一位级别不低的太监。

　　自明英宗时的王振之后，又出现了明宪宗时的汪直及明武宗时的刘瑾等诸
多专权宦官，其中以刘瑾专权时期气焰最为跋扈。刘瑾专权时期，官僚贪污成
风，吏治败坏到了极点，特务组织厂、卫合势，人民深受其害。后来，刘瑾以
谋反罪被处以凌迟刑。但直至明亡，明一代皇帝都在抗制着宦官，宦官专权也
是明朝皇帝始终难以克服的内患。

　　明代中期以后，土地兼并日益严重，皇室、贵戚、官僚以及地主富豪凭借
权势大肆掠夺土地。在此形势下，缙绅、地主也通过各种手段兼并土地，造成
了土地高度集中的严重后果。在土地兼并剧烈发展的情况下，大批农民失去土
地，大规模的土地兼并也逐渐破坏了卫所屯田制度。当时，从王侯到地主，都
想尽各种办法侵占卫所屯田的土地。到弘治、正德年间，卫所屯田制度已是
名存实亡了。事实上，这不仅影响到国家的财政收入，也削弱了明朝的边防力
量。土地兼并发展的结果是明政府所掌握的土地大大减少，明初全国土地总数
为 850 余万顷，而到了 1502 年只剩 420 余万顷，减少了一半。这些土地均被
官僚地主兼并侵占，这也使土地问题成为明代严重的社会问题。

　　明代中期，农民的赋税日益加重。明初赋税主要是征米麦，称为"本
色"；其他折征之物，称为"折色"。从正统元年（1436 年）开始，明政府把
江南诸省的赋税一概折银征收，规定米麦一石折银二钱五分，四石折银一两，
四百余万石折成百余万两，称为"金花银"。然而，到了成化二十三年（1487
年），银米准折率大变，每粮一石征银一两，农民赋税负担无形中增加了 3 倍。

《开采银矿图》
明朝对于金、银等矿产资源的开采有了很大进展，本图展现了明当
时银矿的开采情况。

为了应付与北方俺答汗和东南倭寇的军饷，明朝政府又多次加派田赋。

明代中期，江南地区官田赋税过重的现象尤为突出。自明朝初年，这一地区的官田赋税最重，完全按照私人地租的数额征收税粮，地租常占收成的一半以上。除了高额地租之外，政府还对农民进行额外榨取。在重额税粮的压榨下，出现了大量农民不断破产失业的现象。总之，明朝中叶在政治上宦官专权，政治腐败黑暗；在经济上土地兼并严重，田赋剥削加重，使广大农民不堪重负，阶级矛盾不断激化。

明中叶的农民起义与张居正改革

明代中期，随着土地兼并现象日益严重，阶级矛盾日趋激化，各地农民纷纷起来反抗地主阶级的统治，先后出现了叶宗留、邓茂七起义，刘通、李原领导的流民起义，以及杨虎、刘六等人领导的起义。

正统七年（1442年），大批流民进入浙、闽、赣交界山区采银矿。这一地区是封禁山区，流民的开采活动影响了官府收入，官府于是对此进行镇压。之后，大量流民和依赖采矿为生的人失去了生活的依靠，便纷纷起来反抗官府。其中，浙江庆元人叶宗留领导一支一千多人的队伍进入封禁山区采矿，结果被官府追捕，他随即率领众人起义，在浙江、福建、江西边境地区活动，势力日盛。与此同时，福建沙县的邓茂七不堪官府加派征银，拒绝交租，便率众杀死知县起义，自称"铲平王"。之后，起义队伍攻下了 20 多个县，并进兵围攻延平府，起义队伍很快发展到了十多万人。然而，这两支起义军最终都被官府军队击败，叶宗留、邓茂七先后战死，起义失败。

刘通、李原起义发生在川、陕、豫、鄂四省交界的荆襄山区。这一地区自明初以来就属于禁山，严禁百姓进入耕种、采矿。但到了明朝中叶，大量破产的农民涌进荆襄山区进行垦荒开矿。到了成化年间，这里汇集的流民达 150 万人以上。为了管理这些流民，官府采取遣返回籍和就地附籍的方法重新编制，迫使流民继续纳粮当差。

1465 年，荆襄流民在刘通、石龙等人的领导下发动起义，参加起义的民众有数万人。刘通率领起义军攻打襄阳、邓州，队伍逐渐发展到几十万人。但在官府的镇压下，起义队伍遭受失败，刘通在战斗中被擒杀，石龙则率领余部撤退到四川地区，后来也被杀，起义失败。

成化六年（1470 年），荆襄流民又在刘通的部下李原等人的领导下再度起义，起义民众近百万人。明政府迅速调集 20 万大军前去镇压。次年，李原等起义军首领兵败被俘，随后被杀。至此，官府完全镇压了荆襄流民起义。后来，明政府取消了禁令，设立郧阳府，允许流民进入荆襄地区开垦土地和采矿。

河北霸州地区是皇庄、王庄的集中地，因为接近京师，受到的剥削也更加严重。此外，官府还在这一地区推行"马政"，迫令农民代养官马，规定每年养马、纳驹的数量。如果马匹数量不够或者出现死亡，农民就需要垫贴，反之，完成任务即可减免私役。然而，农民因为失去土地日益贫穷，很难养得起马，也因赔偿费用往往弄得家破人亡。

正德四年（1509 年），在这一地区爆发了杨虎起义。次年，刘六、刘七兄弟也发动起义，起义队伍有几千人。正德六年（1511 年）初，两支起义军联合向山东进军，先后攻破了临朐、日照、曲阜等地，然后回师河北。起义军曾 3 次进抵京都附近，声势大振，人数逐渐发展到数万人。

后来，该起义军分为两路活动，一路由刘六、刘七兄弟统领，转战山东、河北一带；另一路由杨虎等人统领，活动在河南、山西等地。最初，起义军接

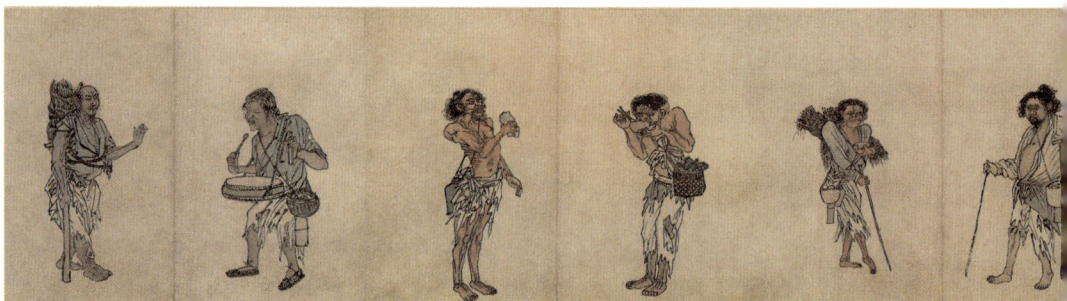

《流民图》（局部）
该图为明朝画家周臣所绘，形象地展示了明中叶以后民不聊生、大批农民流离失所的场面。

连告捷，使得明朝统治者甚为恐慌，急忙派兵遣将分兵进行堵截。为了突破官府的包围，杨虎率军南下。在渡黄河战役中，起义军遭到明军的袭击，杨虎不幸翻船溺死。之后，队伍转入河南，众人于是拥立刘惠、赵燧等人继续领导作战。

1512 年，明政府大军围剿起义军，刘惠、赵燧相继牺牲，起义队伍溃散，河南起义军宣告失败。同年，明朝政府派十万大军围剿刘六、刘七起义军。刘六、刘七领导的起义军因势单力薄，只能南下湖广。之后，起义军在黄州兵败，刘六战死。刘七、齐彦名等人则率队伍夺取船只入长江，顺流东下，攻打芜湖、镇江、南通，并 3 次打到南京城下。紧接着，明军向起义军发动进攻，齐彦名、刘七相继阵亡。至此，刘六、杨虎领导的农民起义宣告失败。

明朝政府在镇压了农民起义后，各种社会矛盾依然存在，并进一步发展。明世宗中期以后，明朝政府财政长年亏空，于是变本加厉催征搜刮，结果非但不能走出困境，反而进一步激化了阶级矛盾，明朝政权处于崩溃的边缘。正是在这种形势下，张居正决心进行改革，以求缓和社会矛盾，挽救明朝的统治。

张居正（1525—1582 年），字叔大，号太岳，湖北江陵人。穆宗隆庆元年（1567 年）进入内阁，隆庆六年成为内阁首辅。张居正为内阁首辅时，隆庆皇帝驾崩，新即位的神宗万历皇帝年仅 9 岁。张居正遂以首辅的身份在全国范围内实行变法革新。

在政治方面，张居正对腐朽的吏治进行了整顿，把吏治当作是安民的前提。为了提高行政效率，建立有效的考核考绩制度，张居正颁布了考成法，规定六

部、都察院各衙门，凡属应办的公事，都要根据道途远近、事情缓急，立定期限办理，并设置文簿登记存照，依限办完注销，使每件公事落到实处。此外，张居正用人唯才，裁减许多冗官，使吏治较为清明。

在边防方面，张居正实行"外示羁縻，内修守备"的边防新政。内修守备，即加强北边的防务，提高军事抗衡能力。为此，张居正起用谭纶、戚继光、王崇古、方逢时、李成梁等将领，主持蓟镇、宣府、大同、山西和辽东边防事务。明朝在整饬军队的同时，又大力加固、增设城防，修筑长城沿线防御工事。此外，张居正还积极改善明朝与蒙古的关系。外示羁縻，即在内修守备的前提下，改善汉蒙之间的关系，加强彼此间的友好往来。隆庆五年（1571年），明朝政府封蒙古俺答汗为顺义王，授予俺答汗属下65人都督、指挥等官职，并命名其城为"归化城"。双方在大同等地设立茶马互市，开展贸易往来。张居正实行边防新政后，西北边塞物阜民安，在其执政的二三十年间，北边没有发生大的战争。

在兴修水利方面，为了治理黄河长期泛滥的问题，张居正起用治河专家潘季驯治理黄河、淮河。明朝时，江南地区是主要的财货赋税供应地，南粮北运，主要以漕运为主。自明英宗以后，黄河经常发生溃决，给漕运带来了很大困难。为了疏浚河道，潘季驯用一年多的时间修建了黄河到淮河的堤坝，有效地抑制了黄河泛滥，保证了漕运的畅通。同时，黄河水永不再进入淮河，大大减少了水灾，保障了农业生产，使多年的弃地复变为良田。

清丈田地是明代整顿赋役的一项措施。明朝中期以后，皇室贵族、官僚以及地主阶级大量占有田地，又通过各种手段隐瞒田地和人口，以逃避赋税和徭

《黄河运河全图》(局部)

治理黄河一直是中国历代统治者的头等大事，但由于种种原因，黄河问题始终没能得到彻底解决。这幅明朝的《黄河运河全图》就显示出了当时的黄河水情况。

役。与此相反，农民不仅不能逃避赋役，而且官僚地主所逃避的赋役，官府还要洒派到广大农民身上，这就造成了明朝政府财政入不敷出、国库空虚的局面。为了解决这个问题，张居正在全国清丈田地，重新丈量各府、州、县的勋戚庄田、民田、屯田、职田等。清丈田地开始于万历六年（1578年），到万历九年（1581年）结束。田地清丈的结果是，全国田地总计为701万3976顷，比孝宗时增加了300多万顷。通过清丈田地，政府清查出一部分豪强地主隐瞒的田地，整顿了地主逃税现象，改善了赋税不均的状况。

在经济方面，张居正推行"一条鞭法"，整顿赋役制度，解决"役"的征收问题。其主要内容是：第一，赋役合并，把一部分丁役摊入田赋征收；第二，一概征银，田赋和力役都折银征收，这样就取消了力役，由政府雇人充役；第三，归并和简化征收项目，统一编派。除政府需要征收的米麦以外，其余田赋一律征银；第四，赋役的征收由地方官吏直接办理。一条鞭法是中国赋役制度史上的一项重大改革，它简化了赋役征收的手续，改变了赋与役分开征收的办法，将丁役部分地摊入田赋，减轻了农民负担。一条鞭法也使农民摆脱了一部分封建国家的劳役束缚，使农民对封建国家的人身依附关系有所松弛，也促进了商品经济的发展。

在张居正实行改革后，明朝的政治、经济形势有所好转。然而，这场改革触犯了皇室及官僚地主的利益，因此遭到他们的强烈反对。待张居正死后，其改革措施即被废除，明朝统治也日益腐朽衰落。

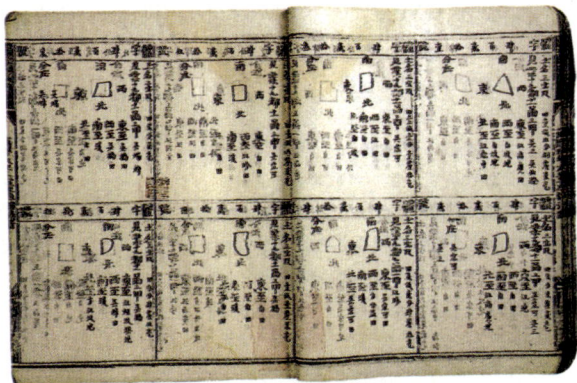

鱼鳞清册

鱼鳞清册，即明朝官府为征派赋役而编造的全国土地登记册。
张居正在清查全国土地时，就重编了鱼鳞清册。

明朝经济的发展

　　明代嘉靖、万历时期，社会经济迅速发展，其中农业生产无论是生产工具，还是耕作技术都在前代的基础上得到了进一步提高。明末科学家、农学家徐光启撰写的《农政全书》，即反映了明代农业在生产技术和经营管理上的进步，成为这一时期农业科技发展的突出标志。在这一时期，随着粮食产量的大幅度提高，经济作物的生产也得到了迅速发展，其种植面积、品种、产量都有明显提高，如棉花、茶叶、甘蔗、药材、烟草等经济作物，在全国各地都普遍种植。明朝的经济作物迅速发展，也为手工业生产提供了充足原料，促进了手工业的发展。

　　明朝中后期的手工业，尤其是民间手工业无论是行业种类、数量、规模、产量，还是生产工具、技术、经营方式都有很大提高，其中纺织业、冶铁业、制瓷业等都有了新的发展。这一时期，棉纺织业已经是十分普遍的家庭手工业，出现了搅车等生产工具。其中，松江地区的棉纺织业最为发达，浙江嘉善的纺纱织布也很有名。此外，丝织业也比以往得到了更大的发展，出现了构造复杂、先进的织机，可以织造各色花纹。这一时期主要的织机有腰机和提花机，而苏州、杭州二府也成为明代丝织业的中心区。

　　这时的冶铁业也有了很大发展，冶铁技术有了明显进步。在人们炼铁普遍用煤的同时，也开始使用焦炭。而冶炼时使用的鼓风开始应用装有活塞、活门的木风箱，这是当时世界上最为先进的鼓风工具。佛山、阳城、尤溪等地也成为全国冶铁业的中心。

此外，制瓷业也有了很大发展，特别是景德镇的制瓷业，出现了许多技术革新，还改进了瓷器施釉法，用吹釉法代替蘸釉法，使施釉更加均匀光泽。此外，还出现了斗彩、五彩等新产品。这一时期，印刷、造船业也有了较大发展。

由于农业和手工业生产水平的提高，明中叶以后，商品经济有了很大发展，农业、手工业产品大量涌入市场，甚至销往海外地区。自明中叶以后，粮食和经济作物生产、原料和手工业品生产开始出现地域分工趋势，例如江南地区广泛种植桑树养蚕，山东、河南普遍种植棉花，苏州、杭州等地区成为丝织业生产中心，松江地区成为全国的棉纺业中心，景德镇成为中外闻名的瓷都等，这些都促进了各地区之间的商品贸易。

由于工商业的发展，明中叶商业资本也十分活跃。当时，在全国出现了许多商人，他们在全国各地设立会馆，组织各种商帮，组建商业资本集团，其中比较著名的有徽商、晋商、江右商、闽商、粤商、吴越商及关陕商等。他们当中大多数都是中小商人，这些商人往返于全国各地，贩卖农产品及手工业产品。

随着手工业和商业的快速发展，城镇经济空前繁荣，开始出现全国性的工商业城市。当时，全国性的工商业城市首推北京和南京，这些城市的人口都在百万以上。广州、泉州、漳州、福州、宁波等城市也因地理位置成为对外贸易

《货郎图》
明代吕文英所绘。该图表现的是春夏秋冬四季，卖货郎在庭院里用各种小玩意逗弄小孩子的场景。

的港口。随着长江在东西交通上的地位日益突出，沿江兴起了芜湖、九江、汉口等城镇，这些城镇也成为重要的商业中心。这些城镇大多是因为有着特殊的手工业以及商业上的频繁往来而兴盛起来，聚集众多牙行、商贾和行会。

在城镇经济中，手工业的比重明显增加，这是明代中叶以后城市经济和传统城市经济最大的区别。这一时期产生了五大手工业区域，松江是棉织业的中心，苏、杭二州是丝织业的中心，芜湖是染业的中心，铅山是造纸业的中心，景德镇是拥有数十万人的瓷都。在南方地区，商业城镇迅猛发展，尤其是长江三角洲地区、东南沿海及其他地区，涌现出一大批新兴的工商业城镇，例如苏州的盛泽镇、嘉兴的濮院镇和松江的枫泾镇等。总体而言，在全国的工商业城市中，南方占了绝大多数，北方所占比例较少。

明中叶以后，随着工商业的发达，白银替代了钱、钞成为市场上主要流通的货币。明朝政府的田赋、徭役、工商业税、海关税以及官吏俸禄、国库开支，也大都以白银折价，以白银计算。白银的广泛使用，是明代商品经济发展的一个显著例证。

此外，当时除了在一些落后的地区还存在佃仆制之外，大多数佃户对地主的人身依附关系有所松弛，能够自由地进行迁徙。在一些地区甚至出现了"永佃制"，进一步巩固了农民的土地使用权，土地所有权与使用权开始正式分离。

明代中叶，在江南地区的农业生产中还开始出现大量的雇工。这些雇工有长工和短工之分，长工通常计年受值，短工通常计日受值。长工与雇主有一定

《南都繁会景物图卷》（局部）
明代仇英绘。该图展现了店铺林立、人山人海、娱乐活动丰富多彩的明朝大都市。

的主仆名分；短工则有所不同，没有主仆之分，地位与民户相同，与凡人一样自由。在各种私营手工业作坊中，各种类型的雇工都较以往明显增多，人身控制松弛，甚至无法观察到明显的人身依附关系。

明初，官府把手工业匠人编入"匠籍"，分为"轮班匠"和"住坐匠"。在商品经济发展的刺激下，这些匠户经常怠工和躲避轮班，迫使官府逐渐改变了对官府工匠的管理方式。成化二十一年（1485 年），明政府规定，轮班匠不愿意服役者，可以以银代役，由官府募人充役。嘉靖四十一年（1562 年），明政府正式规定，班匠一律以银代役，每人每年需纳银四钱五分，称为"班匠银"。虽然工匠的匠籍没有废除，但大大削弱了手工工匠对官府的人身隶属关系。

在商品经济快速发展的基础上，明代中期在一些手工业中开始出现资本主义萌芽。其中，一些是从小手工业者分化出来的资本家，一些则是商业资本支配产业成为资本家，其中又以江南丝织业最为明显。

隆庆、万历年间，苏州纺织业中拥有许多织机的称"大户"，没有织机的织工称"小户"，他们成为大户的雇佣劳动者，也由此出现了"大户张机为生，小户趁织为活"的现象。作坊主与雇工之间的关系都是"机户出资，机工出力"的雇佣关系，也就是劳动力买卖的关系。

当时，在松江暑袜业中还出现了一种现象，即暑袜店商人向织工提供原料，从中按件计酬给佣工工资。与手工业坊主不同，暑袜店商人的雇工不集中生产，而是分散在各

《缂丝花鸟图轴》（局部）

明朝丝织品的代表作之一。整幅图纹理清晰，色彩丰富，十分生动形象。

个家庭中，在家生产的织工最后将成品交给商人，计件取酬。这些在家纺织的织工，实际上已经形成了商业资本的公用劳动者，商业资本开始支配生产，并转化为产业资本，织工成为暑袜店的厂外工人。可以说，无论是作坊主还是大商人支配生产，这都是与封建生产关系完全不同的新的剥削关系，是一种具有资本主义萌芽特征的雇佣关系。

明朝的对外交往

从永乐三年到宣德八年（1405—1433年），明政府派郑和率领船队七次下西洋，对亚非各国进行贸易和访问。郑和率领的船队先后抵达今天的越南、柬埔寨、泰国、新加坡、马来西亚、印度尼西亚、斯里兰卡、印度、孟加拉国、马尔代夫、波斯湾、阿拉伯半岛以及非洲的索马里、肯尼亚等几十个国家和地区。

郑和率领的船队规模宏大，有两三百人，使用了当时世界上最大、最先进的海船，满载中国的丝织品、瓷器、茶叶、铁器等各类商品，每到一地，即以这些商品与当地人进行交易，换取象牙、香料、宝石之类的物品。因此，郑和乘坐的船只也有"宝船"和"取宝船"之称。郑和的七次远航前后历时近30年，抵达30多个国家，是世界航海史上的空前壮举，比意大利人哥伦布和葡萄牙人达·伽马发现新航路要早半个世纪以上。郑和的远航加强了中国与亚非各国的联系和贸易往来，扩大了明朝在海外的政治影响，此后，人们纷纷出国来到南洋地区居住，带去了先进的生产技术和手工业品，为当地的社会、经济发展作出了贡献。

郑和船队购买的金锭

　　明代时，由于土地兼并严重，赋税繁重，东南沿海地区一些失去土地的农民不得不远涉重洋，到南洋地区谋生。华人最初何时开始迁往南洋地区已不可考，但是华人大量出海则是从明初开始的。当时，华人来到吕宋、马来等地区侨居，久居之后在此定居下来。到了明朝后期，在南洋谋生的华侨已经达到 10 多万人。他们带去了先进的生产技术，从事农业和手工业生产，对当地社会经济文化的发展做出了巨大的贡献。与此同时，华侨的活动也促进了中国与南洋各地的贸易往来。

　　明朝初年，中日两国经常互派使者，双方在经济、文化方面有了较大发展。当时，日本正处于南北朝分裂时期，封建诸侯割据混战，一些不得志的封建诸侯为了掠夺财富，便纠集没落的封建主、武士、浪人和走私商人在海上进行武装抢掠，尤其是抢夺中国的商船，在中国沿海地区从事掠夺和骚扰活动，他们也因此被称为"倭寇"。倭寇的活动给明代海上贸易，尤其是沿海地区人民的生命安全造成了严重威胁。

　　嘉靖年间，中国的一些商人、海盗开始与倭寇勾结起来，加重了倭寇的危害。嘉靖中期，明政府对日益嚣张的倭寇进行了大规模反击，民族英雄戚继光率领的戚家军成为抗倭的主要力量。戚家军与倭寇交战十余次，平定了浙江的骚乱。不久后，戚家军转入福建，与另一抗倭名将俞大猷一起平定了福建的骚乱。俞大猷随后又率军进入广东，平定了广东倭患。沿海地区的倭患才平息下去。

　　从 16 世纪开始，处于资本原始积累阶段的葡萄牙、西班牙及荷兰等国的殖民主义者纷纷涌向东方，抢夺殖民地，对中国沿海地区进行掠夺和侵略。正德六年（1511 年），葡萄牙占领了马六甲海峡地区，然后向中国沿海发动进攻。正德十二年（1517 年），葡萄牙殖民者首先抵达广东屯门岛，并在此修建堡垒，杀人抢船，同时进攻广东和福建的其他沿海重镇。正德十六年（1521 年），明军逐走葡萄牙殖民者，收复屯门岛。葡萄牙殖民者屡次被逐，但始终不肯从中国离去。嘉靖三十二年（1553 年），葡萄牙殖民者托言船只遭遇风暴，借机在澳门晾晒货物，他们又向明朝海运副使行贿，最终占领了澳门。

　　在葡萄牙人侵略南洋的同时，西班牙占领了吕宋，并对中国东南沿海地区进行侵扰。天启六年（1626 年），西班牙殖民者占据了台湾北部地区。17 世纪初，葡萄牙、西班牙的海上实力逐渐衰弱，荷兰的势力突起，掌握了东方海上的霸权。万历二十九年（1601 年），荷兰殖民者侵入广东沿海，攻打广州，一度侵占了澎湖，但被福建军民驱逐。荷兰殖民者见无法长期占据澎湖，转而与西班牙争夺台湾。崇祯十五年（1642 年），荷兰打败西班牙，独占了台湾。

　　就在西方殖民者侵略中国的同时，西方传教士也相继来到中国进行传教活动。当时来华传教的有意大利人罗明坚、利玛窦等。为了更好地进行传教活动，教士们学说汉语，穿汉服。万历二十九年（1601 年），利玛窦等人进京朝见明神宗，取得了在京传教的特权。此后，传教士来华的人数不断增加。事实上，这些传教士们除了传教之外，还为殖民者进行测绘地图、调查中国物产等活动。当然，西方传教士来华时也带来了一些西方的科学技术，促进了中国对西方科学技术的了解。

明朝时期的文化

　　明朝初期，程朱理学在意识形态中仍占主导地位。到了明代中叶，随着社会的不断发展，出现了王守仁的"心学"。王守仁的哲学思想受到先秦思孟学派和佛教禅宗思想的影响，同时继承了南宋陆九渊"心即理"的学说。王守仁学说的核心命题是"心外无物"，他认为，人心是万物的本源，没有人的意念活动，就没有客观事物。他还认为"心外无理"，认为理存在于每个人的心中，可以说是站在主观唯心主义的立场上，反对程朱理学"理在心外"的命题。此

王阳明像

外，他还在认识论方面提出了"致良知"与"知行合一"的主张。王守仁的学说在明后期广为流行，被称为"王学"，其学派被称为"阳明学派"或"姚江学派"。在王守仁之后，各地王门学者一时俱起，其中以王艮和泰州学派最为著名。

另一位著名的王门学者是李贽。李贽虽然是王学传人，但是他的思想带有唯物主义成分，是明代后期著名的进步思想家。李贽在哲学上与王守仁基本一致，但是他反对封建正统思想，反对将"天理"与"人欲"对立起来。他还反对将孔子的经典看作是真理的标准，打破对孔子的迷信，对理学进行了激烈的批判，表现出大胆的批判精神。可以说，李贽反对封建束缚的主张，反映了要求平等和发展个性的朦胧民主思想，具有一定的进步性。他的著作有《藏书》《续藏书》《焚书》《续焚书》等。

明代在小说上取得了很高的艺术成就，出现了大量长篇章回小说和短篇话本、拟话本。其中最负盛名的有罗贯中的《三国演义》、施耐庵的《水浒传》、吴承恩的《西游记》、冯梦龙的"三言"、凌濛初的"二拍"及兰陵笑笑生的《金瓶梅》。

《水浒传》之大破连环马
该年画描绘的是《水浒传》中梁山好汉大破双鞭将呼延灼连环马的故事。

明代时，诗文也有一定的发展。明代初期，出现了以大学士杨士奇、杨荣、杨溥为首的"台阁体"诗派。明朝中叶，先后又出现了以李梦阳、何景明为首的"前七子"和以李攀龙、王世贞为首的"后七子",他们以复古为号召,主张"文必秦汉,诗必盛唐"。在复古运动兴起时,文坛上又出现了以王慎中、归有光为代表的"唐宋派"和以袁宗道、袁宏道和袁中道三兄弟为代表的"公安派",他们与复古派的主张相左,提倡文学的发展与变革。

明代戏剧也有很高的成就,出现了康海的《中山狼》、王世贞的《鸣凤记》和徐渭的《四声猿》等颇具影响力的作品,其中最著名的是汤显祖的《牡丹亭》。在明代中叶前后流行的戏曲唱腔当中,影响较大的有弋阳腔和昆腔。

在艺术方面,明代绘画艺术有着很大的成就。前期出现了赵原、边文进、王绂及戴进等著名画家。明中期以后,涌现出一批画坛名家,如张伟、林良、吕纪等,他们都各具所长。"吴门四大家"的沈周、文徵明、唐寅和仇英则吸收了前人所长,取得了突出的艺术成就,被后人称为"明四家"。嘉靖时期的徐渭独辟蹊径,创作了泼墨大写意画,成为当时最有成就的写意画大家。明代晚期则出现了董其昌、陈洪绶等画家,在绘画上也取得了很大的成就。

此外,明代时还十分注重对资料的整理和编撰。永乐年间,明成祖敕令大臣解缙率大批文士编纂《永乐大典》,历时 5 年完成。全书共 22937 卷,11095 册,是中国最大的一部类书。它收录了中国明代之前的图书文献近 8000 种,内容包括经、史、子、集、佛、道、农艺、戏剧、工技等各类典籍文章。

明代中叶以后出现的资本主义萌芽促进了明代科学技术的发展和四大著作的问世,它们分别是徐光启的《农政全书》、宋应星的《天工开物》、李时珍的《本草纲目》和徐霞客的《徐霞客游记》。

徐光启广泛吸取了当时西方先进的科学技术,对中国传统的科技发明进行了总结,在数学、天文、生物学和农学方面做出了杰出的贡献。他最大的成就是在天启七年（1627 年）前后写成的《农政全书》一书。《农政全书》共 60 卷,分农本、田制、农事、水利、农器、树艺、蚕桑等十二目,系统地总结了我国的农业文献,并提出很多自己的认识和看法。

宋应星的科学著作《天工开物》是世界历史上第一部有关农业和手工业的百科全书。全书共 18 卷,对明代的作物栽培、粮食加工、熬盐、制糖、酿酒、榨油、造纸等一系列农业和手工业生产技术进行了总结,图文并茂。宋应星不仅对以往的发明创造进行了总结,还在前人的基础上进行了许多改进。

明代医学家李时珍在继承和总结以前本草学成就的基础上,结合长期学习、采访所积累的药学知识,经过长期实践和钻研,历时 30 多年,终于于万历六年（1578 年）写出了《本草纲目》。《本草纲目》是本草学集大成的著作,共 52 卷，记载药物 1892 种，新增 300 多种，书中附有药物图 1109 幅，处方 11096 个，分为 16 部 60 类。李时珍在书中对每种药物都作了详细的说明，并纠正了前人的许多错误之处。事实上，《本草纲目》不仅是一部药物学著作，还是一部博物学著作，书中广泛涉及天文、地理、生物等自然科学的许多领域。

　　徐霞客是明代著名的旅行家、地理学家。他以毕生精力对大半个中国进行了实地考察，最终完成了地理学著作《徐霞客游记》。此书以游记的形式记述了徐霞客数十年的实地考察经历，并对许多地理现象进行了科学的解释，是地理学和考古学研究的珍贵材料。

《骑驴图》（局部）
明朝画家张路的代表作，现存于北京故宫博物院。

09

朝鲜：高丽王朝和李氏朝鲜

朝鲜是亚洲东部的文明古国之一。朝鲜有正史
记载的历史大约为 3000 年，从商朝贵族箕子建立的
"箕子朝鲜"至战国燕国人卫满建立的"卫满朝鲜"，
再到汉武帝时的"汉四郡"，朝鲜半岛为中国人直接
统治的时间约 1200 多年。之后，朝鲜半岛作为藩属
国臣服于中国、接受中国皇帝的册封又近 1800 多年。

朝鲜早期历史

数十万年前，朝鲜半岛上就已有原始人类居住。据传，公元前24世纪，在半岛北部就形成了檀君古朝鲜。公元前2世纪，在半岛南部又由几个土著部落形成了部落联盟。公元1世纪，朝鲜半岛出现了高句丽、百济、新罗3个政权，直到公元7世纪时，朝鲜半岛才初步得到统一。

史前文明

朝鲜半岛地处亚洲东部，三面环海，高原山地约占半岛面积的3/4。半岛上有着丰富的矿藏、森林、水利资源，为人类的生存提供了条件。早在数十万年前，朝鲜半岛上就已经有了人类活动，在半岛北部地区发现的最早的旧石器时代的人类遗址就足以证明这一点。大约在四五千年以前，朝鲜半岛进入新石器时代，各地也先后发现了新石器文化的遗址。中国古代文献《逸周书》中就记载了朝鲜半岛北部被称为"秽貊"的古代居民，其中有西北部的貊人、东部沿海的秽人和东北部的沃沮人。半岛南方的居民则是韩人，分为马韩、辰韩、弁韩三支，史称"三韩"。这一时期，朝鲜居民已经开始了定居生活，他们不仅从事渔猎和畜牧业，也开始种植农作物。公元前10世纪前后，朝鲜半岛开始进入青铜时代。

到公元前4世纪时，朝鲜半岛进入铁器时代。关于朝鲜民族的起源，目前有多种不同的说法，根据朝鲜传统历史的说法，朝鲜民族是中国商周时代的移民与原土著居民组成的。公元前5到前4世纪时，朝鲜北部一带出现了奴隶制国家，习惯上称其为"古朝鲜"。

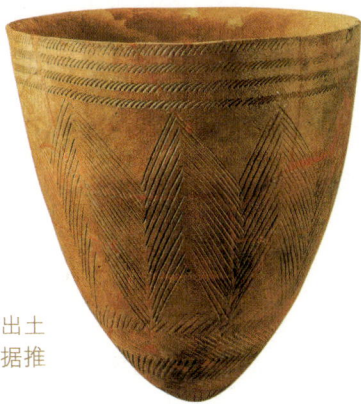

储物陶罐
这件制作于公元前 3500 年左右的陶罐出土
于今韩国首尔市汉江附近的岩寺洞，据推
测这件陶罐应该是储存粮食所用。

箕子朝鲜

　　根据中国的史书《汉书》记载，公元前 11 世纪中期，周武王在灭亡商朝
后，商朝贵族箕子不肯向西周王朝臣服，于是率领一批商朝遗民向东搬迁，抵
达朝鲜半岛地区。之后，周武王在分封诸侯时将箕子封为朝鲜侯。到了周武王
在位第 13 年时，箕子回来朝见周天子，接受了周武王的封号。再之后，箕子
返回朝鲜，建立政权，以武王所封朝鲜作为国号，将都城设立于王俭城，史称
"箕子朝鲜"。

　　箕子建立朝鲜箕氏政权后，促进了朝鲜半岛的文明开化。据《汉书·地理
志》记载，箕子进入朝鲜后，带去了先进的殷商文化。箕子以礼仪教化人民，
又教给人民耕织农耕及养蚕技术，还带去了大量青铜器。受殷商文化的影响，
朝鲜半岛出现了最早的成文法——《乐浪朝鲜民犯禁八条》。八条立法在诸典
籍中记载不全，仅存有"相杀以当时偿杀；相伤以谷偿；相盗者男没入为其家
奴，女子为婢，欲自赎者，人五十万，虽免为奴，俗犹羞之"等三条立法。但
从中也可以看出，箕子朝鲜时期已经出现了奴隶，且奴隶可以自行赎免，奴隶
之外的居民中也存在着社会地位上的差别。

　　此后箕子朝鲜的社会状况由于缺乏文献记载，其具体历史与社会发展不得
而知。《史记》《三国志》中仅记载了战国后期和西汉初年箕子朝鲜的政治事件，
没有与社会状况相关的记载。然而，箕子朝鲜与中国之间的交流未曾中断。中
国在战国末期时，随着秦朝统一战争的不断深入，东方的燕国、齐国、赵国等
民众为了躲避战乱，有很多人经辽东地区或海上逃往朝鲜半岛。秦朝统一中国

后实行苛政，一些民众为了躲避劳役负担也开始逃往朝鲜半岛。据说，秦朝末年农民起义大爆发后，燕赵地区逃往朝鲜的人可达数万人。

卫氏朝鲜

汉朝建立后，汉高祖刘邦为加强对过去燕地的统治，封旧燕将臧荼为燕王。然而没过多久，臧荼起兵反叛，结果被镇压。汉高祖于是又立卢绾为燕王。公元前195年，卢绾起兵叛乱，同样遭到镇压，卢绾只能逃到匈奴地区。与此同时，卢绾的一个名叫卫满的燕人部下，则率领1000多人进入了朝鲜半岛。之后，卫满等人得到朝鲜王的允许，在朝鲜半岛西北部定居下来。随后，卫满依靠秦汉之际中原叛乱时逃到朝鲜的燕、齐、赵等数万民众，逐渐扩大了自己的势力。公元前194年，卫满发动政变，推翻了箕子朝鲜的准王，占领了朝鲜首都王俭城。卫满随后自立为朝鲜王，史称"卫氏朝鲜"。

西汉初年，卫氏朝鲜的势力不断扩大，周围的部落纷纷前来归顺。卫满死后，王位传至其孙卫右渠。当时，卫氏朝鲜东部和南部地区的一些部族首领愿意与汉朝交往结好，一些部落甚至愿意归顺西汉政府，接受其管辖，西汉政府也希望卫氏朝鲜切勿阻拦。但是，此时的卫氏朝鲜势力扩大，对此百般阻挠。公元前128年，西汉政府在已经归顺的东秽地区设立沧海郡，但遭到卫右渠阻拦，被迫在2年后废除。公元前109年，汉武帝派使臣招谕卫右渠，卫右渠不仅不肯奉诏，反而攻打辽东地区。因此，汉武帝决定派军攻打卫氏朝鲜。公元前108年夏，卫右渠被部下杀死，卫氏朝鲜灭亡。

汉武帝在卫氏朝鲜灭亡后，在这一地区设置乐浪、临屯、真番、玄菟四郡，合称"汉四郡"，其中乐浪郡以王俭城为中心，是西汉政府在朝鲜半岛的行政中心。公元前82年，西汉政府废除临屯、真番两郡，将其属县并入乐浪郡。公元前75年，西汉政府又将玄菟郡迁到了辽东。到了东汉末年，辽东的公孙康又将乐浪郡南部地区设为带方郡。

三国时代

公元前后，在朝鲜半岛南部地区居住的韩人部落建立了以辰韩、马韩和弁韩为中心的辰国，此外还出现了伽倻等一些小国。此后，百济和新罗的始祖兼并了三韩等各部落族群，从而扩张领土最终建国。与此同时，朝鲜半岛北部兴起了高句丽，朝鲜半岛由此形成三足鼎立的局面，史称朝鲜的"三国时代"。

新罗形成于辰韩地区。公元前 54 年，辰韩斯卢国的六个村落首领拥立朴赫居世居西干为王，并将六个村落改为六部，建立新罗国家。六部的上层阶级成为统治集团，其中朴、昔、金三姓贵族享有世袭继承王位的特权。但新王需要获得贵族会议"和白"的一致同意方能继承王位。4 世纪时，新罗通过武力统一了辰韩各部落，以庆州为都城。新罗统治阶级为了巩固自己的特权地位，建立了"骨品制"的等级制度。朴、昔、金三姓贵族的地位最高，称为"圣骨"，其他贵族根据大小分为"真骨"、六头品、五头品、四头品等 4 个等级，其中"圣骨""真骨"的贵族可以继承王位。新罗贵族还按照血统确定等级身份及相应官阶，不同骨品之间不通婚。骨品世袭不变，人的仕途受到个人在骨品制中所具有的等级身份的制约。新罗统治者还挑选一些贵族青年建立了"花郎"亲兵。5 世纪中叶，佛教从中国经高句丽传入新罗，并开始广泛传播。新罗统治者从此开始利用宗教加强统治，并派人到中国求取佛经。新罗的社会经济在当时的朝鲜半岛处于领先地位。4 世纪时，新罗开始兴修水利设施；5 世纪至 6 世纪时，其农业灌溉规模不断扩大，农业生产中出现了铁制农具，并得到广泛推广，人力挽犁被牛耕所替代。在手工业中，铁和铜的冶炼技术也已达到很高水平，且总体规模很大。同时，手工业、农业的发展进步，也促进了商品贸易的发展。5 世纪末 6 世纪初，新罗出现大型市场，王京庆州成为国内的商贸中心。新罗社会经济的不断发展，也为其统一朝鲜半岛奠定了坚实的物质基础。

百济国形成于朝鲜半岛西南部的马韩地区。根据史书记载，百济传说是高句丽始祖朱蒙第三个儿子温祚于公元前 18 年率领一批高句丽人南下抵达马韩伯济部建立的国家。此后，百济逐渐统一了马韩各部，并开始进行扩张。294 年，百济向东扩展到洛东江上游，与新罗、伽倻相邻。313 年，百济南下侵略乐浪郡，并夺取了带方郡的南半部。此后，乐浪郡、带方郡成为 4 世纪时百济和高句丽争霸的场所。

高句丽发源于汉四郡之一的玄菟郡。据史书记载，公元前 37 年，扶余王子朱蒙因为与其他王子不和，率领一部分人逃离扶余国来到了高句丽，建立政权，此时的高句丽仍隶属汉玄菟郡管辖。此后，高句丽不断扩张与集权化，导致其与汉朝玄菟、乐浪二郡不断发生武装冲突。公元 4 世纪，高句丽向辽河流域和松花江流域扩张，攻占了玄菟郡、辽东郡、中辽郡等地区。与此同时，高句丽也不断向南发展，进入朝鲜半岛北部，攻占了乐浪郡和带方郡北部地区，开始与新罗、百济争夺汉江流域。

高句丽留存的文物

新罗统一朝鲜

427年，高句丽在广开王土、大力南征之后，迁都平壤。在高句丽的强大攻势下，百济一再将都城南迁。475年百济迁都熊津，538年再次迁往泗沘。之后，高句丽一度占领了汉江流域。551年，百济联合新罗击败高句丽，新罗夺取了汉江流域，并随后击败了百济，百济从此一蹶不振。6世纪中叶，新罗吞并了金官国并从百济手中夺得汉江流域，扩大了疆域，国力不断增强。

新罗在占领汉江流域后，通过汉江的出海口频繁与中国往来，并以向唐朝称臣的方式与唐朝结盟。660年，新罗和唐朝联合灭亡了百济。次年，新罗和唐朝的联军向高句丽发起进攻，将平壤围困，但久攻不下后返回。668年，唐朝再次出兵，和新罗南北夹击，最终攻克平壤，灭亡了高句丽。之后，唐朝在平壤建立安东都护府，直接统治朝鲜半岛北部地区，并在百济旧地设立熊津都督府，意图在高句丽和百济旧地实行羁縻政策。670年，新罗为了获得对百济、高句丽旧地的统治权，与唐朝发生战争。当时的唐朝受西北吐蕃局势的影响，只能对新罗采取退守政策。676年，唐朝把安东都护府内迁到辽东，将百济旧地转交给新罗。新罗最终统一了朝鲜半岛大部，定都庆州，并仿效唐朝的国家制度进行统治。735 年，唐朝正式承认新罗对大同江以南地区的统治。

三国时期，朝鲜半岛的社会生产力得到了较快发展。新罗重视农业生产，大力兴修水利，广泛使用铁制农具，大大提高了农业生产力。此外，此时的朝鲜纺织和金属制造技术也有了显著的改进。随着社会生产力的不断发展，朝鲜半岛逐渐建立起封建生产关系。

新罗的统治者将土地分封给有功绩的大臣，称为"食邑"。新罗在统一朝鲜半岛的过程中，一些军事贵族因立有战功而掌握着很大的权力，且新罗国王还赏给那些立下战功的将领大量土地。随着战争的不断发展，新罗夺取的土地越来越大，对大臣的赏赐也不断增多。新罗在统一朝鲜半岛后，食邑得到了快速发展，贵族、功臣、佛教寺院都获得了大量的土地，这些土地后来逐渐成为僧俗封建主的私有财产。687 年，新罗开始实行禄邑制，即国家根据官位高低给予官员一定数量的土地，以地租作为他们的俸禄，替代国家发放粮食。

然而，随着僧俗封建主占有的土地不断增多，国家对土地的管理和征税受到严重影响。为了限制封建主对土地的兼并，扩大国家税收，新罗于 722 年改革土地制度，开始实行丁田制和租庸调制。丁田制，即国家对 16 岁以上的男子授予一定数量的耕地，并分为永业田和口分田两种。前者可以由子孙继承，后者限本人终身使用，不得进行转让或买卖，到受田人 60 岁时收回。在这种授田方式的基础上，又实行租庸调制，即农民缴纳谷物，称为租；服劳役，劳役可以通过各种物品来代替，称为庸；交纳手工业品或是地方特产，称为调。

新罗佛国寺

未来佛弥勒菩萨
这座青铜镀金的弥勒菩萨像大约制作于 600 年，
创作风格受中国佛教影响很深，现存于韩国国家
博物馆。

国家通过丁田制，将农民固定在土地上，限制了土地的自由买卖。这样，国家既同时保证了财政收入，又防止了封建主对土地的兼并，确立了封建土地国家所有制的基本原则。

为维护和推行封建土地所有制，新罗建立了从中央到地方完整的统治机构。8 世纪中期，新罗仿效唐朝中央集权制度，对国家机构进行改革，建立了比较完善的中央集权官僚政治体制。在中央，新罗设立若干府和部，分别掌管内务、司法、财政、军事、教育等具体事务；在地方上，全国分为 9 个州，下面又分别设有郡、县、乡或部曲，且州、郡、县的长官一律由国家任命。此外，在重要的地区又设立 5 个小京，在小京和州派军队驻防；各级官员享受国家的食邑，从食邑中获得俸禄；各级官员还必须效忠国王，忠诚职守。通过这些措施，新罗确立了以国王为首的中央集权的封建秩序。

国家的统一和统治机构的完善，使新罗经历了一段政治稳定的时期，社会生产得到了进一步发展。8 世纪时，新罗的社会经济得到较大发展。新罗在汉水流域及南部地区修筑堤坝，大力发展水利设施，促进了水田农业的发展。这一时期，旱田作物的种类和产量也有所增加，主要播种的作物有小麦、大麦、豆类等。

此外，新罗的手工业也取得了一定的发展，采矿、冶炼、制陶、造船、武器制造、丝绸纺织等手工业较为发达。尽管民间手工业还未脱离农业，但官营手工业的产品种类却很多，主要有纺织品、装饰品、陶瓷、武器以及金银细工等。新罗时期的采矿业和冶炼业也较为发达，铁主要用作农具和武器。

农业和手工业的兴旺也促进了商业的发展。当时的新罗首都庆州是国内最大的贸易中心，也是重要的商品集散地。5 个小京和各州的首府则是地方的商贸中心。新罗的对外贸易也十分活跃。新罗商船往来于新罗、唐朝、日本之间，其中与唐朝的贸易往来最为频繁。新罗向中国输入绸缎、麻布、毛皮等商品，并在中国沿海及江河沿岸的一些城市中形成了往来贸易的新罗商人的居留地，称为"新罗坊"，其中以登州的牟平、文登，扬州的江都，楚州的山阳等地的新罗坊最为繁盛。

后三国时代

8 世纪末期，新罗的政治、经济开始衰落。统治阶级内部的权力之争打破了政治稳定，愈演愈烈的土地兼并也破坏了丁田制，社会动荡不安。政治上的混乱将广大农民推入了无穷的战祸和徭役中，饥荒在战乱之后也接踵而至，广大农民背井离乡，出现大量流民。当时，农民在不到 60 岁时就将拨用的土地卖给大地主，成为大地主的依附农民。大地主借机兼并农民的丁田，不断扩大庄园，增强经济实力，与中央相抗衡。之后，大地主占有的土地面积不断扩大，国家可以收租的土地面积越来越少。在这种情况下，统治阶级进一步加重了对农民的征税，广大农民身上的负担不断加重。这些都导致了新罗阶级矛盾的激化。到了 9 世纪初，新罗各地出现了农民起义；到 9 世纪末期，农民起义席卷新罗全境。

　　896 年，在西海岸地区的农民起义军一度向新罗首都庆州逼近，新罗政权开始崩溃。这一时期，一些地方封建主以恢复高句丽、百济为口号举兵作乱，脱离新罗的统治。900 年，新罗西海岸的一个将领甄萱起兵攻占五珍州独立，建后百济国，定都光州。901 年，新罗贵族弓裔在新罗北及西北建后高句丽国，定都铁原。904 年，弓裔改国号为摩震，后又改称泰封。至此，朝鲜半岛上再次形成了三足鼎立的局面，史称"后三国时代"。

❦

高丽王朝

　　高丽，又称"高丽王朝""王氏高丽"，是朝鲜封建王朝之一。高丽王朝统治时期，确立了中央集权统治，是朝鲜半岛实现民族文化融合统一的时期。高丽王朝共传 32 代君主，从 918 年王建立国到 1392 年被朝鲜王朝取代，前后历时 474 年。

高丽统一朝鲜

　　918 年，后高句丽的弓裔部将王建推翻弓裔自立，将都城迁至开城，改国

高丽时期的花形青瓷杯

号为高丽。王建建国后，采取了与新罗友好、与后百济敌对的策略。935年至936年，高丽先后吞并了新罗和后百济。至此，高丽将统治区域扩大到整个朝鲜半岛，朝鲜半岛重新出现统一局面。

高丽在完成统一事业后，开始推行一系列加强中央集权制度的措施。976年，高丽进行土地改革，颁行"田柴科"制度，规定国家对全国耕地和山林进行登记，并将其中的一部分根据等级分配给官吏和士卒。接受田柴的人对土地没有私有权，但可以在土地上收取租税，不允许世袭土地。只有那些有功绩的大臣和归顺高丽的豪门大族才能在次年另外得到世袭的"功荫田柴"。其余的土地不在田柴科之列，租税全部归国家所有。高丽通过田柴科制度，使国家基本控制了全国的大部分土地和农民，抑制了地方势力的发展。此外，高丽还颁布法律废除奴隶制度，建立科举制度，选拔人才担任地方官员。通过这些措施，高丽的统治阶级有效地削弱了地方势力，确立了中央集权统治。

此后的一个多世纪，高丽经历了一个兴盛时期。直到12世纪，高丽的土地兼并现象日趋严重，田柴科制度遭到破坏，各地庄园纷纷兴起，社会和阶级矛盾日益尖锐，农民起义不断爆发，高丽的实力开始逐渐衰退。

高丽王朝晚期的内忧外患

高丽王朝时期，朝鲜半岛曾多次遭到外族入侵。从10世纪末到12世纪，高丽曾多次抗击契丹和女真的进攻。993年，辽国攻打高丽，高丽战败，被迫向辽称臣纳贡并断绝与宋朝关系。1127年，高丽又被迫臣服于金国。然而，在抵御契丹和女真人的过程中，高丽的军队将领实力却不断增强。1170年，武将郑仲夫发动政变，政变军人废立国王，把持朝政，大肆虐杀贵族文官，史称"郑仲夫之乱"。由此，高丽开始了武将专权的时期。

从 1231 年开始，蒙古军队开始数次入侵高丽。蒙古军队所到之处，烧杀抢掠，给高丽人民带来了严重灾难。高丽国王逃到江华岛避难，无力组织力量进行反击，但高丽各地人民却纷纷组织起义兵奋勇反抗蒙古的入侵。1258 年，高丽国王向蒙古军队投降。同年，蒙古在高丽和州设立双城总管府，管辖高丽东北部地区。1270 年，高丽国王下令将高丽都城从江华岛迁回开城，并解散守城军队三别抄军，即左别抄、右别抄和神义军。然而，三别抄军拒绝向蒙古投降，他们还先后占据了珍岛和济州岛，发动抗蒙古战争。1273 年，蒙古占领济州岛，三别抄军抗蒙古战争宣告失败。

1280 年，元朝为了进攻日本，在高丽设置征东行省，作为元朝入侵日本的根据地。之后，元朝向高丽首都派遣达鲁花赤（即督官），控制高丽朝政。元朝还在高丽征兵征粮，给朝鲜人民带来了沉重灾难。1281 年，元朝进攻日本失利，曾一度解散征东行省。1287 年，又复设征东行省，并命高丽国王兼任元朝征东行省达鲁花赤，使高丽成为元朝的藩属国，直到 1356 年高丽恭愍王摆脱元朝控制、恢复独立时，高丽才重新取得朝鲜半岛的统治权。1368 年，明朝推翻元朝，并派使者督促高丽效忠明朝。1370 年，高丽向明朝纳贡。

香炉

这是一件制作于 1289 年高丽王朝时期的香炉，是现在仅存的 7 个刻有明确制作日期的香炉之一。

《阿弥陀经》卷首插画
这幅佛经插画是高丽王朝时期一位叫雍孤的和尚为了孝敬自己的母亲而创作的，画中的释迦摩尼正在讲解的就是《阿弥陀经》。现存于大英博物馆。

李氏朝鲜早期

李氏朝鲜，又称朝鲜王朝，是朝鲜半岛历史上的王朝之一，也是朝鲜封建社会由鼎盛到衰落的时期。李氏朝鲜历经27代君主，共500多年，为中国明、清时期的藩属国，直到19世纪末才结束与清朝的宗藩关系。

李成桂建立李氏朝鲜

元朝末年，农民起义推翻了元朝的统治，给高丽创造了摆脱蒙古控制的有利条件。元朝灭亡后，高丽在向明朝纳贡的同时，也不断向朝鲜半岛东北部地区扩展势力。1388年，明朝在咸镜南道南端的原元朝双城总管府设立铁岭卫，遭到高丽的激烈反击。高丽王在大臣的怂恿下，铤而走险，决定先发制人向明朝发动进攻。同年，高丽国王派大将李成桂北渡鸭绿江进攻辽东。然而，李成桂率军渡过鸭绿江后却回兵占领首都开城，发动兵变。1392年，李成桂废黜国王自立，改国号为朝鲜，取"朝日鲜明"之意，定都汉阳（今首尔），史称"李氏朝鲜"。

李成桂取代高丽建立李氏朝鲜后，通过招抚、剿杀驱赶女真人，不断向北扩展朝鲜的领土，一直扩展到了鸭绿江、图们江两江流域。李氏朝鲜建立后，仍然反对明朝设置铁岭卫。直至1393年，明朝将铁岭卫设在辽东境内，默认了朝鲜对该地区的统属。

李氏朝鲜建立后，不断加强中央集权。1471年，《经国大典》颁布，确立了朝鲜半岛的政治制度。此后，虽然官职的名称出现了一些存废，但是李氏朝鲜政权的官职制度基本上都沿袭了《经国大典》。

朝鲜的官职称为"两班"，效仿中国分为正九品，由正一品到从九品，共十八品。1896 年以后，朝鲜对职官制度进行修改，敕任官为正一品至从二品，奏任官为正三品至从六品，判任官为正七品至从九品。

在中央机关方面，国王下面设有议政府，其首领为领议政。在领议政的下面设左、右议政各一名，另外还有左右赞成、左右参赞、检详和舍人等官职。议政府设有吏、户、礼、兵、工、刑六曹，相当于中国的六部，隶属于议政府管辖，其正职称为判书，副职称为参判。检察谏议机构为司宪府和司谏院，此外还有承政院，为国王起草各类旨意。

在宗亲、忠勋方面设立的机构有宗亲府、忠勋府、仪宾府、敦宁府等，其他机构还有奎章阁、经筵厅、弘文馆、艺文馆等。在内廷供奉的机构有内医院、尚衣院、内资寺、司仆寺、礼宾寺、内赡寺、济用监、内侍院等，此外还有宗庙署、社稷署、义盈库、长兴库等机构。

在地方上，朝鲜将全国分为八道，分别为京畿道、庆尚道、全罗道、忠清道、黄海道、平安道、江原道和咸镜道，道下设有州、府、郡、县。其中，京畿、庆尚、全罗、忠清、黄海五道再分为左右两道；咸镜道分为南北两道；平安道分为东西两道；江原道分为岭东、岭西两道。朝鲜在地方除了设立八道外，还依照传统将全国划为关北、关西、关东、畿湖、湖南、岭南六个大区。

在军队上，朝鲜设有五军营、内三厅、训练院、扈卫厅、世子翊卫司、镇抚营等机构，其首领称为大将、中军、使等。朝鲜还实行兵将分离制度，没有固定将领和士卒，类似于轮流服役的预备役军队，而不是常备军。在地方上，朝鲜设有兵马节度使、三道水军统御使、水军节制使、水军虞侯、兵马虞侯、兵马、水军金节制使，水军同金节制使等军事官职。此外，朝鲜中央还有随时外派的官职，例如观察使、中军、察访等职位。

朝鲜通信使

李氏朝鲜初期，经济文化取得了一定的发展。然而，随着时间的推移，李朝政治开始腐败，官僚营私舞弊现象日益增多。从 15 世纪后期开始，朝鲜的统治机构不断扩张，官僚阶层日益庞大，俗称两班的阶层人数不断增多，以世袭官僚贵族为主的勋旧派，同与儒生和士大夫为主的士林派矛盾不断，最终爆发了延续几百年之久的统治阶级内部的党争。两派各自结党争权，排挤打压对方。一派得势后，对另一派进行打击，使大批人士惨遭杀戮或流放。士林派随后又不断发生内讧和分裂，使两派之间的矛盾变得愈发复杂，李朝政变也越来越频繁，以致民不聊生，武备松弛。直至外戚势力全盛的势道政治时期，李朝的党争才减弱了一些。然而在李朝末期，在国家遭列强觊觎之际，朝中仍有党派争吵不休，直至亡国。

壬辰卫国战争

在朝鲜面临重重内忧之际，外患乘机而来。16 世纪末，丰臣秀吉基本完成了统一日本全境的任务，结束了日本长期分裂割据的局面。之后，丰臣秀吉为了维护日本封建武士的利益，开始向外扩张，实行对外侵略政策，企图攻占朝鲜，进而入侵中国。

1592 年，丰臣秀吉派水陆两军约 20 万人向朝鲜发动侵略战争。日军在釜山登陆后，朝鲜的地方官员纷纷弃地逃跑，朝鲜国王仓皇失措，放弃首都逃到了平壤，随后又逃到了鸭绿江边的义州。由于朝鲜统治集团没有组织起有效的抵抗，致使日军先后占领了汉城、开城、平壤，朝鲜大部分国土在两三个月之内就落入了日本人手中。日军在朝鲜烧杀抢掠，无恶不作，仅在晋州地区就有 6 万军民惨遭屠杀。与此同时，朝鲜人民和爱国将领纷纷武装起来反抗日本侵略者，抵抗侵略者的进攻。朝鲜武装力量在经过一段时间的整顿后，战斗力不断提高，逐渐夺回了部分城池。

此战中，朝鲜海军将领李舜臣率领军队在南部海域反击日军。为了提高朝鲜海军的战斗力，李舜臣设计出了一种龟船，即在船面包着铁板，然后插上锥刀，船的四周凿有很多炮眼和枪眼，士兵在船内可以射击和发射炮火，使敌人无法登船。龟船两侧各有 10 面船桨，战斗时一齐划动，行动敏捷，可以在敌人的炮火下自由穿行。在李舜臣的指挥下，朝鲜海军在海战中连战连捷，先后击沉了 300 多艘日军舰船，粉碎了日军水陆并进的计划。

日军登陆釜山时的场景

另一边，在日军入侵朝鲜的同时，明朝政府也应朝鲜的请求，在1592年底派大将李如松率领军队援朝，从此开始了长达7年的中朝两国共同抗击日寇的战争，史称"壬辰卫国战争"或"万历朝鲜战争"。

1593年，中朝军队收复了平壤、开城、汉城，将日军驱逐到南部沿海一带。日军在中朝军队的打击下损失惨重，于是以和平谈判为幌子，重新集结力量，等待时机再次发起进攻。

日本人在谈判过程中态度傲慢，提出了诸多无理要求，致使谈判拖延3年，最终破裂。1597年，日本调集水陆两军再次进犯朝鲜。次年，明朝向朝鲜增派军队。最终，中朝军队数次击溃日军，日军全线溃退。不久后，丰臣秀吉在忧急中病死，临终前下令从朝鲜撤兵。1598年，李舜臣与明军将领陈璘等人率领中朝海军在露梁海面与日军展开激战，最终击沉450艘日军舰船，歼灭日军一万多人。经此一战，日本海军完全丧失制海权，陆军也因此无法再行侵略，日本入侵朝鲜宣告失败。

此次海战中，由于战舰起火，明军年近70岁的老将邓子龙在战斗中牺牲。朝鲜将领李舜臣在领兵前去援救时被日军包围，身中流弹而亡。李舜臣、邓子龙两位名将都在这次海战中壮烈牺牲，却为中朝人民的战斗友谊谱写了壮丽的诗篇。

全球通史

—— 中古篇（中）——

❶ 德意志地区发展

康拉丁一世继位，加洛林王朝在东法兰克王国的统治结束。

936 年

919 年

911 年

870 年

"捕鸟者"亨利一世继位，标志着萨克森王朝的开始，国名也由东法兰克王国改为德意志王国。

奥托一世继位，随后他不断打击封建割据势力，维护了王室的中央集权。

在东、西法兰克王国签署《墨尔森条约》瓜分了中法兰克王国的北部领土后，东法兰克王国延续了加洛林王朝的统治制度。

霍亨斯陶芬王朝的腓特烈一世继位，在位期间曾多次入侵意大利，并发动第三次十字军东征。

1212 年

1152 年

1084 年

亨利四世占领罗马，另立教皇。

腓特烈二世继位并兼任西西里国王，在位期间与教皇展开激烈争斗，被时任教皇英诺森四世处以绝罚。

历史年表

康拉德二世继位，开创法兰
克尼亚王朝。

1056 年

1024 年

亨利四世继位，在位期间
他与教皇格列高利七世爆
发了"卡诺莎事件"。

962 年

奥托一世被教皇加冕为
"罗马帝国皇帝"，德意
志王国正式进入神圣罗
马帝国时期。

德国王位空悬，并持续整
整 20 年，这一时期被称为
德意志的"空位时期"。

查理四世颁布"金玺诏
书"，从法律上确定了德
意志的分裂割据。

1273 年

1254 年

1356 年

来自哈布斯堡家族的
鲁道夫一世当选德意
志国王。

❷ 意大利地区发展

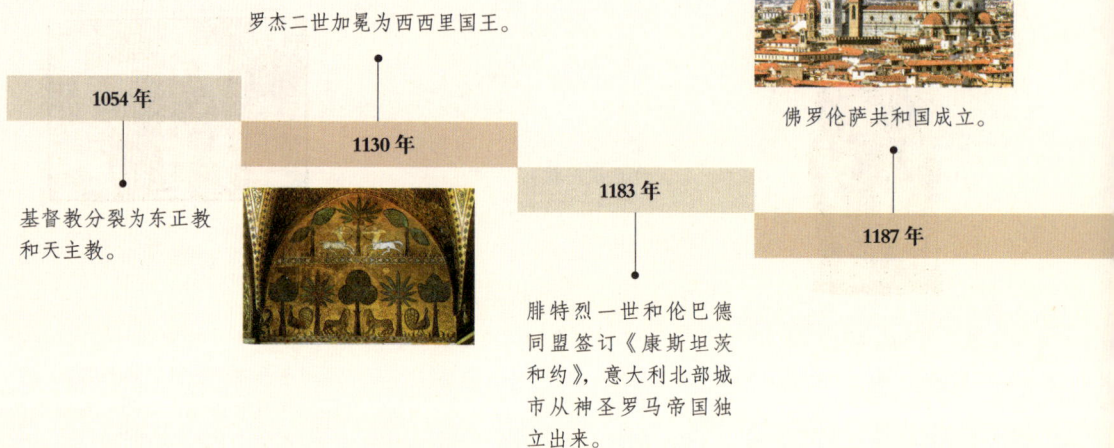

罗杰二世加冕为西西里国王。

1054 年

1130 年

基督教分裂为东正教
和天主教。

1183 年

佛罗伦萨共和国成立。

1187 年

腓特烈一世和伦巴德
同盟签订《康斯坦茨
和约》，意大利北部城
市从神圣罗马帝国独
立出来。

❸ 东罗马帝国 1

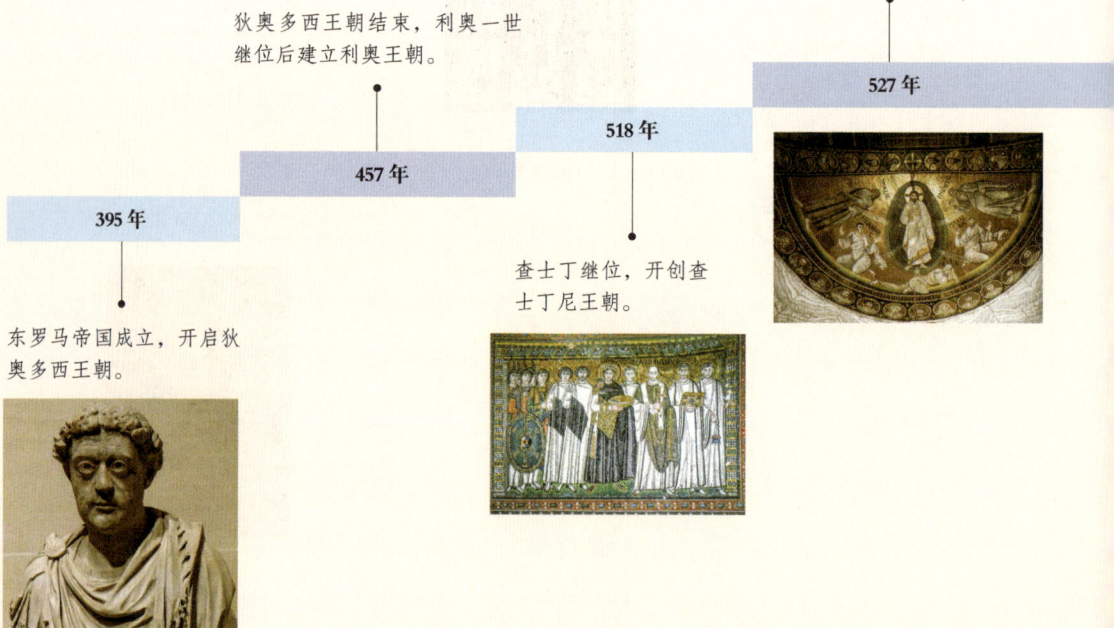

查士丁尼一世继位，颁布《查士
丁尼法典》，开疆拓土，基本收
复了原来西罗马帝国的领土，史
称"查士丁尼大帝"。

狄奥多西王朝结束，利奥一世
继位后建立利奥王朝。

527 年

518 年

457 年

395 年

东罗马帝国成立，开启狄
奥多西王朝。

查士丁继位，开创查
士丁尼王朝。

科西莫·美第奇在佛罗伦萨建立起僭主政治，成为佛罗伦萨的无冕之主。

教皇霍诺里乌斯三世开始在西欧各国设立宗教裁判所。

	1380 年	

1216 年

1434 年

1194 年

威尼斯共和国获得了东地中海贸易霸权。

神圣罗马帝国皇帝亨利六世入侵西西里王国，后加冕为西西里国王，西西里王国开始被霍亨斯陶芬王朝统治。

希拉克略一世继位，建立希拉克略王朝，设立军事屯田制，成功抗击波斯。

565 年

610 年

655 年

查士丁尼一世去世，东罗马帝国政局逐渐动荡。

君士坦斯二世在位期间，阿拉伯帝国首次兵临君士坦丁堡城，之后阿拉伯人对东罗马帝国的入侵逐渐加重。

❸ 东罗马帝国 2

717 年

726 年

797 年

东罗马帝国爆发毁坏圣像运动。

东罗马帝国皇帝君士坦丁六世被自己的母亲伊琳娜废黜，伊琳娜登基成为东罗马帝国历史上第一位女皇。

利奥三世废黜希拉克略王朝末代皇帝，建立伊苏里亚王朝。

伊萨克二世建立安格鲁斯王朝。

1204 年

1185 年

1057 年

第四次东征的十字军攻陷君士坦丁堡，随后鲍德温一世在东罗马帝国的领土上建立拉丁帝国。

伊萨克一世推翻马其顿王朝，自立为帝，建立科穆宁王朝。

巴西尔一世继位，建立马其顿王朝，开始将东罗马帝国再次推向繁荣。

巴西尔二世去世，东罗马帝国开始走向衰落。

867 年

1025 年

802 年

976 年

伊琳娜被宫廷政变推翻，伊苏里亚王朝结束。

巴西尔二世亲政，加强了中央集权，使东罗马帝国达到了第二巅峰期。

安德罗尼卡二世继位，随后东罗马帝国内部因王位继承问题爆发内战。

奥斯曼土耳其攻陷君士坦丁堡，东罗马帝国末代皇帝君士坦丁十一世英勇战死，东罗马帝国彻底灭亡。

1261 年

1282 年

1342 年

1453 年

由东罗马帝国逃亡贵族建立的尼西亚帝国攻进君士坦丁堡，拉丁帝国灭亡，东罗马帝国复国，开始巴列奥略王朝。

东罗马帝国爆发吉洛特起义，之后奥斯曼土耳其不断入侵，帝国风雨飘摇。

❹ 俄罗斯民族国家的兴起

奥列格征服东斯拉夫各公国，
定都基辅，建立基辅罗斯。

弗拉基米尔大公继位，后娶东
罗马帝国皇帝巴西尔二世之妹
为妻。

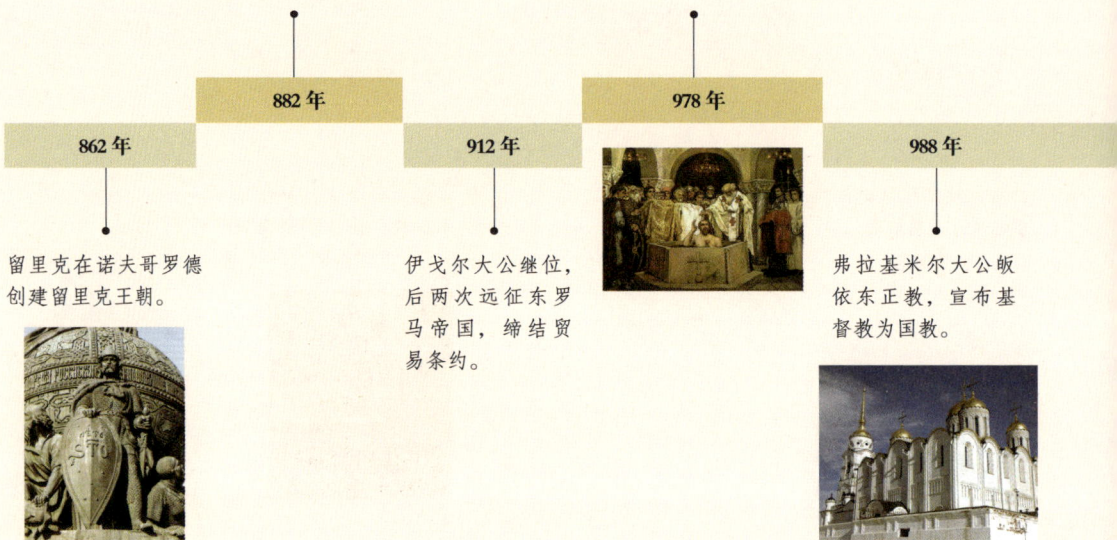

	882 年		**978 年**	
862 年		**912 年**		**988 年**

留里克在诺夫哥罗德
创建留里克王朝。

伊戈尔大公继位，
后两次远征东罗
马帝国，缔结贸
易条约。

弗拉基米尔大公皈
依东正教，宣布基
督教为国教。

伊凡一世取得弗拉基米尔
大公位，莫斯科公国开始
崛起。

伊凡三世继位，统一了罗
斯地区，结束了蒙古对罗
斯地区的统治。

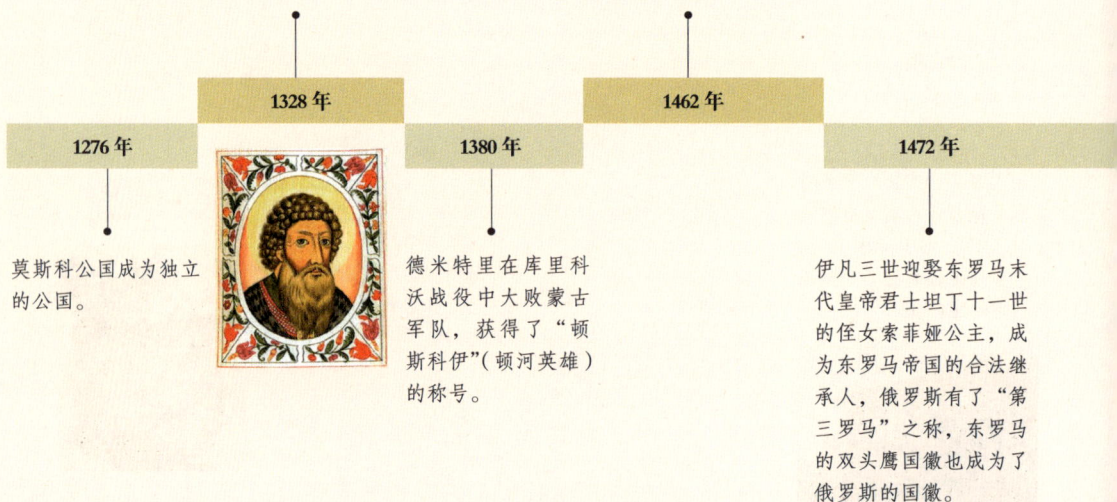

	1328 年		**1462 年**	
1276 年		**1380 年**		**1472 年**

莫斯科公国成为独立
的公国。

德米特里在库里科
沃战役中大败蒙古
军队，获得了"顿
斯科伊"（顿河英雄）
的称号。

伊凡三世迎娶东罗马末
代皇帝君士坦丁十一世
的侄女索菲娅公主，成
为东罗马帝国的合法继
承人，俄罗斯有了"第
三罗马"之称，东罗马
的双头鹰国徽也成为了
俄罗斯的国徽。

雅罗斯拉夫大公继位，颁布
《雅罗斯拉夫法典》，基辅罗
斯进入强盛期。

蒙古西征，之后又建立了金帐汗
国，入侵并控制了罗斯诸地。

1016 年

1132 年

1219 年

穆斯季斯拉夫一世去世，
基辅罗斯分裂，开始进
入封建割据时代。

1242 年

诺夫哥罗德共和国在"冰上
之战"大败条顿骑士团，时
任诺夫哥罗德大公亚历山
大·雅罗斯拉维奇因此获得
了"涅夫斯基（涅瓦河英
雄）"的尊号。

伊凡四世（伊凡雷帝）继位，
首称"沙皇"，不断进行对外
扩张，加强中央集权。

伊凡四世去世，俄国
陷入混乱。

1563 年

1547 年

1584 年

1613 年

伊凡四世自称"全西伯
利亚皇帝"，伏尔加河中
下游和乌拉尔山东部的
广大地区都进入了俄国
的版图之内。

米哈伊尔·费奥多罗维
奇·罗曼诺夫被推举为沙
皇，俄国开始了罗曼诺夫
王朝的统治。

❺ 东欧其他国家的兴起——保加利亚

保加利亚大公克鲁姆夺取了东罗马帝国的北方重镇塞尔迪卡（今保加利亚首都索菲亚）。

681 年

809 年

814 年

第一保加利亚王国成立。

保加利亚围攻君士坦丁堡，同年克鲁姆去世。

时任沙皇卡洛扬在亚得里亚堡战役中大败拉丁帝国。

东罗马帝国吞并了保加利亚全部国土，保加利亚第一王国灭亡。

1205 年

1187 年

1018 年

第二保加利亚王国成立。

鲍里斯一世继位，后皈依东正教，
宣布基督教为保加利亚国教。

鲍里斯二世继位，第一保加利亚
王国逐渐衰落。

969 年

893 年

852 年

西蒙一世继位，在位期间保加
利亚版图扩大，国力强盛。

伊凡·阿森二世去世，第二保
加利亚王国开始衰落。

1241 年

1218 年

1396 年

伊凡·阿森二世继位，第二保加
利亚王国走向强盛。

第二保加利亚王国被奥斯曼土
耳其帝国灭亡。

❻ 东欧其他国家的兴起——波兰

波列斯瓦夫三世去世，波兰进入长达 200 年的分裂割据时代。

1025 年

波兰和立陶宛合并。

1138 年

波兰王国建立，波列斯瓦夫加冕为第一任波兰国王。

1320 年

1385 年

瓦迪斯瓦夫一世再次统一波兰。

❼ 东欧其他国家的兴起——捷克

西斯拉夫人建立大摩拉维亚国。

623 年

大摩拉维亚国灭亡，捷克人开始以布拉格为中心成立捷克公国。

830 年

捷克首领萨莫建立萨莫公国。

895 年

906 年

波希米亚脱离大摩拉维亚国。

波兰和骑士团签订了《托伦和约》，收回了沦陷 150 多年的东波莫瑞。

1569 年

1466 年

1410 年

波兰和立陶宛联军击溃条顿骑士团。

波兰立陶宛联邦建立。

神圣罗马帝国皇帝亨利四世授予弗拉迪斯拉夫二世波希米亚国王称号，后捷克公国改名为波希米亚王国，臣服于神圣罗马帝国。

1419 年

1310 年

1086 年

胡斯战争爆发。

神圣罗马帝国皇帝亨利七世之子"卢森堡的约翰"被推选为波希米亚国王。

❽ 阿拉伯帝国的兴起

穆罕默德率信徒迁到麦地那，建立伊斯兰教的第二大圣城。

第二任哈里发欧麦尔率军进攻东罗马帝国和波斯萨珊帝国，占领了大马士革。

610 年

622 年

632 年

635 年

642 年

穆罕默德创建伊斯兰教。

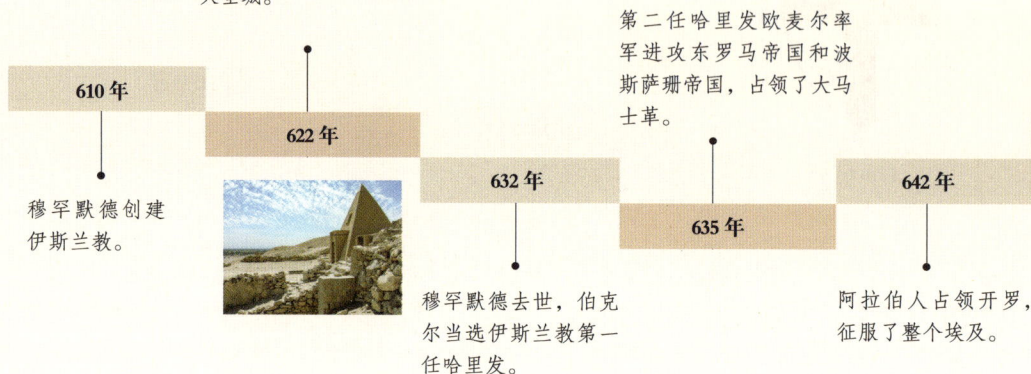

穆罕默德去世，伯克尔当选伊斯兰教第一任哈里发。

阿拉伯人占领开罗，征服了整个埃及。

❾ 奥斯曼土耳其的兴起

奥斯曼之子乌尔汗继位，后不断入侵东罗马帝国，扩大疆域。

奥斯曼土耳其败于帖木儿军队，奥斯曼帝国分裂。

1299 年

1326 年

1371 年

1402 年

奥斯曼一世宣布独立，建立奥斯曼帝国。

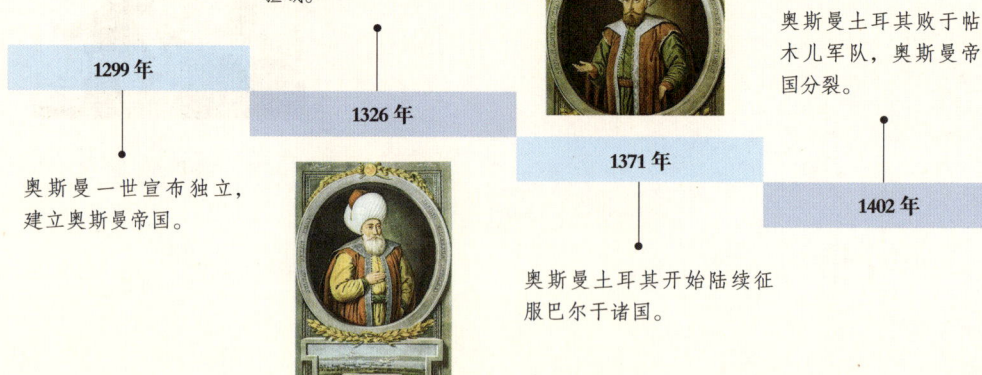

奥斯曼土耳其开始陆续征服巴尔干诸国。

阿拉伯人入侵法兰克王国
失败，对外征服战争基本
结束，阿拉伯帝国横跨三
大洲的版图也基本成型。

阿拉伯帝国迁都巴格达，
帝国进入鼎盛期。

西征的蒙古大军攻破
巴格达，末代哈里发
穆斯台绥木去世，阿
拉伯帝国灭亡。

661 年

732 年

750 年

762 年

816 年

1258 年

穆阿维叶当选哈里
发，定都大马士
革，建立倭马亚王
朝，开启了大规模
的对外扩张。

阿拉伯帝国的第
二个世袭王朝阿
拔斯王朝建立。

阿塞拜疆爆发巴
贝克大起义，阿
拔斯王朝的统治
受到冲击，后帝
国逐渐陷入分裂
割据的局面。

穆罕默德二世率军灭亡东
罗马帝国，君士坦丁堡更
名为伊斯坦布尔。

1413 年

1453 年

1520 年

穆罕默德一世继位，结束
了奥斯曼的分裂。

苏莱曼一世继位，奥斯曼帝国
进入鼎盛期，成为一个地跨三
洲的大帝国。

曹操、袁绍进行官渡之战，曹操胜利后，基本上统一了北方地区。

曹操去世，曹丕继位后称帝，国号魏。

| 196 年 |
| 200 年 |
| 208 年 |
| 220 年 |
| 221 年 |

曹操将汉献帝迁到许昌，"挟天子以令诸侯"。

赤壁之战爆发，三国鼎立的格局基本奠定。

刘备称帝，国号汉，史称"蜀汉"。

拓跋珪称帝，建立北魏。

北魏灭亡北凉，基本统一北方。

| 383 年 |
| 398 年 |
| 420 年 |
| 439 年 |
| 534 年 |
| 550 年 |

高洋废东魏孝静帝，建国号齐，史称"北齐"。

淝水之战爆发，前秦战败，北方再次分裂。

刘裕篡位登基，改国号为宋，东晋灭亡。之后南方地区先后出现了宋、齐、梁、陈四个封建王朝，史称"南朝"。

北魏分裂为东魏和西魏。

司马炎废黜曹奂自立
皇帝，国号晋，史称
"西晋"。

"八王之乱"爆发。

317 年

291 年

280 年

孙权称帝，
国号吴。

265 年

249 年

司马睿在建康登基，
为晋元帝，史称
"东晋"。

229 年

西晋灭吴，统一
全国。

司马懿发动政变，
掌握曹魏大权。

隋文帝去世，太子杨
广即位，即隋炀帝。

杨坚篡夺皇位，代周
建隋，是为隋文帝，
北周灭亡。

604 年

589 年

617 年

581 年

577 年

杨坚灭陈，南朝灭亡，
南北朝时期结束，中
国再次统一。

太原留守李渊
起兵反隋。

北周灭亡北齐。

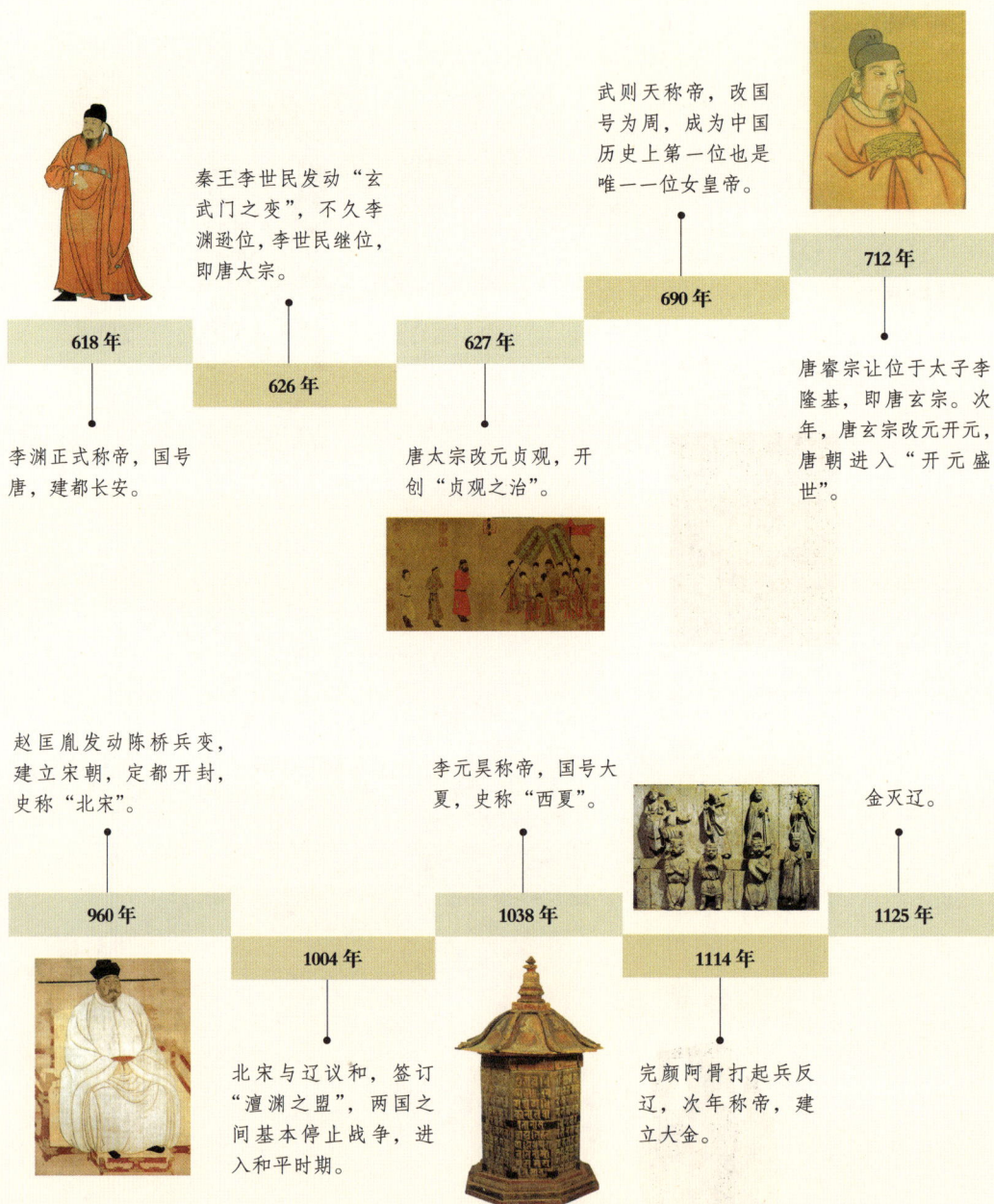

武则天称帝,改国
号为周,成为中国
历史上第一位也是
唯一一位女皇帝。

秦王李世民发动"玄
武门之变",不久李
渊逊位,李世民继位,
即唐太宗。

712 年

690 年

618 年

627 年

626 年

唐睿宗让位于太子李
隆基,即唐玄宗。次
年,唐玄宗改元开元,
唐朝进入"开元盛
世"。

李渊正式称帝,国号
唐,建都长安。

唐太宗改元贞观,开
创"贞观之治"。

赵匡胤发动陈桥兵变,
建立宋朝,定都开封,
史称"北宋"。

李元昊称帝,国号大
夏,史称"西夏"。

金灭辽。

960 年

1038 年

1125 年

1004 年

1114 年

北宋与辽议和,签订
"澶渊之盟",两国之
间基本停止战争,进
入和平时期。

完颜阿骨打起兵反
辽,次年称帝,建
立大金。

朱温代唐，改国号梁，史称"后梁"，中国进入五代十国时期。

耶律德光改国号为辽。

安史之乱爆发，唐朝开始由盛转衰。

916 年

907 年

947 年

875 年

755 年

耶律阿保机统一契丹各部后称帝，国号契丹。

黄巢起义，后黄巢率军攻入长安，唐朝濒临崩溃。

北宋灭亡，康王赵构在南京应天府继位，史称"南宋"。

铁木真统一蒙古各部，建立大蒙古国，号成吉思汗。

1127 年

1206 年

1126 年

1142 年

1227 年

金兵攻陷开封，掳走宋徽宗、钦宗二帝及大批皇亲国戚，史称"靖康之难"。

南宋名将岳飞被宋高宗、秦桧以"莫须有"的罪名杀害。

蒙古灭西夏，同年成吉思汗去世。

成吉思汗之孙拔都
建立钦察汗国（金
帐汗国）。

南宋兵败崖山之战，
陆秀夫背负幼主跳海，
南宋灭亡。

1234 年			
1242 年			
		1271 年	
			1279 年

蒙古灭金。

忽必烈定都大都，改
国号为大元。

"靖难之役"爆发，后燕
王朱棣率军进入南京，登
基称帝，为明成祖。

明成祖迁都北京。

荆襄流民起义。

1368 年

1399 年

1421 年

1465 年

1573 年

朱元璋在应天府称帝，改
元洪武，定国号为明。

张居正改革。

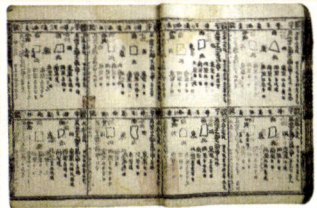

⑪ 朝鲜早期历史

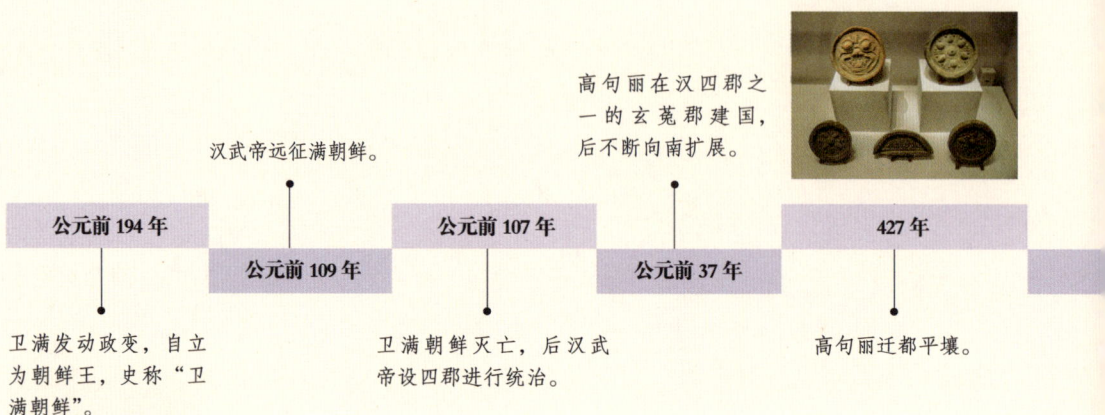

汉武帝远征满朝鲜。

高句丽在汉四郡之一的玄菟郡建国，后不断向南扩展。

公元前 194 年		公元前 107 年		427 年
	公元前 109 年		公元前 37 年	

卫满发动政变，自立为朝鲜王，史称"卫满朝鲜"。

卫满朝鲜灭亡，后汉武帝设四郡进行统治。

高句丽迁都平壤。

高丽先后吞并了新罗和百济，朝鲜半岛再次统一。

元朝在高丽设置征东行省。

918 年			
	936 年		
		1170 年	
			1280 年

王建自立，改国号为高丽，年号天授，并将都城迁至开城。

爆发"郑仲夫之乱"，高丽开始了武将专权时期。

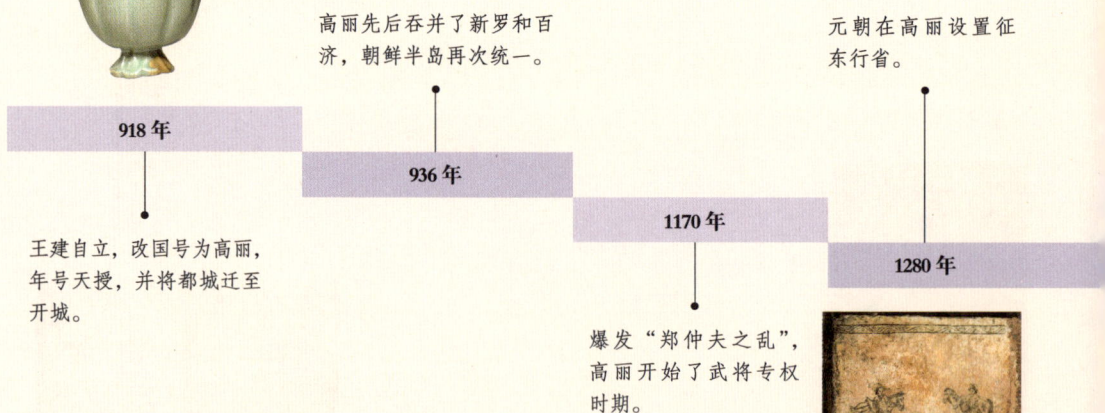

新罗和唐朝联合
灭亡了高句丽。

后百济国建立，定
都光州。

660 年

676 年

551 年

668 年

900 年

新罗和唐朝联合起义
灭亡了百济。

百济联合新罗击败
高句丽，新罗夺取
了汉江流域。

新罗统一朝鲜半岛大部。

日本撤军，中朝联军取
得胜利。

李成桂取代高丽自立，迁
都汉城，改国号为朝鲜。

1598 年

1592 年

1392 年

1356 年

日本入侵朝鲜，明朝出兵
援助朝鲜，万历朝鲜战争
爆发。

高丽结束"元干涉期"，
重新取得朝鲜半岛的统
治权。